财经素养教育丛书

丛书主编：田慧生 王振中

中国财经素养教育的学校实践

主　编：张男星

副主编：许世红　刘次林

朱　曦　郑　葳

科学出版社

北　京

内 容 简 介

本书遵循《中国财经素养教育标准框架》（2018 年版）构建财经素养教育实践活动结构，通过对幼儿园、小学、初中、高中、大学各学段财经素养教育 20 个实践活动的案例分析，阐释学校财经素养教育实践的优点、特点、问题及改进建议，以此引导学校在该标准框架下有目标、有质量、有序地开展财经素养教育。

本书关于财经素养教育的案例丰富、生动，具有较强的针对性和可操作性，对于理论研究者、从事财经素养教育的一线教师和培训者及家长都有较强的参考价值。

图书在版编目（CIP）数据

中国财经素养教育的学校实践 / 张男星主编. —北京：科学出版社，2019.6
（财经素养教育丛书 / 田慧生，王振中主编）
ISBN 978-7-03-060470-5

Ⅰ. ①中… Ⅱ. ①张… Ⅲ. 财政经济-素质教育-教学研究-中小学 Ⅳ. ①G633. 982

中国版本图书馆 CIP 数据核字（2019）第 017581 号

总策划：蒋建华 张男星
责任编辑：刘英红 / 责任校对：严 娜
责任印制：赵 博 / 封面设计：无极书装

科学出版社出版
北京东黄城根北街 16 号
邮政编码：100717
http://www.sciencep.com

北京华宇信诺印刷有限公司印刷
科学出版社发行 各地新华书店经销
*
2019 年 6 月第 一 版 开本：720 × 1000 1/16
2025 年 2 月第四次印刷 印张：16 1/2
字数：295 000

定价：132.00 元

总　序

在经济全球化背景下，财经活动已融入人们的日常生活，随之而来的经济事务问题及风险困扰也越来越多。个体是否拥有正确的劳动观、金钱观和财富观，是否具备可以处理经济信息、合理使用资金、财务规划、风险规避等基础意识、知识与方法，对于其妥善处理经济关系与问题显得尤为重要，而这正是个体财经素养的重要体现。财经素养涵盖知识、能力、态度、心理、行为等多层面内容，既涉及个体应对财务管理、未来规划及面对复杂金融环境做出相对合理的抉择，以实现自己的经济目标；也涉及个体经济活动对国家经济发展的影响，以及国家经济发展对个体经济的影响，包括对个体财富和人生追求的影响。在今天，个体的财经素养不仅影响个人和家庭经济的良性周转，还影响一个地区市场经济的健康运行，乃至国家的金融安全与核心竞争力。可以说，财经素养教育关乎国家经济社会的稳定与发展，具有深远的个人意义、国家意义和社会意义。

一、财经素养教育的发展

早在2002年，经济合作与发展组织（Organization for Economic Co-operation and Development，OECD）就发起了关于财经素养教育的项目及相关活动。2005年出版的《财经教育和意识的原理及最佳实践推荐》（*Recommendation on Principles and Good Practices for Financial Education and Awareness*）和《提高财经素养：议题和政策分析》（*Improving Financial Literacy：Analysis on Issues and Polices*），阐述了关注财经素养及其教育的动因，综述了调查国的财经素养教育工作，并介绍了这些国家政策制定者和其他利益相关者实施提高财经素养水平的基本设想与实践做法。同时，OECD建立了关于财经素养教育的国际门户网站，收集来自世界各地关于财经素养教育事件和项目的数据、资源、研究与新闻。2008年，OECD创立了国际财经教育网络（International Network on Financial Education, INFE），其成员来自113

个以上国家和经济体的 250 多个公共机构，该组织一年召开两次会议，讨论各自国家财经教育的最新发展，分享彼此的新知识，开展比较研究，讨论优秀实践案例及有关政策。OECD 开展了国际学生评估项目（program for international student assessment，PISA），全球 18 个国家或地区参加了该项测试，其中 13 个为 OECD 成员国，5 个为合作伙伴国家（地区）。该测试于 2012 年首次加入了财经素养方面的内容，极大地推动了各国对财经素养教育的高度关注。我国也从仅有上海参加，发展为北京、上海、江苏、广东均参加，且均取得了很好的成绩。

财经素养教育也被一些发达国家放在了重要的战略位置。普遍做法主要有：一是制定财经素养教育国家战略；二是在政府部门主导下整合多方力量联手推动财经素养教育和培训；三是以学校为主阵地开展财经素养教育；四是研制财经素养（教育）标准或构建能力框架。美国、澳大利亚、加拿大、英国、新西兰、新加坡、韩国、印度、印度尼西亚、马来西亚等 50 多个国家都实施了财经素养国家战略，越南、吉尔吉斯斯坦、黎巴嫩、菲律宾、沙特阿拉伯、泰国和中国等也都正在制定财经素养国家战略。美国国会于 2003 年通过了《财经素养和教育促进法案》，成立了财经素养教育委员会（Financial Literacy Education Commission，FLEC）；2006 年，FLEC 制定了首份国家财经素养战略《掌管未来：财经素养提高之国家战略》，2011 年和 2016 年先后又修改并出台了新的国家战略《促进美国经济的成功：财经素养国家战略》，确立了四大目标：提高财经教育意识并提供有效的财经教育；确定并整合核心的财政能力；完善财经教育基础设施；确定、推动并分享有效的实践。澳大利亚证券和投资委员会（Australian Securities and Investment Commission，ASIC）是负责提升国民财经素养的政府机构，继 2011 年发布了第一份《国家财经素养战略》后，又在此基础上发布了《2014—2017 年财经素养国家战略》，该战略确定的三年内的战略重点是：第一，要通过正规教育系统教育下一代；第二，增加对自由、公正信息、工具和资源的利用；第三，提供高品质、有针对性的指导和支持；第四，加强协调配合、巩固有效合作；第五，改善研究、测量和评价。加拿大政府已将财经素养的提升作为一项重点工作，2015 年发布的《加拿大财经素养国家战略——全民加入》，提出了“改善加拿大人和家庭的金融状况”的愿景，指出将动员并吸引公有、私营和非营利性机构提升加拿大人的财经素养，使他们能够实现明智地管理资产和债务、为将来计划并存款、预防金融欺诈等目标。

一些国家（地区）和组织先后发布并不断完善、修订财经素养教育标准，以规范和提高财经素养教育质量，如澳大利亚、日本、新西兰、瑞典、威尔士和美国等国家（地区）。以美国为例，美国 JumpStart 联盟在 1998 年就发布了财经素养教育领域的第一份国家标准——《个人理财指导原则和基准》，2001 年、2007 年先后对其进行修订，2015 版的《K-12 个人财经素养教育国家标准》（*National Standards in K-12 Personal Finance Education*）已是第四版①。尽管该标准并非强制性，但许多州都以此为基础来制定本州标准或开发课程。2015 年，OECD 下的 INFE 也发布了《*OECD/INFE* 青年财经素养核心能力框架》（*OECD/INFE Core Competencies Framework on Financial Literacy for Youth*）。

美国等发达国家及国际组织的研究和实践表明，财经素养作为一项综合性较强的、跨学科性的综合素养，是个体最具生存与发展意义的核心素养。各国财经素养国家战略的部署及财经素养标准的制定都表明，作为个体核心素养存在的财经素养具有重要的社会意义和国家意义，面向全民的财经素养提升及研究已是国际趋势和迫切的现实需要。

我国日益重视通过财经素养教育提高国民财经素养水平，2006～2019 年的这 13 年间，不断颁布政策性文件推进财经素养教育的实施。2006 年，教育部和中国保险监督管理委员会（简称保监会）联合发布了在学校加强保险教育的指导意见《教育部中国保险监督管理委员会关于加强学校保险教育有关工作的指导意见》，规定把保险教育整合到现有的国家课程之中，这可以看作是财经素养教育政策的萌芽。2013 年，《国务院办公厅关于进一步加强资本市场中小投资者合法权益保护工作的意见》，明确要求"将投资者教育逐步纳入国民教育体系，有条件的地区可以先行试点"。2013 年中国人民银行会同中国银行业监督管理委员会（简称银监会）、中国证券监督管理委员会（简称证监会）和保监会制定了《中国金融教育国家战略》，强调将金融普及教育上升至国家战略。2015 年，国务院办公厅印发了《国务院办公厅关于加强金融消费者权益保护工作的指导意见》，要求教育部要将金融知识普及教育纳入国民教育体系，切实提高国民金融素养。2016 年，国务院办公厅印发的《推进普惠金融发展规划（2016—2020 年）》，提出要建立金融知识教育发展长效机制，推动部分大中小学积极开展金融知识普及教育，鼓励有条件的高校开设金融基础知识相关公共课。2017 年，中国人民银行发布《消费者金融素养调查分析报告》，建议将金融知识纳入国民教育体系，认为实现金融知识普及应抓早抓小。2019 年，证

---

① National Standards in K-12 Personal Finance Education. 4th ed. https://3yxm0a3wfgvh5wbo7lvyyl13-wpengine.netdna-ssl.com/wp-content/uploads/2018/01/2017_NationalStandardsBook.pdf[2014-11-08].

监会、教育部联合印发了《关于加强证券期货知识普及教育的合作备忘录》，共同推动证券期货知识有机融入课程教材体系，提升教师队伍金融素养等。

但我国真正在学术层面和学校教育层面关注财经素养及财经素养教育，主要是起始于2012年的PISA测试。所以，财经素养之于我国仍是一个较新的事物，财经素养教育仍然需要在有关教育政策中予以重视，在理论研究和实践开展中予以加强与规范。

二、财经素养教育的内涵

有关财经素养概念及财经素养教育内涵的理解在世界范围并不具有统一的认识。例如，OECD认为财经素养是"关于财经概念和风险的知识与理解，是应用该类知识和理解的技能、积极性与信心"，提高财经素养的目的是使人们能够在各种金融背景下制定有效的决策，提高个人和社会的金融福祉，并使人们能够参与经济生活。澳大利亚证券和投资委员会认为财经素养是根据个人情况做出合理财经决策，用于改善金融福祉必要的财经知识、技能、态度和行为的组合。国际组织或其他国家对财经素养的理解偏重西方国家的文化传统和个体发展特点，而我国更多存在不对"财经素养"进行界定的情况，并且时常与财商素养、金融素养、消费素养、理财素养等相关名词交叉使用。

我们如何对财经素养及相应的财经素养教育下定义，需要从中国国情和社会主义核心价值观的视角来认识与理解财经素养教育。我们坚持个体与社会、国家经济活动密切关联的观点，将财经素养视为个体化素养，更视为一种关系型素养，包含强化公民关注自身的同时，关注自己与社会、国家关系的价值导向。进而将财经素养理解为"个体在财经生活中必备的财经知识、理财技能、财富观念与信念等基础修养总和"，其间的个体就是个体—社会、个体—国家的关系型个人，即个体的财经素养不仅与个体的经济活动相关，也是个体对社会活动、国家发展的知晓、理解、把握与判断。

我们认为，提高财经素养不仅是个体的自我诉求，更是个体对国家的一份责任。财经素养教育要高度注重关系化的个体的发展，强调中国优秀文化、制度特色对个体的影响和内在要求，重视引导学生超越"小我"形成"大我"，突破个人的利益算计，在认识个体与经济生活关系的同时，充分认识与理解国家乃至世界经济活动，知晓个人财务与国家安全发展之间的关系，进而形成有助于个体、家庭、国家经济安全与稳定发展的大财富观。

尽管中国学生在PISA测试中取得了财经素养方面的优异成绩，但是，却不能说明我国学生的财经素养水平就很高。毕竟测试题更偏重考查学生理解题意、运用数学技能解决问题的能力，较少涉及财经素养的观念和价值层面。且从现实情况看，我们仍会发现中国学生财经素养所欠缺的方面。例如，不知劳动的艰辛，出于攀比心态的非理性消费，不懂规则与制度的约束，希望以最少的努力“一夜致富”，等等。为此，我们要引导个体从关系的角度处理经济问题，使个体在财经活动中学会处理人与人、人与国家、人与社会的经济和道德关系，在今天与明天的价值权衡中做出符合理性和德性的取舍。倡导在财经素养教育中，不仅要让个体了解基本的财经知识，学会参与社会生活里的经济活动，还要从经济学的角度认识社会、体验社会，更要形成正确的观念，将财富与幸福生活、与社会的公平正义责任联系起来。

为此，中国财经素养教育协同创新中心秉持“学生为本、国家为重”的财经素养教育初心，以促进个体进步、维护国家发展为根本目的，致力于推动基于学生、面向国家的财经素养教育，站在国家高度推进学校培养具有财经素养的社会化人才。我们强调，要通过财经素养教育去引导个体从关系角度认知与了解财经活动的常识，从中学会理解和处理人与人、人与国家、人与社会的经济关系及道德关系，将财富与个人的幸福生活、个体的国家社会责任统整起来，形成具有中国优秀文化底蕴和符合国家现代化要求的财经素养结构，优化与提升个体的综合素质。我们将财经素养定义为，是个体应对经济生活所必备的财经知识、理财技能、财富观念与人生信念等基础修养总和。因而，财经素养教育就不只是单一或专门化的财商教育、金融教育、消费者教育、财经教育，它是培养个体应对经济生活所必备的财经知识、理财技能、财富观念与人生信念等基础修养总和的活动。财经素养教育以劳动教育为起点和手段，以德育为目标和方向，是劳动教育、生活教育、思想教育和情感教育的集合。相较其他概念，财经素养教育更具有基础性、普适性、一般性，也更具有萌芽特性。

基于上述对财经素养及财经素养教育的理解，中国财经素养教育协同创新中心组织专家历时两年研制并于 2018 年发布了《中国财经素养教育标准框架》。与美国及国际组织的财经素养教育标准维度建构对比，可以看出中国对财经素养内涵要素理解的特点（表 1）。美国和 OECD 财经素养标准的维度更偏向于财经知识及认知策略，重视对具体经济实务的处理，但对制度与环境、人与国家经济活动的关系、人与财富的关系关注很少。与美国和 OECD 的财经素养教育标准维度相比，中国对财经素养内涵的理解更重视财经价值观的引导，更突出个体与社会、国家经济的关联，更彰显优秀的财经传统文化，更强调学生对制度、规则的理解与遵循。

表 1　美国、OECD、中国的财经素养教育标准维度

主要维度	美国	OECD	中国
维度一	支出与储蓄	货币与交易	收入与消费
维度二	信贷与债务	规划和理财	储蓄与投资
维度三	就业与收入	风险和回报	风险与保险
维度四	投资	金融格局	制度与环境
维度五	风险管理与保险		财富与人生
维度六	理财决策		

在《中国财经素养教育标准框架》中，我们依循个体融入社会、参与经济的路径进行设计，将我国学生所应该达到的财经素养教育标准分成了五个维度，分别是收入与消费、储蓄与投资、风险与保险、制度与环境、财富与人生。每个维度又分别对应支撑三个具体的目标，即认知、技能、态度，从而形成了中国财经素养教育的“五维三标”框架体系。“五维”逐步递进，层层升华，为学生搭建清晰的财经素养体系，引导他们合理认识劳动与经济事务，理解经济规则与制度，形成关于劳动、金钱、财富与人生幸福关系的正确思想，提升人生境界。“三标”以了解知识与事实为起点，演进到获取方法与技能，再深化为形成观念与态度。其中，“形成观念与态度”这一目标主要是针对不同维度内容中应该形成的、针对一定知识范畴的特定观念与态度；而“财富与人生”维度则超越具体知识范畴，从整个经济活动及其与人生发展关系的角度而言，指向应该获得的基本思想与境界。

三、财经素养教育的目标

中国的财经素养教育应该有符合中国特色社会主义核心价值观的目标。中国实施财经素养教育与其他国家最大的不同点就是，它不仅要教会学生个体如何面对自己进入经济社会的理财问题，更要教会学生在经济生活中如何关照自己的经济事务与国家经济活动的关系问题。所以，财经素养教育要以促进个体进步、维护国家发展为根本目的，建构起基于学生、面向国家的具有中国特色、世界视野的财经素养教育目标。构建中国财经素养教育目标的出发点是“学生为本、国家为重”的初心。

以“学生为本、国家为重”为旨归的财经素养教育目标要思考财经素养教育应培养学生什么样的观念和行为；通过培养学生这些观念与行为，可以让学生成为有利于国家经济发展与社会稳定的什么样的人。依循中国财经素养教育标准研制的思想与特点，我们建构了财经素养教育“三九五体系”目标，如图 1 所示。

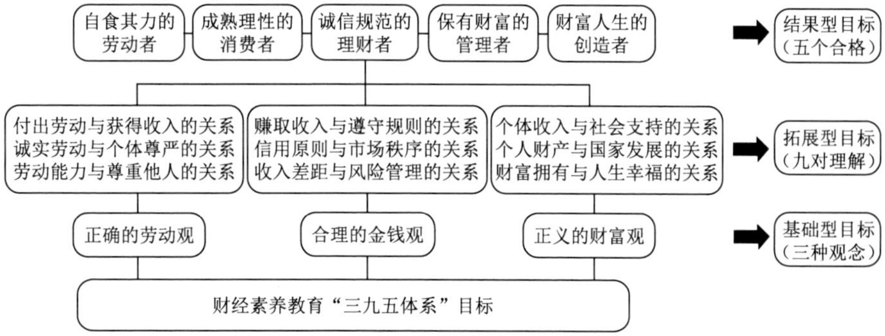

图 1　中国财经素养教育“三九五体系”目标

三即“形成三种观念”，包括劳动观、金钱观、财富观，这是财经素养教育的基础型目标。财经素养教育以劳动为起点，以德育为目标指向。它要告诉学生树立正确的劳动观，要通过自己的辛勤劳动去获取收入，创造财富；有了收入，需要有合理的金钱观，理解金钱对于生活的正当意义，处理好利与义的关系，既不能成为金钱的奴隶，也无须轻视金钱的劳动与生活意义；在不断累积与创造财富的过程中，要具有正义的财富观，知道财富的创造既是个体能力和努力的体现，也是社会支持的结果，懂得创造财富的社会责任。“三种观念”从劳动付出—获得收入—累积财富这一经济活动过程逐一展开并覆盖，使学生为未来从事经济活动打好基本的财经素养基础。

九即“理解九对关系”，这是财经素养教育的扩展型目标。财经素养教育要教会学生集中理解这些关系，包括从劳动演绎出的“付出劳动与获得收入、诚实劳动与个体尊严、劳动能力与尊重他人”三对关系；从金钱演绎出的“赚取收入与遵守规则、信用原则与市场秩序、收入差距与风险管理”三对关系；从财富演绎出的“个体收入与社会支持、个人财产与国家发展、财富拥有与人生幸福”三对关系，共九对关系。通过对这些关系的理解，将财经素养教育的基础型目标“三种观念”予以深化和具体化。

五即“成为五个合格者”，这是财经素养教育的结果型目标。财经素养教育的最后目标是要让个体在进入社会经济生活时成为五个方面的合格者，助力其成为社会主义的建设者和接班人，包括能够成为合格的劳动者，做一个自食其力的劳动者；成为合格的消费者，做一个成熟理性的消费者；成为合格的理财者，做一个诚信规范的理财者；成为合格的管理者，做一个保有财富的管理者；成为合格的创造者，做一个财富人生的创造者。这五个合格者，是个体在经济生活中或将承担的不同角色，不同角色的存在价值和能力要求有所不同，其间的关系主干是层层递进与提升。“成为五个合格者”的财经素养教育目标，旨在帮助个体在人生不同阶段胜任经济生活中的不同角色，为个人幸福、家庭福祉、国家稳定和社会发展发挥应有的作用。

如果用一棵树来比喻“三九五体系”的财经素养教育目标，那么，基础型目标“形成三种观念”就是树干，支撑着整个财经素养教育的根本价值导向；拓展型目标“理解九对关系”就是树叶，丰富与细化着财经素养教育的基本内容和范畴；结果型目标“成为五个合格者”就是果实，标志着财经素养教育的预期达成效果。

四、财经素养教育的实施

在我国实施财经素养教育具有重要的时代意义。一方面，财经素养教育是落实国家重大战略的重要举措。2017 年，党的十九大报告提出，今后三年要重点打好防范化解重大风险、精准脱贫、污染防治三大攻坚战[①]，其中两大攻坚战都与财经和金融领域息息相关。围绕国家攻坚目标，一是，教育要培养能够有效化解金融风险和推进金融扶贫的高素质人才。二是，要普遍提高公民财经素养，尤其要注重提高经济欠发达地区特别是贫困地区人口的财经素养，这也是落实“扶贫同扶志、扶智相结合”理念的重要举措，是阻断贫困代际传递，实现全体人民共同富裕的一个重要途径。三是，财经素养教育是贯彻国家教育方针的重要路径。在 2018 年举行的全国教育大会上，习近平同志指出要立足基本国情，遵循教育规律，坚持改革创新，以凝聚人心、完善人格、开发人力、培育人才、造福人民为工作目标，培养德智体美劳全面发展的社会主义建设者和接班人，加快推进教育现代化、建设教育强国、办好人民满意的教育[②]。实施财经素养教育就是贯彻落实党的教育方针，落实立德树人根本任务。四是，财经素养教育是促进学生德、智、体、美、劳全面发展的重要路径，它以劳动教育为起点和手段，以德育为目标和方向。财经素养教育涉及财富获得、财富管理、财富传承等，而劳动是创造社会物质财富和精神财富的源泉。通过财经素

① 习近平. 决胜全面建成小康社会 夺取新时代中国特色社会主义伟大胜利——在中国共产党第十九次全国代表大会上的报告. http://www.gov.cn/zhuanti/2017-10/27/content_5234876.htm[2017-10-27].

② 中国政府网. 习近平出席全国教育大会并发表重要讲话. http://www.gov.cn/xinwen/2018-09/10/content_5320835.htm[2018-09-10].

养教育，可以纠正人们对劳动的偏见、成见和狭义理解，使学生更清晰地认识到劳动创造财富的本然，懂得只有通过诚实且有智力的劳动才能获得和创造财富。同时，财经素养教育倡导以适当方式让学生参与或模拟参与社会生活里的经济活动，从中感知社会、体验社会，将财富与幸福生活、与社会的公平正义、与个体对国家的责任统一起来，坚决反对唯利是图、拜金主义、物质至上的不良金钱观和财富取向，从而使学生在更深层次体悟劳动最伟大、通过诚实的劳动获取收入最光荣，以此落实立德树人的根本任务。

学校必将成为财经素养教育的重要推动力量和主阵地。一方面，学生和家长都认为应该及早在学校实施财经素养教育。中国财经素养教育协同创新中心在 2018 年一项调研中发现，逾九成的调查对象（95%的学生、92%的教师、95%的家长）认为财经素养教育重要、比较重要甚至是非常重要，并且有 88%的学生、91%的家长和 87%的教师主张在高中以前开展财经素养教育。其中，认为应从小学开始开展财经素养教育的学生、家长和教师占比最高，分别是 44%、48%和 36%。有家长认为“财经素养教育贯穿人的一生，孩子们对金钱的管理能力可以迁移到学习和生活中去，对人生的发展有重要影响，提高孩子的财经素养还有助于提高其学习效率，增强其时间观念、管理能力和规划能力”。但另一方面，超过 60%的高中学生认为自己的财经素养源于自学，余下选择“源自家庭教育”的比例高于学校教育 13 个百分点。学生认为，虽然家长在日常生活中也会注意培养他们的财经意识，如逛超市时会有意培养他们的规划和决策能力，平时也会教育孩子学会管理和支配零花钱，但是学校传授的知识更有系统性、更加多样化，学生的参与度和接受度也更高。鉴于家长财经素养、家庭环境、家教方式的差异很大，学校开展财经素养教育更有助于教育公平和提升财经素养教育质量。

目前，财经素养教育虽然还未被纳入国家课程系统，但学校可以通过多种实践方式开展财经素养教育，如专门选修课、学科融合、组建社团、设计主题活动、实施项目式学习、开展社会实践等。为积极有效地指导和推进学校实施财经素养教育，中国财经素养教育协同创新中心联合科学出版社推出“财经素养教育丛书”。首批将推出三本：一是《〈中国财经素养教育标准框架〉解读》，该书集中呈现《中国财经素养教育标准框架》的研制思想、过程及内容，并就各学段标准中的主要知识点进行解释，以加强人们对标准的正确理解和实践运用；二是《中国财经素养教育的学校实践》，该书遵循《中国财经素养教育标准框架》构建实践活动结构，通过对各学段财经素养教育 20 个实践活动的分析，阐释学校财经素养教育实践的优特点、问题及改进建议，以此引导学校在该标准框架下有目标、有质量、有序地开展财经素养教育；三是《国外财经素养教育述评》，该书集中研究美国、俄罗斯、日本、澳大利亚、加拿大、韩国、新加坡、马来西亚等国家的财经素养教育在政策与战略，以及实施和推进等方面的演进与现状。

当然，在高度重视学校财经素养教育对个体进入经济生活的重要推动力，以及促进个体现代化的重要作用的同时，要客观看到它并不能解决个体从事经济生活的全部所需，更不是学生素质教育的全部。但财经素养教育作为落实国家战略、教育方针、教育任务的一个重要领域和途径，对于个人发展、家庭幸福、社会稳定和国家安全，都具有重要的意义，应引起社会各界的重视，尤其需要在学校系统进行有效引导与推进落实。

张男星

2019 年 1 月

目　　录

第一章
幼儿园、小学财经素养教育实践

第一节　钱币上有什么

实践叙事

“钱币上有什么”实践活动由济南幼儿师范高等专科学校附属幼儿园（即济南市实验幼儿园）实施。济南幼儿师范高等专科学校附属幼儿园隶属于济南幼儿师范高等专科学校，它拥有一支思想过硬、业务精良的创新型教师队伍。

本活动由杨硕老师执教，施教对象为5～6岁的大班幼儿学生，共35人，活动形式为集体教学、情境教学，活动时间为1课时（30～35分钟）。

本活动在财经素养课程体系中处于前端位置，活动要领是引导幼儿认识钱币，区分纸币与硬币；通过观察钱币发现钱币上的数字差异；比较钱币上的图案，简单了解中国钱币与其他国家钱币的不同。

一、活动目的

1）教育幼儿爱护人民币，萌发爱国意识。

2）通过辨识钱币上不同图案的颜色，区分币值。

3）通过观察不同国家的钱币，了解我国货币的特征。

通过本活动培养幼儿爱惜钱币的良好习惯，教师引导幼儿认识我国国徽和伟大领袖毛主席的头像，培养幼儿的爱国意识。

二、活动设计

采用谈话导入的方式开始本次活动。钱币在生活当中很常见，但幼儿园大多为 3～6 岁的儿童，因此在活动中将把情境贯穿其中。谈话活动结束后即采用情境教学方式，创设小猴子的果园想请园丁去帮忙摘果子的情境。教师佩戴小猴子的头饰并模仿小猴子的语气向小朋友们寻求帮助，利用卡纸制作的大树和若干个粘贴有钱币的果子卡片，创设了果树园的情境。教师邀请小朋友们帮忙“摘果子”，并在劳动后给幼儿发放报酬，询问幼儿是否认识币值，并引导幼儿将硬币与纸币进行分类。通过仔细观察钱币上有什么，引导幼儿观察纸币上印有的毛主席的头像和我国的国徽，告诉幼儿毛主席是我国的伟大领袖，国徽和五星红旗一样，都是中国的标识。

请幼儿根据纸币的图案、颜色来认识纸币的面值，幼儿们根据 100 元纸币背面的人民大会堂图案、50 元纸币背面的布达拉宫图案、20 元纸币背面的桂林山水图案、10 元纸币背面的长江三峡图案、5 元纸币背面的泰山图案、1 元纸币背面的杭州西湖图案来识别纸币的面值。

三、活动准备

1）环境准备。课前单独为财经教育的探索设置一个贴近社会生活的区域角，如“温馨小超市、快乐小餐厅、社区小医院、风味小吃街、小小银行、图书馆、我是京剧迷、景德镇杂货铺”等，通过各种有趣的区域角游戏让幼儿提前进入“社会”去学习、模仿、扮演社会中的人物角色，在幼儿以往的生活经验与区域角经验中，小朋友们渐渐对金钱有了模糊的认知，知道金钱在我们的生活中必不可少，并对纸币的来历和基本用途有简单了解。

2）材料准备。不同面值的硬币和纸币，包括人民大会堂、布达拉宫、桂林山水、长江三峡、泰山、杭州西湖等，仿真人民币教具，小猴子头饰，果树园场景布置，若干附有钱币的果子，文具店、图书店等商店布景，各类标有价格的文具、图书等货物，小果筐。

四、活动情景

1. 谈话导入主题

1）提问问题，唤起幼儿的生活经验。

师：亲爱的小朋友你们好，你们最近都喜欢什么样的玩具或图书呢？这些东西都是谁买来送给你们的？用什么买的呢？

2）引导幼儿了解人民币与我们生活之间的关系。

师：妈妈、爸爸及那些送你们礼物的人，他们的钱又是从哪来的呢？你们想不想自己学着去商店买东西？

幼儿：想。

3）引导幼儿明白只有靠劳动和付出才能获得回报。

师：要想去买东西就必须有人民币，那我们要怎么办呢？

幼儿：像爸爸、妈妈一样去工作。

2. 讲述情境，开展活动

师：今天老师在路上遇到一只小猴子，它说它的果园里想请一些园丁去帮忙摘果子，让我们一起去帮它吧，你们愿意吗？

幼儿：愿意。

师：去小猴子的果园要经过一座很窄很窄的独木桥，大家排好队，在我后面一个跟着一个走（教师带领幼儿在教室走圆圈，走到教具果树旁）。

集体活动采果子，激发幼儿认识纸币的兴趣。

小猴子（教师扮演）：小朋友你们终于来啦，快来帮我摘果子吧。每一个果子里都有一个小秘密哦！

邀请幼儿拿小果筐帮助小猴子摘果子，并从果子里取出不同面值的纸币。

3. 认识人民币

师：小朋友，刚刚我们大家帮助小猴子采摘了那么多果子，工作了这么久辛苦啦！现在要给小园丁们发工资了。

1）请幼儿观察钱币。出示 100 元、50 元、20 元和 10 元面值的仿真人民币教具，引导幼儿认读。

2）请幼儿将硬币和纸币进行分类。教师将硬币和纸币摆在桌子上，请幼儿观察硬币和纸币在外形上的不同之处并进行分类，然后根据形状告诉幼儿纸币是长方形的，硬币是圆形的。教师左手拿一张纸币带领幼儿一起说“这是纸币”，右手拿一枚硬币带领幼儿一起说“这是硬币”，然后请一位小朋友来分类。

3）根据纸币的图案和颜色认识纸币的面值。首先，教师拿出 100 元面值的纸币提问：“这是硬币还是纸币？你们在上面发现了什么？”其次，教师引导幼儿观察纸币的不同颜色。最后，教师引导幼儿观察纸币上的不同数字。

师：小朋友，纸币上除了有不同的颜色和数字，还有什么呢？

幼儿：风景。

教师出示纸币请幼儿观察不同，并进行总结。

师（小结）：小朋友们，这些纸币不同的颜色和数字代表不同的面值，不同面值的纸币都印有不同的风景图案，如100元人民币背面是人民大会堂图案、50元人民币背面是布达拉宫图案、20元人民币背面是桂林山水图案、10元人民币背面是长江三峡图案、5元人民币背面是泰山图案、1元人民币背面是杭州西湖图案。

4. 引导幼儿发现纸币的共同点

师：这些纸币都有一个相同点，小朋友你们发现了吗？

师（小结）：毛泽东是我国的伟大领袖，国徽和五星红旗一样，都是中国的标识。我国的纸币上，都印有“中华人民共和国”的字样，也有我们国家的国徽和毛主席的头像。

5. 幼儿尝试操作认读

请幼儿尝试认读一下自己手中的人民币，并与同桌小伙伴聊一聊、说一说自己喜欢哪张纸币，它印有什么图案、什么颜色，并说一说为什么喜欢。

活动延伸：玩购物游戏，学习基本的购物常识。

玩法：一名教师扮演银行工作人员，另一名教师扮演商店营业员，幼儿扮演顾客，幼儿先去银行取钱，再去商店购买物品。游戏可变换角色进行，可请能力较强的幼儿扮演银行工作人员和商店营业员。

五、活动效果

本活动通过师生互动、同伴间相互交流的方式，让幼儿能用适当的方式表达与交流对钱币的认识，并能积极回答教师提出的问题。通过本节课程，大多数幼儿都认识了钱币，也发现了不同面值钱币的颜色和图案是不同的。课后的区域角游戏探索，让幼儿尝试简单地使用仿真人民币教具购买物品，这样既锻炼了幼儿的语言表达能力、社会实践能力，又让幼儿体会了购物的快乐。

六、存在问题

首先，教学内容太多。本活动应设为两个课时，第一课时仅仅让幼儿区分硬币和纸币的特征，第二课时通过情境引导幼儿观察人民币的图案和数字，同时与其他国家的钱币图片进行比较。

其次，课前对活动目标的研究不够透彻。活动前制作的果子卡片，其实可以不粘贴钱币，而是通过果子的数量让幼儿知道自己获得报酬的多少。

再次，教学难度偏大。以后此类课程的开展应降低要求，不强求幼儿根据背景图案来认识钱币，可以从不同的颜色和数字来认识钱币。

最后，没有及时纠正幼儿的不良行为。例如，在教师扮演的小猴子给小园丁们发工资的情节中出现了两位小朋友随便撕钱币的行为，但教师未及时给予纠正，可以改进为以后在发放工资前就教育幼儿不能随意毁损钱币，培养幼儿爱护人民币的意识。

七、改进设想

1）增加课程的趣味性，让小朋友们动手操作，延长幼儿亲身参与活动的时间。情境中可根据教学目标采用小猴子一个角色形象创设一系列的环节故事，如小猴子求助小朋友摘果子、小猴子不会钱币分类请小朋友帮忙、小猴子不认识人民币怎么办等。

2）活动前请家长们协助，让幼儿多多了解人民币的由来，教师可讲述有关压岁钱的故事，活动后可通过教师创设的不同生活区域角让幼儿通过体验了解钱币的用途，更深一步地去学习和探索。

3）在班级的区域角设置中可以提供代币券，让幼儿进行兑换物品的游戏。同时，让家长在平时生活中多提供幼儿实际参加购物的机会，让幼儿慢慢加深对钱币的认识。

实践特征

“钱币上有什么”课程实践，针对幼儿园大班学生，采用集体教学和情境教学的活动形式，让学生对我国货币形成初步认知，能够辨识人民币的面值，从而开启财经素养养成的萌芽期。

第一，该幼儿园的师资力量很强，这是财经课程能够有效实施的重要保障。财经素养课程在基础教育阶段的实施尚处于起步阶段，如何科学有效地落实从而真正发挥课程育人的价值，首先需要有一支研究能力强的教师队伍。在面对新的财经素养目标时，教师如何基于儿童的认知和人格发展阶段开发相应的课程内容与活动，是需要教师具备探索精神和研究能力的。可以说教师的专业素养是儿童财经素养提升的重要保证。

第二，该活动设计遵循《中国财经素养教育标准框架》（2018 年版）对幼儿园段的要求，并将其具体化为活动目标。《中国财经素养教育标准框架》（2018 年版）维度二“储蓄与投资”中“货币与利率”部分要求，幼儿应了解我国及几个主要国家的法定货币，能辨识人民币的面值并爱护人民币，不能故意毁损。为此，该活动的学习目标具体化为通过观察钱币认识人民币，区分币值及尊重爱护人民币、热爱祖国。该活动设计不仅关注了儿童财经知识的习得，更加重视的是儿童作为未来社会公民其财经价值观、爱国情怀等的培养。

第三，创设财经课程的学习区域角，尽量模拟社会经济生活情境，如超市、餐厅、银行、医院等，借助角色扮演，在游戏中让儿童有机会体验交易等经济活动，从而对钱币的来历、价值和使用等形成初步的了解与认识。

第四，学习活动的设计符合该阶段儿童的认知规律与特征。儿童并非一块白板进入幼儿园的，他们以往对钱币已有一定的认识，然而这些认识往往相对模糊、零散，因此在教学中教师首先要将这些儿童已有的认识引发出来，引导儿童通过思考钱币从哪里来、讲述其父母的职业，使其将相关知识建立起关联，理解劳动创造财富的财经价值观。

由于幼儿此时仍处于皮亚杰认知发展阶段理论所指称的“前运算阶段”，该阶段的儿童认为一切事物都是有生命的，即所谓的“泛灵论”，可以说他们的世界就是一个童话的世界。因此，教师设计了小猴子的果园里想聘请园丁帮忙摘果子的情境，通过童话情境的创设，让儿童体验后理解工资的含义和来源，初步形成劳动创造价值、劳动创造财富的观念。同时，通过让学生参与观察、分类、辨识等活动，认识人民币及其特征，认识国徽和毛主席的头像。而观察、比较的方法，正是促进学生认知的有效学习策略。在此过程中，儿童获得了初步的数学知识和技能，同时也促进了他们合作、沟通、共同完成任务能力的提升。

第五，依据财经活动的规律，重构学习内容结构。例如，虽然该课程实践的主题是让儿童认识钱币，这是《中国财经素养教育标准框架》（2018 年版）维度二“储蓄与投资”中“货币与利率”部分的要求，但是儿童若要认识人民币，首先要知道它们从哪里来，有什么作用。为此，教师引入《中国财经素养教育标准框架》（2018 年版）维度一“收入与消费”部分的相关内容，先让儿童体验通过劳动赚取钱币获得工资、财富的过程，再让儿童认识人民币及其使用。这样的安排符合了财经活动本身的过程，让儿童从知其来源、知其何为、知其何用的过程中，慢慢建立起知识之间的关联，形成结构化的认识，这将更加有利于儿童对钱币的理解和应用。

建议今后在如下方面做进一步思考和调整。

第一，部分目标与活动偏离，影响儿童的学习效果。例如，活动目的之一是要教育幼儿爱护人民币，萌发爱国意识。但在活动实施环节却没有相关设计，因此造成儿童毁损钱币行为的出现。需要注意的是，学习活动应始终围绕活动目标加以设计与实施。此外，儿童爱国意识的产生不是通过简单认知就能实现的，情感、态度、价值观方面的知识，需要为儿童提供体验的机会，如让儿童观看《开国大典》影片，了解中华人民共和国建国的艰苦卓绝，或者让儿童欣赏人民大会堂、泰山、西湖等的视频或图片，感受祖国山河的壮美，由此才会逐渐形成爱国意识。

第二，继续深入精研《中国财经素养教育标准框架》(2018 年版)，努力在学习活动设计与实施中全面贯彻和落实。例如，该文件要求了解我国及几个主要国家的法定货币，虽然要求有些高，但可以选择某一国外币加以对比，因为只有在比较、对比中，才能凸显人民币的国家特征。

第二节　网购：让人欢喜让人忧

实践叙事

“网购：让人欢喜让人忧”实践活动由广州市番禺区市桥中心小学实施。广州市番禺区市桥中心小学是广东省金融理财教育试点学校之一，在2015 年 9 月秋季开学时正式试点开设金融理财知识教育地方课程。

本活动的施教团队负责人为柯中明校长，成员包括该校一线管理人员和教育教学人员。施教对象为小学五年级(3)班全体学生，共 48 人，活动形式为必修课，活动时间为 1 课时(40 分钟)。

随着社会经济的不断发展、人们收入水平的不断提高、生活环境的不断变化，学生面对的金融环境越来越复杂。加之互联网技术的发展，网络已经和人们的生产、生活紧密地结合在一起，并且在一定程度上改变了人们的生活习惯和生活方式。其中，最主要的就是网购，网购的兴起和发展，对小学生产生了较大吸引力，但由于小学生的认知能力、抗诱惑能力和生活经验不足，特别是在对所购商品或消费领域不太熟悉的情况下，仅凭商家网上的描述、推介和图片，很难对消费对象有较全面的了解，当认知出现偏差时，他们就很容易出现错误的消费行为。本活动要着重培养学生正确的价值观和人生观，帮助学生正确认识金钱、使用金钱。

一、活动目的

（1）了解知识与事实

初步了解商品价格与价值的基本内涵和特征，了解影响商品价格的因素，具备初步的合理消费常识。

（2）获取方法与技能

学会货比三家，掌握购物的小窍门，能从商品的价格、质量等进行综合判断，选择比较优惠的购物策略。

（3）形成观念与态度

辨析网购的利与弊，具备初步的消费者权益保护意识，防范金钱诈骗，学会合理购买学习及生活用品，形成按需购买和按实力购买的良好消费习惯与消费观念。

二、活动设计

1. 设计理念

随着社会经济的不断发展、人们收入水平的不断提高、生活环境的不断变化，学生面对的金融环境越来越复杂，可自由支配的零花钱越来越多，网络上众多极具吸引力的消费广告，使学生盲目跟风购买。买什么？怎样买？买多少？该不该买等，这些问题极需学生了解。

“网购：让人欢喜让人忧的网购”实践活动以《中国财经素养教育标准框架》（2018年版）“五维三标”为依据，以学生财经素养为本位，融“教、学、做”为一体的认知与体验相结合的课程。该课程秉承“认知—辨析—体验—内化”的设计理念，结合事物辨析、情境教学、模拟操作等环节，采用案例引导法、任务驱动法、讨论交流法、模拟参与法等教学方法，通过呈现真实的场景，让学生在活动过程中形成良好的消费观念，提升个人财经素养。

2. 设计思路

具体思路包括以下环节。

1）第一环节——课前准备：初步了解网购。课前给学生布置任务，通过“观察”“搜集”“调查”“实践”等方式，尽可能全方位、多角度地了解网购的内容，并通过分析形成初步的观点和想法，为开展后续课堂活动做好准备。

2）第二环节——导入新课：辨析网购的利弊。通过思维碰撞，把“网购世界”的种种情况呈现出来，形成两个鲜明的对立面——利与弊，对网购的两面性进行有深度的辨析，进而剖析网购世界存在的多种现象。

3）第三环节——课内探究：小组交流，如何进行理性的消费。首先，从认知的角度梳理做个精明消费者的正确做法，让学生从“比价、比质”的层面进行购物。其次，对购物课程实践进行演绎与分析，让学生学会应对“消费陷阱”，增强网购的风险意识。

4）第四环节——社会实践：和家人或同学一起进行量力而行、按需购买的消费实践。该环节通过社会实践活动让学生乃至家庭走进真实的网购世界，去经历、去感受、去磨炼。

3. 活动重点

指导学生学会量力而行、按需购买，学会货比三家、理性消费；通过学习、交流、观察、实践，使学生树立正确的金钱观和消费观。

三、活动准备

1）课前让学生对网购进行初步的了解。

2）准备教学课件、网购视频、模拟商品图片。

四、活动情景

1. 创设情境，问题导入

师：播放欢乐网购的课件。

观看视频，学生积极讨论。

师：同学们，网络改变着人们的生活，网购影响了家庭的购物观。课前我们也了解过网购，请谈谈你们对网购的认识。

生1：网购可以让我们足不出户就能购买大量物品。

生2：网购可以让我们尽情挑选自己想要的东西。

生3：每到“双十一”，大人们都在网上大量购物。

……

板书：让人喜欢的网购。

【设计意图：从网购视频入手，打开学生的思维，谈论网购带给人们的便利与欢乐，让学生融入网购的欢乐中，为下面的“忧”做好情感铺垫。】

2. 结合调查，辨析利弊

（1）抛出问题

师：网购确实给我们带来了许多便利与欢乐，可你们有没有想过，每一次网购过后都能称心如意吗？

大部分学生的态度马上由喜转悲，个别学生和同桌小声交谈着。

师： 怎么了？网购后什么情况令你苦恼？

生 1： 上星期，我妈妈在网上购买了一条裙子，接下来几天都很高兴，热切期待着收货。昨天，快递小哥送来了包裹，妈妈一拿到手就迫不及待地试穿，可是穿在身上的裙子怎么看也没有卖家的图片好看，因为裙子色差太大了，而且尺码也不标准。今天，妈妈失落地把裙子退货了，这次网购裙子没买成，既浪费了时间，还赔上了 10 元的邮费。

生 2： 我家在“双十一”活动那天，批发了好几箱日用品，结果半个月还没送到，而家里的日用品已经用完了，无奈只好到附近商场买零售商品。这快递的速度太不给力了。

生 3： 妈妈生日前夕，爸爸在网上选购了一条漂亮的手链，打算作为生日礼物送给妈妈。可是收货时发现手链有瑕疵，但是商家认为是人为损坏不肯退换，现在手链放在家里当摆设。爸爸说，这是一次糟糕的购物经历。

……

学生你一言我一语，似乎停不下来。

师：（故作忧愁样子）看来，不是每一次网购都那么完美，开心购物的背后隐藏着不少辛酸的故事。这就是网购的另一面——网购的弊端。

板书：让人欢喜让人忧的网购。

（2）分组讨论

师： 既然网购存在那么多弊端，我们就一起来揭开网购的真面目。现在我们分组讨论一下，网购的利弊分别有哪些？

学生分成四个小组进行讨论，组长做好记录。

小组汇报，教师归纳。

网购的弊端很多，如实物和照片差别太大、不能试穿、支付不安全、商家的诚信难以考查、物流配送不及时、退货不方便等。

小结网购的弊端：与实物有差距、网络支付不安全、不能亲身体验以及诚信问题、物流问题、退换货问题等。

网购的好处也很多，如在家能逛商店（不受时间空间限制）、商品信息量大、避免现金的丢失、买货与送货一步到位、商品便宜等。

小结网购的好处：方便、信息量大、避免携带现金、省时省力、价格便宜等。

【设计意图：学生通过调查、讨论，了解到网购既有利的一面，也有弊的一面，进一步加深对网购的认识。】

3. 情景模拟，提高消费能力

（1）抛出问题

师：我们网购时要注意什么问题？

生 1：避免购买假冒伪劣商品。

生 2：迟迟收不到货，要和客服确认发货时间。

生 3：不买不实用的东西。

生 4：先看实体店的物品，再到网上货比三家。

……

（2）案例分析，现场说法

师：实际上，我们网购时会遇到各种各样的情况，请看下面的例子“小明网购多功能背包”。

小明想买一个多功能背包，他在多家网站、多个店铺进行对比，最后在一家评价较好的网店自助购买了一款比较便宜的多功能背包，付款以后安心等待收货。十多天过去了，背包还没到货，小明上网一查，原来店家还没有发货。

屏幕出示问题：付了款，迟迟不发货怎么办？

小明跟客服沟通后几天就收到货了，可是背包与网店的描述有很大差别。

屏幕出示问题：货不对版，怎么办？

经过协商后，客服不同意退货，只愿意降价 10 元出售。小明只好同意收货了，可是这个多功能背包并不实用，累赘花俏根本用不上，唯有摆在家里了。

屏幕出示问题：一时冲动，买了不需要的东西，怎么办？

根据案例进行小组讨论。

生 1：付款前要和客服沟通好，以免客服没留意到自助下单。

生 2：付款后迟迟不发货，可以给客服留言催促。

生 3：商品货不对版，可以选择退货、换货。假如店家不同意退换货，可以投诉。

生 4：网购有许多风险，购买前要三思，按需购买。

……

师：大家要做到精明消费、合理网购。

【设计意图：通过案例分析，让学生认识到网购存在的各种风险，并学

会一些简单的解决方法，从而养成良好的消费习惯。】

4. 情境表演，模拟购物

（1）表演

师：是的，网购时确实要处处留心。请各小组选择以下情境，给出解决方法，并以表演的形式呈现出来。

情境表演，分四组进行。

第一组：买家付了款，但商家迟迟不发货；第二组：购买的商品与介绍不相符；第三组：购买的商品质量有问题；第四组：一时冲动，购买了过多的商品。

各小组在表演时入情入境，绘声绘色，完全融入了网购世界。通过表演可以看出，学生对网购已具备理性的认识，圆满、创新地完成了表演任务。

（2）提升认识

师：我们一起来读一首网购歌。

购买商品讲究多，一起来唱购物歌，
想想父母咋挣钱，能省则省记心间，
不跟风，不攀比，“需要”原则放第一，
购物时，多比比，买后称心又如意，
小摊点，要少去，商标不全有危害，
大商场，货物全，保证质量省时间，
网购便宜又便利，谨慎购物要注意，
不慎买了假东西，维护权益别忘记，
花钱时，有计划，留点零钱不抓瞎。
购物歌，牢牢记，做个聪明消费者。

【设计意图：通过小组讨论，让学生在演绎实践中加深对网购的认识，避免陷入消费骗局，通过比价、比质、按需购买、货比三家来学习如何做个精明的购物者。】

5. 社会实践，学以致用

布置课后作业：看谁能在网上买到价廉物美且实用的商品（注意关键问题：量力而行、按需购买），下节课一起分享。

【设计意图：此环节将安排一次社会实践活动，让学生乃至家庭走进真实的网购世界，去经历、去感受、去磨炼。】

五、活动效果

财经素养教育要从小抓起，根植于学校的课堂，着眼于课程体系。“网购：让人欢喜让人忧”课程的实施，让学生的财经素养水平有所提升，也让他们管理金钱的能力有所提高。通过本活动的开展，发现他们对消费及个人财务管理的态度都极为积极。

本活动的教学设计主要是把学生的个人知识、直接经验、现实生活当作重要的课程资源，重视“儿童文化”“儿童世界”；把学习活动建立在学生已有认知和生活经验的基础上，面向全体学生，实现人人学习有价值的知识，人人获得必需的技能、方法；构建自主、探究、合作及生活化的课堂。

在活动的实施过程中，以学生的课前调查、课堂上的体验交流和感悟为基础，鼓励学生进行各种尝试和创造性思考，让学生在学习活动中学会理财，并表达自己的见解。

（1）采用案例引导法，立竿见影

案例引导法克服了传统教学方法教学内容死板、教学方式单一和教学效果不佳的缺点，从对学生进行素质教育和培养创造能力的角度，弥补传统教学方法的不足。网购问题与人们的生活息息相关，与其对学生进行网购知识、消费观念的“填鸭或硬塞”，不如设计一个生动有趣的案例，如引入“小明网购多功能背包”的案例，通过案例解剖、分析、解难的过程，调动了学生的积极性和主动性，培养学生分析问题、解决问题的能力，通过置身案例情境，增强学生的理性消费意识，树立正确的消费观念。

（2）采用任务驱动法，以学生为本

任务驱动教学法体现了以“学生为主体”的教学思想，改变了传统教学法的教师讲、学生听的教学模式，学生在学习过程中起主体作用，是学习的主人，而教师在教学过程中起组织、引导、促进、评价、咨询的作用。本活动着重向学生布置活动的任务，在完成任务的过程中，引导学生全员、全程、全身心、多感官地去参与、亲历活动。例如，在辨析网购利弊的环节，教师抛出“每一次疯狂网购过后都能称心如意吗？”“网购的利弊分别有哪些？”等问题，调动学生的积极性，在思维碰撞中完成一个个任务，学生的成就感油然而生，很快就融入探讨网购利弊的氛围，仿佛课堂就是“我的网购世界”。学生滔滔不绝地表达自己的消费感受，达到了提升财经素养的效果。

（3）采用模拟参与法，课堂即社会

财经素养课堂的最终目的是让学生走出课堂，走向社会。模拟参与法让学生在课堂上分角色地进行模拟实践演练。课堂上安排了“买家付了款，但商家迟迟不发货”“购买的商品与介绍不相符”“购买的商品质量有问题”“一时冲动，购买了过多的商品”等四个情境表演，通过课堂上的模拟网购，解决消费陷阱问题，提升学生的消费判断能力，养成良好的消费习惯。

（4）开放性教学方法，辐射千万家庭

本活动不是不可变更的静态文本，而是融合了多元性和差异性的教学素材，为教师创造性地开发、利用本地区、本校及家庭和学生本人的资源提供了范例与空间。本活动安排了课前了解网购，课后延伸网购实践，把课堂活动和家庭生活、课内教学与课外准备融为一体。财经素养不仅是学生个人的事，更是家庭的事。课前任务、课后延伸，就是让财经素养教育走进千万家庭。

通过本活动的开展，学生学习财经知识的自主意识得到了明显增强，学生们主动去发现问题，观察生活中的实例，并能够主动地思考问题和解决问题。此外，他们从自身发现了许多消费问题，并懂得了怎样的消费才是理性的、科学的消费，树立了良好的消费观念。课程结束后，学生们能把课堂上学到的知识学以致用。很多学生把这种消费意识运用到家庭消费过程，当看到家人网购时，他们能表达自己的看法，和家人一起商量买什么、怎样买、该不该买、买哪家的才最划算。

本课程增强了教师对学生进行财经素养教育的意识，建立了一支具有独立课程设计能力的财经素养教育教师队伍。在本活动的推动下，教师对财经素养教育的意识和重视程度得到了显著增强，并且通过本活动的开展，教师的课程开发能力、教学能力得到了显著提升，涌现了一批财经素养教育能力强的优秀教师。

六、存在问题

1. 课堂存在的不足

教师认识到以后在教学中要及时抓住机会对学生进行教育，培养学生良好的财经习惯。网购现象包罗万象，课堂预设的情境仅仅是冰山一角，也不够全面。学生在展示时明显地被教师引导着，局限于案例中的情境，未能创造性地展示出未提及的处理方法。从而可以看出，学生的消费意识仍然被家庭教育所局限。其实，老师和家长应该给孩子一些购物的自主权，让他们从小接触金钱、了解金钱，参与实践，从而更加珍惜金钱，学会理财。

2. 研究遇到的问题

在“金融理财”课程中以“立德树人”为基点的小学生财经素养的培育涉及范围很广，但在学校课程实施中如何准确定位小学生财经素养、构建其财经素养体系，以及如何进行有效的实施，目前还没有学者、学校进行系统深入的研究，这给该课题的研究带来一定的难度，学校只能通过行动研究不断总结经验。“金融理财”课程在具体的实施过程中如何以课程活动为主渠道，以社会实践为大背景，以培育学生财经素养为基本目标，开展一系列活动，并周全考虑专家参与、社会支持、教师组织、学生主体等方面，则完全要靠学校在实践中去摸索。

3. 期待资源的整合

财经素养教育是跨学科的学科教育，把金融知识与语文、数学等其他学科相融合，通过呈现真实的场景，让金融知识和技能在场景中得以运用。因此，小学生的财经素养教育需要整合多学科的资源，需要社会资源的支撑，需要专业人士的指引，更需要家庭教育的大力配合。

七、改进设想

本课程实施后，为了结合学校开展的“金融理财”社会实践活动，做出下一步的改进设想。

1）进一步完善小学生财经素养水平评价体系和课堂教学评价体系。财经素养水平不仅体现在知识层面，更多地体现在思维和行为层面，因此如何科学地评价学生财经素养的水平，以及如何合理地评价教学培养效果，将关系到今后如何能更好地推进财经素养教育。

2）如何使家校联系更紧密，有待进一步研究。财经素养与生活实践密切相关，在财经素养培养的过程中，家长起着不可替代的作用，因此需要学校与家长进一步协同和分工。

3）进一步改进和完善行动研究的研究方法。财经素养是体现在行为和实践层面的素养，行动研究的方法符合财经素养教育研究的发展方向，也是基础教育研究的创新领域，具体的研究方法、路线有待进一步的创新和改进。

4）进一步加强对教师的培训。在财经素养教育中，教师起着重要的作用。然而，多数教师未接受过系统的财经教育，因此在今后的工作中需要进一步从财经基础知识和教学方法方面加强对教师的培训，在提升培养效果的同时，也提升教师的整体财经素养水平。

实践特征

以“网购：让人欢喜让人忧”为主题的课程实践，针对小朋友们盲目使用零用钱疯狂购物、网购时遭遇网络诈欺和消费陷阱等问题，以学生的网络购物活动为主题，让学生通过认识、辨析、讨论交流、实践体验等活动，学会理性消费，树立初步的消费者权益保护意识并养成勤俭节约的良好习惯，从而提升财经素养水平。

本课程实践系统设计、科学实施，因而取得了良好的教学效果。

第一，整体构建，系统研发。学校基于本校情况，面向未来需求，系统研发与实施财经素养课程。教育是培养未来人的，学校需要面向未来社会发展需求，给予财经素养教育以充分的重视，课程作为育人载体，一体化的系统建设是科学、系统培养学生的保障。作为广东省金融理财教育试点学校，市桥中心小学从 2015 年起就开始了财经教育课程的探索，在地方课程框架指引下，基于地方课程与教材，学校立足于培养适应现代经济社会发展的公民所必备素养这样的高站位，将“金融理财”课程作为学校整体课程结构的重要组成，以金融证券基础知识为学习内容，基于不同学段学生认知和人格等发展的特点及规律，在培养学生金融理财方面的财经素养的同时，着力引导学生树立正确的财富价值观和人生观，从课程目标、培养模式、课程体系、课程资源等方面，对其进行了系统研发和实施改进，形成了独具特色的财经素养教育课程体系。

第二，研究型校长，专业化教师团队。校长的远见卓识和躬身研究与努力探索的教师研究团队，是财经素养教育课程能够真正落实在教师和学生身上的重要保证。三年的时间，学校研发了面向三年级至六年级学生开设的“金融理财”校本课程，形成了一本教育教学实践成果集，为课程的有效实施奠定了基础。

第三，始于学生，终于学生发展。以学生为中心的活动设计与实施，使课程获得了生命力。课程的设计和实施，必然是始于学生，终于学生发展的。本活动在设计之初，对学生的先前知识、经验、问题和需求，进行了细致的了解和分析。对学生已有的财经素养状况，以及他们对消费和网购这一主题的认识、问题和需求，做出了深入细致的把握。例如，教师基于活动前期发现个别学生在消费方面存在的问题，进行了全班范围的调研，了解了学生零用钱、压岁钱的数额和使用情况，发现学生缺乏储蓄、理财意识和经验，缺乏计划的、非理性的消费现象非常普遍。教师进行充分的调研，了解学生的问题与需求，是课程开发的起点，决定着课程的目标和实施。

在课程实施环节，充分尊重学生的认知规律，理论与实践相结合，个体学习与合作学习相结合，确保了学习的高质量。教师要求学生课前借助“观察”“调查”“搜集资料”等，对将要学习的主题有一定的认知基础和想法，并提出存在的问题，在此基础上进行的讨论，才更有针对性。而接下来的情景模拟则将问题和解决问题的方案，较为形象地呈现出来，不仅外化了他们的理解，真实展示了他们解决问题的过程，由此更加深了对知识的理解，而且有助于教师和学生发现他们解决问题过程中可能出现的新问题，以进一步反馈和矫正改进。最后，设计安排的课后真实消费活动，让学生将获得的理性认识付诸真实的生活实践，完成了一个从具体到抽象再到具体的学习环，由此提升了学生理解的深刻性和解决现实问题的能力。在此过程中，贯穿着学生的讨论、辨识、合作等活动，使学生树立理性消费、勤俭节约的价值观。

第四，多学科融合，整体化育人。财经素养教育课程的综合性质决定了它需借助多学科的知识与技能，来培养学生综合性的财经素养。针对“合理消费”这一主题，本次活动融合了思想品德与社会、数学等多个学科的相关知识及技能，如何规划消费、如何货比三家、如何辨识风险、如何与人有效沟通等，解决真实生活中遇到的问题，必然需要不同学科、不同视角加以分析和解决。

建议进一步精研《中国财经素养教育标准框架》（2018年版）小学段的内容，尽量全面体现标准框架中的要求。本课程是《中国财经素养教育标准框架》（2018年版）维度一“收入与消费”中“个人消费与规划”部分要求学习的内容，课程实践的设计在让学生掌握合理消费的判定要素和形成量入为出等消费理念方面，取得了很好的教学效果。但如果还能关注方法和技能方面的目标，如“制作简单的收支记录表”“对比并选择合理的支付方式”“根据需求的重要性和迫切性制作合理消费图”，使学生在参与的过程中不仅掌握事实性知识，而且形成相关的价值与态度，并能够有效地解决消费中可能遇到的问题，学习会更有深度。

第三节 爷爷奶奶时代的消费

实践叙事

“爷爷奶奶时代的消费”实践活动由济南市舜耕小学实施，该校建校于 1992 年，生态化教育、舜文化教育、家校合作是该校享有盛誉的三大办学特色。2009 年，该校成立了舜友联合会（家委会），在学校治理、课程开发、安全管理方面做了大量实际且有价值的工作，而该校开设的财经素养课程也得益于此。

本活动施教团队为该校财经素养研究团队，负责人为段博宇。施教对象是四年级（3）班全体学生，共 52 人，活动形式为必修课，活动课时为 1 课时（60 分钟）。

本次活动的典型意义是以财经三班为例，围绕“爷爷奶奶年代的收入与消费”这一中心议题，涉及“不同年代所体现出的消费观念的不同”这一问题，尝试探索一种社区问卷调查采访的方法，帮助学生解决生活中与爷爷奶奶在消费理念上所产生的问题及矛盾。

一、活动目的

根据《中国财经素养教育标准框架》(2018 年版)“五维三标”的结构框架，其中第一个维度为“收入与消费”。本次调查实践活动紧紧围绕着“收入与消费”这一维度，在了解家庭收支情况后，将研究问题进一步深化，结合学生在生活中进行某些消费时他们的爷爷奶奶总是不理解或者阻拦，展开了以“爷爷奶奶时代的消费”为主题的社会实践调查。

1）活动前，帮助学生分析在日常生活中发现的问题，了解不同职业和岗位所需要付出的劳动，不同的劳动付出在同一时代的收入差异和相同的劳动付出在不同时代的收入差异，以及了解合理消费的判定要素包括需求的重要性和迫切性。

2）活动中，帮助学生获取解决问题的方法与技能，在与父母、长辈的沟通过程中，达成合理赚取与有效使用零花钱的一致意见，并学会制作简单的收支记录表，根据需求的重要性和迫切性制作合理消费图及简单的消费预算表。

3）活动后，汇报总结阶段让学生懂得赚取收入的重要手段是劳动，不同的收入需要不同的劳动付出，然而相同的劳动付出在不同的时代背景下又会存在收入差异，从而更加理解爷爷奶奶的消费观念，化解生活中不同消费观所引起的矛盾与分歧，让学生学会量入为出、不过度消费、不盲目攀比。学生树立勤俭节约的价值观不仅是对他人劳动和社会财富的尊重，而且能因此更加体谅父母、长辈，珍惜现在的幸福生活。

二、活动设计

1. 指导思想

对学生而言，财经素养教育有助于其掌握财经知识与技能，培养先进的财经理念与意识，提升对财经活动中所隐含的社会、道德、环境问题的反思与批判能力，从而更好地理解社会生活。财经素养教育是向个体实施关乎财经生活基础修养的活动，是财经相关教育、生活教育、情感教育、心理教育等活动的整合。

2. 设计思路

缘起：在家庭收支调查分享汇报会上，学生突然提出了一个问题："为什么我每次买物品的时候，旁边总会有一个声音'怎么这么贵啊！'"没想到这个问题却引起了班里小朋友们的共鸣，大家纷纷表示这个声音是来自爷爷奶奶那一辈的家人。于是，学生们提出想要了解"爷爷奶奶时代的消费"这个问题。

（1）第一课时

关于消费的理论学习。利用家长进课堂的时间，由经济学教授和从事经济财政类职业的家长为学生讲授关于收支与消费的相关理论知识。

（2）第二课时

1）填写家庭收支表（表 1-1），通过采访父母，调查自己家庭的收支情况，初步了解不同的职业和岗位所需的劳动付出，继而了解不同的劳动付出所带来的不同收入差异和消费差异。

表 1-1　家庭收支表

家庭成员	职业或岗位	月收入/元	月支出/元
爸爸			
妈妈			
我			

2）根据家庭收支表，设计采访自己爷爷奶奶收支情况的调查问卷初稿。帮助学生了解相同的劳动付出在不同的年代会存在不同的收入差异和消费差异。

3）采访自己爷爷奶奶的收支情况后，走近社区、走向社会，针对陌生的爷爷奶奶，围绕 20 世纪六七十年代左右的收支情况，设计更加实用便于采访的调查问卷。

（3）第三课时

1）合理选择调查对象。

2）针对重点问题做采访记录。

3）以小组为单位收集调查问卷，为后期汇总资料做准备。

（4）第四课时

1）对收集的调查问卷进行筛查，挑选出有效问卷。

2）对有效问卷进行数据统计及分析。

3）小组合作，分享调查结果中有趣的故事。

4）我发现了哪些问题？

5）总结对比，形成调查报告。

6）以小组为单位展示汇报。

7）反思、总结、感悟、提升。

三、活动准备

1. 理论学习准备

为了更好地调查和解决问题，学校以家长进课堂的形式，引入“生活中的消费”“工资单上的那些事儿”“拒绝冲动消费”“做聪明的消费者”“大禹治‘税’”等课程，其内容从最贴近学生生活的消费讲起，小到个人日常消费，大到国家财政收入与支出等，让学生充分学习和生活密切相关的收入与消费主题的财经知识。

2. 实践调查初体验

1）家庭收支情况调查。在进行正式的社会调查之前，让学生先从采访自己的爸爸妈妈入手，了解自己家庭的收入与支出情况，做一个简短的汇报总结。

2）爷爷奶奶收支调查问卷初稿。在了解家庭收支情况后，学生已经初步掌握了不同职业和岗位所需要的劳动付出，在家长和老师的帮助下，设计一份调查问卷初稿（附件 1）。

3）反复修改完善调查问卷，完成第二稿。第二版调查问卷较第一版而言，问题设计更加具体，从问答形式改成了填空形式，更加便于采访记录（附件 2）。

4）有了采访自己爷爷奶奶的经验后，继续修改完善调查问卷，使其更加适用于实际调查。问题的设置上比第二版更有层次，并且将填空题改成了选择题和填空题相结合的形式，更加实用且方便操作（附件 3）。

5）强调出行安全等常识，学生需在至少一位家长的陪同下前往社区进行采访，并做好交通安全防范工作。

四、活动情景

1. 制订计划

借助学校的学区优势，不少学生都是来自山东财经大学、济南大学、省财政厅、省地税机构的子弟，于是依托家委会，将这部分家长调动起来，并对接山东财经大学等专业财经教育机构，不仅将大学教授请进小学课堂，还带领学生走进山东财经大学，学习专业的财经知识，感受财经素养的魅力。

2017 年度学期初，学校召开了舜友班子成员会，共同商讨本学期的财经素养课程安排及实践活动计划。在舜友会上，大家献计献策，讨论出本学期的研究主题为“收入与消费、储蓄与投资”，并制订了学期财经素养教学计划（表 1-2）。

表 1-2　财经素养教学计划

时间	课程研究内容	
2017 年 9 月	收入与消费	理论学习
2017 年 10 月		调查实践
2017 年 11 月	储蓄与投资	理论学习
2017 年 12 月		参观实践

2. 第一课时：理论学习

2017 年 9～10 月，主要开展以收入与消费为主题的研究学习。在家长们的呼吁下，班里的家长们调动社会各界资源，纷纷上报了家长进课堂的课题。根据课题内容，学校筛选出了符合小学生年龄特点的课题，课程安排如表 1-3 所示。

表 1-3 课程安排表

时间	课程名称	主讲人
2017 年 9 月 4 日	“生活中的消费”	小超妈妈
2017 年 9 月 18 日	“工资单上的那些事儿”	阳光妈妈
2017 年 10 月 9 日	“拒绝冲动消费”	上上妈妈
2017 年 10 月 16 日	“做聪明的消费者”	一茗妈妈
2017 年 10 月 23 日	“大禹治‘税’”	皮皮妈妈

3. 第二、三课时：调查实践

（1）发现问题

在理论学习之后，首先对家庭现阶段收支情况进行了调查。同学们回家自行采访爸爸妈妈，填写关于家庭收支的调查表，以小组为单位，在下一节财经素养课上进行分享汇报。

在财经素养分享会上，学生对调查结果都有自己的发现和想法。

首先，生活中发现。上上说：“我爸爸是公司经理，每个月的收入很高，每到假期爸爸妈妈都会带我出国旅游……”笑笑则说：“我们家里原来的家庭收支从不记账，但从这个月开始记账，我发现家里比上个月的开支少多了，这样省下来的钱就可以存起来……”亮亮说：“在家里我是收入最少的，可消费却是最大的。以后我可不能乱花钱了，爸爸妈妈上班不容易，我得为家里节省开支……”

其次，行动中体验。同学们你一言我一语地表达着自己的意见和想法，教师心里则倍感欣慰，小朋友们从开始简单的总结，到后来提倡将家庭收支记账，再到懂得感恩父母辛苦的劳动，真是不得不感叹财经素养教育的魅力。分享会最后，小超高高举着的手却始终不肯放下，他提出了一个问题：“我爷爷跟爸爸都是大学教师，爷爷是我们家最有钱的，可为什么我每次买东西的时候，他总是会说‘怎么这么贵啊！’”

（2）分析问题

问题一经提出，就引起了班里其他学生的共鸣，大家纷纷表示自己的爷爷奶奶也会发出这样的感叹。

不同职业的劳动付出会带来不同的消费差异，但是相同的职业在不同的时代也会带来不同的收入和消费差异。接着这个问题，教师向学生提议，以“爷爷奶奶时代的收入与消费”为主题进行一次问卷调查实践。小朋友们瞪大了眼睛频频点头，表现出了极大的兴趣。

（3）解决问题

1）设计调查问卷。首先，学生6人为一组，在家长的帮助下先设计出一份简单的调查问卷，采访自己的爷爷奶奶。学生发现第一版的调查问卷问答题的形式不容易做记录，提议将调查问卷改为填空题的形式。再次采访实践，发现第二版的调查问卷仍存在一些问题，如这样的调查问卷比较适合采访熟悉的人，可是要在短时间内让陌生人接受采访并填写调查问卷，填空题的形式还是麻烦了一些。同时，学校也将第二版的调查问卷递交给校外指导专家山东财经大学的汪教授。经过专家审核、反复修改后，最终呈现出第三版调查问卷。第三版调查问卷主要采用了选择题的形式，既能让孩子们问得明白，被采访者也方便回答。

2）走向街头，采访实践（活动实际情景）。一大早，四年级（3）班中队的小小理财师们齐聚市中区舜玉公园广场，大家3人为一组，并在组内进行详细的分工：记录员、采访小记者和宣传员。同时，教师也对小队员们提出了要求：明确调研对象、找准目标、大方交谈、详细记录。

万事俱备，带着满满的信心，小队员们出发啦！由于第一次进行这样的采访，面对的又是陌生人，小朋友们略显紧张，有的小朋友初次采访遭到了拒绝，有的小朋友因为方言问题放弃了采访对象……但是，这些都不是问题，小队员们鼓起勇气，积极找出了应对办法。

1）学会与陌生人交流。乐乐说："找到爷爷奶奶时，要有礼貌先鞠躬问好，再表明自己的身份和目的……"远远说："与老年人说话时声音要响亮，才能正常地交流和问答……"腾腾则发现，不能找正在照看孩子的爷爷奶奶，他们没有时间做调研，要尽量找晒太阳、来广场休闲娱乐的老人……小朋友们脑洞大开，献计献策，接下来的采访便顺利了许多。

2）珍惜幸福生活。然然看起来采访得很顺利，她高兴地举着一份调查问卷跑过来跟大家分享：张爷爷说，30年前10元钱可以请10个人吃饭喝酒，而现在10元钱只能吃一顿早餐……孩子们纷纷感慨物价的差距之大。

3）体谅理解家人。采访对象刘爷爷说，小时候没有玩具，只能自己做，如鸡毛毽子、泥巴、铁环等，随便找个东西就可以当玩具，他告诉孩子们要养成节约的好习惯。孩子们很惊讶，原来不花钱也能玩得很好。

4）感恩父母家人。从张奶奶的调查中发现，中年时为了供孩子们上学花钱，老年时为了给孩子们买房子花钱，父母辛辛苦苦一辈子，都是为了自己的孩子而忙碌。小调查员们听了张奶奶的话非常感动，同时也很感恩自己的家人。

5）消费体现年代。小调查员们在调查中还发现，多数调查对象年轻时购买的大件物品是自行车，这也说明自行车在当时是比较流行的物件，它不仅是代步工具，还是身份的象征，就像现在家里买汽车一样。

6）自信、大方、睿智。小朋友们在广场上采访了几位老年人之后，地点又转移到了运动器械场地，采访进展得也越来越顺利。小调查员们从开始的问卷答题，到后来可以随性地将问题展开，从中得到自己想知道的事情，成功地将问卷调查转变成了聊家常，最终完成了130多份有效的调查问卷。

4. 第四课时：调查汇报

调研回来后学生们将问卷进行了整理和统计，分析汇报表格并形成调查报告。

在分享汇报中，上上小朋友对爷爷小时候吃的零食印象深刻，她无法想象，苦涩的柿子皮竟然是爷爷小时候最难得的零食；小超小朋友说一位爷爷年轻时最大的一笔消费是买了一个价值30元的收音机,时间是在1978年，但是经了解得知，这位爷爷当时的工资一个月才35元。小超说他现在终于明白爷爷奶奶为什么总是觉得什么都很贵啦……

五、活动效果

本次活动开展得非常顺利，通过分享小故事来说明活动的效果。

例如，琪琪在她的作文《“抠门”的奶奶》中这样写道。

我的奶奶特别“抠门”。她每次出门，能走路到的地方，绝对不坐公交车，能坐公交车的地方，就绝对不打车，常常在路上浪费很多时间。

奶奶每天最爱干的事就是去各家超市比价格，常常去A超市买菜，去B市场买鸡蛋，再去C超市买卫生纸，回家之后，还总是会一脸高兴地跟我说，A超市的黄瓜便宜了几毛，B超市的鸡蛋逢周三有特价。各家超市发放的超市印花特价海报被奶奶圈圈画画后，变成了一副特价地图印在了她的脑子里。

起初，我非常不喜欢奶奶的“抠门”，常常因为步行去上美术课而要提前一个多小时出门，给我买个生字本也要拎着各种物品逛几个超市……直到段老师在财经课上提议要我们采访一下爷爷奶奶时代的消费情况，我才明白了奶奶的苦心。

奶奶小时候家里特别困难，一家人靠几亩地瓜地过日子，爷爷还常常为了能吃上一口饭，要去街上捡驴粪卖。在问卷采访中我问奶奶：“爸爸妈妈每个月给您那么多零用钱，可您为什么总是不舍得花呢？”奶奶摇了摇头对我语重心长地说：“你爸爸妈妈工作很辛苦，奶奶也没有退休金，我就想着每天节约一点，生病躺在医院里的时候，能不为钱的问题而为难，少给儿女添麻烦。现在你上学也需要用钱，我能尽量给你们多存一点就多存一点。”奶奶的一番话，让我一时语塞，眼泪忍不住地流了下来。我紧紧地抱着奶奶哭着说：“对不起奶奶，以后我再也不埋怨您‘抠门’了！”

……

像这样的故事在调查报告分享会上屡见不鲜，学生们都被这一个个鲜活的故事感动着。有的学生还在课堂上建立了自己的家庭收支小账本，下定决心要为节省家庭花销贡献一份力量；有的学生则悄悄地擦着眼泪，从他的表情中能看出他内心的愧疚；有的小组还讨论起了生活理财小窍门，一个个俨然一副小管家的样子……

现在的小学生家庭条件都比较优越，每年单单压岁钱的收入就成千上万，可他们并不知道这些钱真正的来源，所以不懂得珍惜，甚至还瞧不起长辈的“小家子气”，他们常常忽略了家人所经历的贫穷和艰难，也忽略了家人内心深处对子女的疼爱。他们省钱是因为曾经贫穷过，他们在子女身上不怕花钱，是因为他们真的爱你。

爷爷奶奶甚至父母一代曾经历过物资匮乏的年代，在上有老下有小的焦灼中，穷过、苦过、为难过，在他们的身体里，深刻铭刻着饥饿、无助和窘迫……

而在孩子们尚未成年自立的 20 年甚至第三代的 40 年里，是他们的负重前行，才有了今天的岁月静好，而在你已经成年的几十年里，他们依然精打细算，尽自己最大的努力为你披荆斩棘。他们那么在乎的几块钱，只是因为他们替你承担了沉重，让你能够步履轻盈。对于年仅 10 岁的小朋友来说明白这些道理是非常困难的，通过这样的调查实践活动，帮助小朋友们学会做一个聪明的消费者，秉承中国自古勤俭节约、量入为出的优良传统，合理规划家庭的收支，计划消费。同时，要更加体谅和理解父母、家人，懂得感恩和珍惜现在的幸福生活，更好地认识个人与家庭的关系、时代与消费的关系等。从自己的亲眼所见和亲耳所闻中产生内心深处的感动，进而外化于行，最终实现价值观的塑造，这就是财经素养教育的真正魅力。

六、存在问题

自古以来，原有传统素质教育体系中更多关注的是对学生智商与情商的培养。有些家长认为追逐名利是小人行为，让孩子小小年纪接触金钱会沾染一身铜臭气息，孩子哪里还有心思学习？所以，很多家长为孩子买吃买穿，愿意给孩子花钱却不愿意对孩子进行金钱教育。

在开展实践活动时也遇到了这样的问题，如某些家长不是特别支持财经素养教育活动的开展，认为这是浪费时间，耽误学习，因此实践活动未能实现全员参与。

只有养成财经素养的良好习惯，才能更好地生存生活。此外，若能将财经素养课程与其他课程相融合，如语文、数学、科学、品德等学科，不仅有助于培养学生的综合素养，提升财经素养水平，同时也会提高其他学科学习的成绩。但是，对金钱教育的理解在某种程度上阻碍了财经素养教育的开展，这也是开展财经素养活动所面临的困难和存有的争议。

七、改进设想

1. 思考启示

如果撇开考试成绩的优秀表现，我们会发现很多学生的财经素养其实还存在一些问题。由于中小学生基本远离生产、分配、投资乃至消费等环节，他们对家庭财富的产生过程缺乏感受，不能体会父母的艰辛，一些学生经常基于攀比心态进行非理性消费，并且希望通过以付出最少的努力实现“一夜暴富”。

因此，开展财经素养教育既有时代的必要性，更有其紧迫性。它不仅仅是财经相关教育，更是思想道德教育、生活教育、情感教育、心理教育等活动的整合。

针对今后财经素养教育的研究，教师表示会加大实践和职业体验的比重，带领学生走进社会，体验不同的社会角色及不同的职业，让学生亲身经历和体验父母的劳动与工作，切身感受父母的不易。

2. 自我评价与改进设想

学校开展财经素养教育 3 年来，得到了学校和绝大多数家长的支持，其取得的效果也是显而易见的。针对少数不支持的声音，可以将财经素养教育与德育实践相结合，财经素养教育是途径，道德教育才是最终的目的。通过社会实践活动、校内外分享财经素养课程、媒体宣传、财经素养教育知识普及等手段，广泛宣传财经素养教育，使其能够真正落地开花。

下一步，在“爷爷奶奶时代的消费”调查的基础上，再次改进调查问卷，加大体验实践的比重，让学生深入爸爸妈妈工作的地方进行职业体验；亲身体验爷爷奶奶时代的工作或劳动，如去农村种地、割草、干农活等，进一步加强职业体验、情感教育，最终实现财经素养教育的德育目标。

实践特征

“爷爷奶奶时代的消费”的教学实践活动，以《中国财经素养教育标准框架》（2018年版）为引领，整合资源，科学设计，取得了很好的教学效果。

一叶知秋，可以说本课程是该校财经课程科学研发的缩影。学校教师长期精研财经素养教育，并进行了相关课程的研发。课程开发遵循科学开发路径，具体表现如下所述。

第一，财经素养课程作为学校课程体系的重要组成部分，其构建必然基于学校的文化、办学理念、育人目标和《中国财经素养教育标准框架》（2018年版），这是财经素养课程目标确定的依据和指向。

济南市舜耕小学以“生态化教育、舜文化教育、家校合作”为学校三大办学特色，在学校生态化教育理念和以培养“世界视野，中国特色”的现代小学生的育人目标引导下，将与学生的生活密切相关的财经素养，视为学生生活与自我发展、社会参与和文化基础的必备品格及关键能力。同时，在《中国财经素养教育标准框架》（2018年版）指导下，在“耕读”课程框架下进行了财经素养课程的研发，将此类课程的目标确定为“培养具有财经素养和国际视野的现代小学生”。准确的课程定位不仅为学校财经素养课程建设提供依据目标，更能够从根本上保障该课程体系的科学性和实现育人的效果。

第二，以问题为导向的课程研发，将财经素养课程建设作为一个研究过程，确保课程的高品质。

课程开发与建设，本质上讲就是一个解决问题的过程。学校教师对我国财经素养教育的现状和问题进行了细致分析，认为长期以来人们深受中国传统文化中崇尚读书的观念影响，而将商贾和经济行为，更多视为匠技之学，且不大被人们所尊崇，财经素养也因此不受关注。但事实上，财经素养正是人们生存、生产、社会发展的基础性素养。尤其是全球化时代，经济一体化趋势发展迅猛，无论是对个人还是国家而言，财经素养都是其生存力、发展力的重要基础和保障。

然而现实是，一方面如上所述我们受到传统观念的影响，另一方面由于其是非考试科目，因此在基础教育阶段不受重视，财经类课程目前还未能作为国家课程进入中小学校，针对其进行的相关研究也是少之又少。而现实生活中学生因缺乏财经素养而出现许多问题，有些甚至涉及道德问题。学校某些班级中就经常出现学生对物品缺乏价值判断、胡乱消费等问题。学校教师从学生分析入手，了解到学生财经素养现状和主要问题，发现学生严重欠缺合理的消费观念，更无法理解爷爷奶奶那代人的消费理念。为此，学校设计了该课程实践，以期通过对比，让学生深刻理解劳动是收入的主要来源，父母辛勤付出获得的财富应勤俭节约、合理消费，并懂得感恩。

第三，学校基于小学生的身心发展特点和学习科学基本规律，以及《中国财经素养教育标准框架》（2018 年版）的具体要求，进行的课程设计与实施，将有效促进学生观念转变，实现有意义的学习。

例如，学生很难理解为什么爷爷奶奶会反对他们消费，这种观念的改变是非常困难的。遵循学习科学的基本原理，教学中开展了集中研讨、调查采访和分析汇报等活动，一方面是要将学生原有的认识引导出来，另一方面是通过调查访谈等活动了解“爷爷奶奶时代的消费”，从而让学生在已有认识与调研后的结果之间，产生认知冲突，由此才能转变观念，形成新的认识和价值观念等。

此外，本活动以调查问卷的形成、完善和实施、统计、总结反思为线索，不断聚焦问题，寻找解决问题的策略方法。这种基于问题的学习让学生通过研究、实践进行学习，有助于解决问题能力的提升。同时，在实践中的学习也将有效增强学生的责任感，形成良好习惯和财经价值观。

第四，整合校内外课程资源，科学、系统育人。

本实践活动将家、校、社会资源进行统筹，有效开发、整合利用。通过引入具有财经专业背景的家长进课堂的形式，不仅解决了小学生的财经素养课程、教材和教师财经专业知识缺乏的问题，也能让家长、社会都来关注学生的财经课程学习，激发学生学习的兴趣。

另外，在本实践活动中也发现内容浅显、课程实施时间过长略显拖沓、缺乏学生对问题提出假设和解决方案的过程等，建议今后进一步深入探索。

附件 1

“爷爷奶奶时代的消费是什么样子的？”调查问卷第一版

姓名：　　　出生年月：　　年　　月　　日

籍贯：　　　退休前的职业：

1. 小时候有零花钱吗？
2. 有什么样的零食？
3. 买过玩具吗？
4. 参加工作时间：______________
5. 开始挣钱时间：______________ 收入：______________
6. 怎么分配的？如吃、穿、住、行等方面各占多少？
7. 能回忆起来工资的大概变化过程吗？如从一个月 10 元到工作 5 年后变成了 12 元等。
8. 印象最深刻的一笔较大的花销？
9. 最疯狂的一次投资？
10. 存的最长时间的一个定期存款是多少？存了几年？利息是多少？
11. 现在的收入及支出结构？

附件 2

“爷爷奶奶时代的消费是什么样子的？”调查问卷第二版

姓名：　　　出生年月：　　年　　月　　日

籍贯：　　　退休前的职业：

1. 有零花钱吗？______________ 小时候有什么样的玩具？______________

最喜欢吃的零食？______________

2. 爷爷/奶奶/姥姥/姥爷参加工作时间或者开始挣钱的时间：______________

　第一笔工资或者第一笔收入：______________________

　当时一个月日常开支是：______________________

　怎么支配的？______________________________

回忆一下工资或者收入的大概变化过程：______________________

3. 购买的第一件家电：____________________ 时间：______________

　价格：____________________ 当时的工资或收入：______________

4. 购买的第一个代步工具：____________ 购买时间：______________

　价格：____________________ 当时的工资或收入：______________

5. 购置的第一套住房时间：________________ 价格：__________________
当时的工资或收入：____________________
6. 印象最深的一笔较大的花销是：__________ 时间：__________________
价格：___________________ 当时的工资或收入：__________________
7. 最疯狂的一次支出是：__________________ 时间：__________________
数额：____________________ 当时的工资或收入：__________________
8. 第一笔银行存款：______________________ 时间：__________________
数额：____________________ 当时的工资或收入：__________________

附件 3

“爷爷奶奶时代的消费是什么样子的？”调查问卷第三版

访谈人员：___________________被访对象：___________________
性别：______ 年龄：______ 出生年月：_________________
籍贯：_____________________ 从事职业：_________________
1. 爷爷/奶奶小时候的情况调查
（1）是否有零花钱？
A. 是 每个月零花钱的金额是：___________________________
B. 否
1）零花钱的来源（ ）。
A. 父母给的 B.爷爷奶奶/姥姥姥爷给的 C. 其他
2）零花钱的去处（ ）。
A. 买零食 B. 买玩具 C. 买文具 D. 买小人书 E. 其他
（2） 是否有零食？
A. 是 最常吃的零食是：___________________________
B. 否
（3）是否买过玩具？
A. 是 最喜欢的玩具？_____________ 金额是：_________
B. 否 没有玩具，您是怎么玩的？_______________________
（4）是否有课外书（包括小人书）？
A. 是 最喜欢的书籍是：_______________________________
B. 否
该书籍的来源（ ）？
A. 家里买的 B. 别人送的 C. 借阅他人 D. 其他

2. 爷爷/奶奶参加工作时间或开始挣钱时间？

第一笔工资或收入：__________ 当时一个月日常开支：__________

主要吃穿住行（所占收入比例）：____________________

当时的10元钱能干什么：____________________

回忆一下当时的工资或收入的大概变化过程(以10年为单位或列出自己感受比较深刻的变化）：____________________

3. 购买的第一件家电是：________ 时间：________

价格：________ 当时的工资或收入：________

购买的第一部手机是：________ 时间：________ 价格：________

当时的工资或收入：________

4. 购买的第一个代步工具是：________ 购买时间：________

价格：________ 当时的工资或收入：________

没有购置代步工具之前是如何解决出行问题的？（如坐公交车或者步行等）

____

5. 购置的第一套住房是：________ 时间：________

价格：________ 当时的工资或收入：________

没有购置房产之前，是如何解决住房问题的？（如单位分房、房改房、租房、自建房等）____________________

6. 印象最深刻的一笔最大消费是：________ 时间：________

价格：________ 当时的工资或收入：________

7. 最疯狂的一次消费是：________ 时间：________

价格：________ 当时的工资或收入：________

8. 是否买过股票？

A. 买过　　最早一次的时间：________ 金额：________

当时的工资或收入：________

印象最深的一只股票：________

投入多少？________ 挣了多少？________

B. 没有买过，原因是：____________________

9. 目前是否已购买理财产品？

A. 有 理财金额大约是多少？____________________

B. 没有

10. 是否买过国债？

A. 买过　时间：______ 金额：______ 当时的工资或收入：______

B. 没有买过，原因是：____________________

11. 目前是否退休？如果是，退休金的金额：____________

主要吃：______ 穿：______ 住：______ 行：______（所占收入的比例）

目前 10 元钱能干什么？____________

12. 简单评价一下自己各阶段收入及支出的满意度？

（如刚参加工作时，虽然工资不高，但住、行基本不用花销，最大的支出就是吃或穿）

刚参加工作时：____________

中年时：____________

第四节　模拟超市的职业体验

实践叙事

“模拟超市的职业体验”实践活动由西南财经大学附属小学实施，该校始建于 1938 年，是由上海迁到成都西郊的光华大学（现西南财经大学前身）创建的一所附属小学，全称为光华大学附属小学，2018 年正式更名为西南财经大学附属小学。2016 年，该校根据目标、需求及资源取向等因素，开始构建面向全校的财经特色课程体系。

本活动的施教团队为“西南财经大学附属小学财经素养培养”课题组，该课题组负责人为朱娅君校长。施教对象为 2014 级（2）班学生，活动形式为必修课，活动时间为 3 课时（120 分钟）。

本课程实践运用项目式学习的方式，打破了学科的局限性：由完成任务引发学习需求——为完成超市营业的任务，需要学习相关营销管理知识。

一、活动目的

本活动的主题是利用学校的生活体验馆，通过让 2014 级（2）班学生扮演不同的财经职业角色，进行模拟的超市职业体验，以商业的行为实践强化学生的财经意识和财富观念。

结合中国财经素养教育协同创新中心发布的《中国财经素养教育标准框架》（2018 年版），进一步明确了本次职业体验课程的目的如下。

1）了解知识与事实：不同职业和岗位所需的劳动付出；不同的劳动付出及收入差异；商品的分类与特征；合理消费的判定要素。在知识储备过程中，学生了解不同职业和岗位的职能、所需的劳动付出，根据自己的特长、特点找到适合自己的岗位，了解各岗位劳动付出与收入的差异。

2）获取方法与技能：能够制作简单的收支记录表；制作合理消费图及经费预算表。通过前期的知识储备，指导学生制作简单的收支记录表，根据需求的重要性和迫切性制作合理的消费图及经费预算表。在此基础上，学生通过团队策划进行活动分工、制定预算等，培养学生由个体上升到团体的“消费与规划”意识。

3）形成观念与态度：取之有道、理性消费、勤俭节约、诚实交易。教导学生明白“君子爱财取之有道”，通过诚实的劳动获得合法合规的收入。例如，该校光华币的获取途径有日常学习等常规表现、活动竞赛获奖和职业体验课程的劳动报酬。学生通过这些方式了解赚取收入的重要手段是劳动，脚踏实地的付出才有收获。在体验过程中，培养学生合理消费、勤俭节约的意识，控制欲望、不过度消费、不盲目攀比，并交易过程中做到诚实守信。

二、活动设计

在形式多样的职业体验课程中，各班学生由班主任和财经课程教师指导，确定本班职业体验课程的主要开展方式、针对对象、预期目标，然后分工协作开店营业，最后核算成本、结算工资、核实盈亏。整个职业体验过程中，学生自主创新意识得到增强，综合能力得到提升。

本次超市职业体验课程的活动设计思路为：组织 2014 级（2）班学生利用生活体验馆开展超市职业角色体验活动，并完成相关的财经职业活动任务，如销售与消费等。同一个学生在完成不同的经济活动任务中，可以扮演不止一个角色，学生需要有意识地记住这些活动体验，从而达到丰富职业体验、思考财经职业行为的目的。教师在活动结束后的总结阶段，对学生的职业体验活动进行系统总结和理论性指导，让学生将职业体验进一步转化为科学化的财经职业素养。具体设计如下所述。

1）第一课时：知识储备。该阶段的主要工作包括以下几个方面。①市场调查：了解学生的基本需求，对调查数据进行梳理统计。②物资准备：根据市场需求采购商品并分类上架。③岗位竞聘：设置岗位，选拔职业体验者，进行岗前培训。④核算成本：制定经费预算表（物品成本、人员工资、场地及广告费用等），最后定价。⑤广告宣传：手绘海报，张贴在宣传栏；口头宣传，深入班级进行广告预热；租借广播，售卖宣传。

2）第二课时：实践体验。该阶段主要为正式上岗：开店营业，各司其职。

3）第三课时：总结反思。该阶段主要为核算盈亏、反思活动、交流心得。

三、活动准备

此课程实践的时间为 3 课时，每课时开展前需做好相应的课前准备。

第一课时课前准备：市场调查。第一课时教师要带领学生根据“市场需求”进行物品采购，所以课前教师要安排 5 个学生到参与活动的班级中做好前期的“市场调查”。

第二课时课前准备：广告宣传。第二课时学生各司其职，开店营业，在此之前需要进行广告宣传，包括海报的制作张贴、入班预热和广播宣传。此外，学生要做好商品分类上架、标价工作，将生活体验馆的超市会场布置妥当。

第三课时课前准备：销售记录单。实践体验时，收银员需详细记录各项商品的销售情况，包括商品名称、单价、销售数量，这些销售记录单将在第三课时使用，教师带领学生根据销售记录单对商品的销售份额比例进行数据统计，并分析原因。

四、活动情景

1. 第一课时

本次超市体验活动针对 2015 级学生开放。首先，教师安排 5 个学生到 2015 级的 5 个班做“市场调查”，了解各班学生的基本需求，并对调查的数据进行梳理统计。随后，班主任引导学生根据该年级的“市场需求”进行物品采购，包括零食、生活用品、学习用品、玩具、书籍、蔬菜等。新鲜蔬菜到学校种植园采摘，成本价采购；其余的零食、各项用品、玩具、书籍均由学生提供，每位学生带 1～2 件物品到学校，根据所带物品的新旧程度及价值，由班级统一以成本价收购。

接着，利用课余时间，班主任带领学生将采购的物品进行分类、标价、上架，超市共设置零食区、书籍区、玩具区、用品区、蔬菜区五个货架。在超市门口粘贴“入口”“出口”引导标识，以标志桶和绳索划定出口与入口界限。此外，班主任选拔班上擅长绘画的学生设计宣传海报，张贴在学校各处宣传栏；请表达能力强的学生利用课余时间深入各班级进行广告预热；同时租借学校广播室的广播进行售卖宣传。

课堂实录

师：小朋友们，本周四就该我们班开展职业体验课程了。谁还记得课程表上的体验项目是什么吗？

生：超市。

师：对啦，这次咱们要面向2015级的学生开超市。你们觉得开超市需要做些什么准备呢？

生：我觉得需要了解他们喜欢吃什么？想要什么？

师：你说得很正确，看来"市场调查"是必需的、首要的。（板书"市场调查"）课前，老师已经选拔了5个小能手去2015级的5个班级了解他们的基本需求并进行数据统计。瞧——小朋友们感兴趣的有零食、玩具、学习用品等。了解了他们的喜好后，接下来我们需要做什么呢？

生："巧妇难为无米之炊"，既然要开店营业，肯定要准备好商品了呀！（板书"物资准备"）

师：那请小朋友们赶快把自己从家里带来的东西拿出来吧！接下来，我这个"老板"就要一一验货进行收购啦！

教师根据学生所带物品的价值和新旧程度，用光华币以成本价收购。收购完毕后，带领学生进行简单分类——零食区、书籍区、玩具区、用品区。

师：同学们，通过刚才的工作，咱们知道了商品分类的知识。老师突然想起了，还能再加一个区——蔬菜区。

生：啊！学校种植园里的蔬菜成熟了！这个主意好，新鲜绿色无公害蔬菜肯定受欢迎！

师：物资已准备妥当了，接下来我宣布进行岗位竞聘！（板书"岗位竞聘"）本次超市总共设置以下岗位——海报制作员2人，广告宣传员2人，收银员5人，售货员5人，安保人员10人，清洁人员4人，后勤人员4人。2分钟时间，请开始认真思考你的选择，可以和同桌进行讨论。

学生看着黑板上的岗位设置进行热烈讨论，根据自己的兴趣及特长选报，随后教师逐一介绍岗位职能、工资，根据学生参与情况及个人特长进行员工选拔，最终确定人员名单。

师：员工选好了，我可以安排人做事了！开店做生意，目的是赚钱，所以什么最重要？

生：预算！要考虑成本，否则会亏本的！（板书“核算成本”）

师：是的，接下来请大家开动脑筋思考，我们哪些地方需要花钱，大约需要多少成本呢？

学生分小组讨论并交流。

生：我觉得宣传打广告需要花钱，之前读书节有的班级为了售卖书籍，租借学校的广播进行宣传，效果非常好。（板书“广告宣传”）

生：咱们开超市要在生活体验馆，千万别忘了场地费。

生：还有刚才老师收购物品的费用，以及她制定的工资，这些都要计算在内。

师：谢谢小诸葛们！那就请收银员和售货员待会儿用大家在财经素养课上学到的知识制定一份《经费预算表》吧！同时也请咱们的海报制作员在星期三前完成海报绘制，本周美术课美术老师会重点教导大家学习如何制作海报。广告宣传员星期四早上将宣传海报张贴到宣传栏，并用学校广播室插播广告、利用课余时间到班级进行宣传预热。后勤人员星期四早上请和我一起到生活体验馆将商品上架、标价，布置活动会场。

师（总结）：小朋友们，今天的这节课，咱们明确了职业体验课程的主题“模拟超市”，并做了详细的、有步骤的准备工作，包括市场调查、物资准备、岗位竞聘、核算成本、广告宣传五个环节。在星期四的体验课程中，就请同学们各司其职、认真履行自己的岗位职责。

2. 第二课时

营业时，班主任根据超市营业需要设置相关岗位：负责维持治安的安保人员 10 人，负责售卖的售货员 5 人，负责收钱记账的收银员 5 人，负责打扫卫生的清洁员 4 人，负责统筹协调的后勤人员 4 人。正式营业前，所有员工换上学校专门定制的制服，班主任对员工进行简单的岗前培训，包括强调仪容仪表、服务态度、工作职责、热情诚信、销售技巧、卫生安全等问题。

午餐后，所有工作人员已准备就绪，2015 级学生陆续到达生活体验馆门外。为确保整个活动的秩序和安全，该班向顾客宣布了购物要求：购买者需安静有序地在生活体验馆外领号排队等候，2015 级学生总共 210 人，该班制作了 200 个号牌（个别学生手中无光华币，不具备购买条件）。安保人员负责维持秩序，一位同学负责分发号牌，另一位同学负责喊号，四位同学负责生活体验馆馆外的秩序，四位同学负责维持生活体验馆馆内的秩序。每次只放行 10 人进入体验馆内购物，购物时间不超过 5 分钟，购买者根据所持号牌依次由“入口”处进入超市选购物品，购物完毕后由安保人员引导再由“出口”处出去。

超市内五个货架，每个货架由一位售货员和收银员负责，售货员负责向客人介绍产品，收银员负责收钱找钱并记录购买情况。整个活动中，新鲜蔬菜最先售罄，学校植物园栽种的纯天然绿色蔬菜上架后不到十分钟便被抢购一空，有的学生买了蔬菜准备带回家当晚餐，有的学生将抢购到的蔬菜送给教师。零食区域生意可谓最火爆，学生排队人数最多，营业额最高。其次，玩具类和书籍类较受学生青睐，在购物时，部分购物者尝试讨价还价，最终以低于标签价格买到心仪的物品。学习用品和生活用品两个区域的生意较显冷清，两个货架的营业员和收银员开始吆喝，并联合推出优惠活动“买一送一”——购买一件高价物品，即可在两个货架上任选一件低价物品。通过这种促销方式，用品区也取得很好的销售业绩。

超市营业结束后，工作人员迅速清点整理剩余货物，清洁员擦洗柜台，打扫体验馆。

3. 第三课时

活动虽然结束了，但体验并没有结束。在财经课程教师的带领下，学生还要完成核算盈亏、反思活动、交流心得等环节。

第一，核算盈亏。收银员通过核算超市营业总收入，去除各项成本费宣传费、员工工资及体验馆承包费等，算出活动的总利润。

第二，反思活动。财经课程教师引导学生对超市销售业绩和商品销售份额比例进行数据统计，分析哪些商品畅销及畅销原因、哪类商品亏损及亏损原因，为开展下次体验课程积累实践经验并寻找新的商机。

第三，交流心得。学生最初是依据薪酬高低选择岗位的，体验活动结束后，他们明确了岗位的异同与艰辛，开始将关注目标从薪资高低过渡到个人兴趣及特长方面，为今后的人生职业规划奠定了基础。

课堂实录

师：小朋友们，今天的超市营业结束了，感谢大家的辛勤付出。接下来，我为超市的员工们发放工资。请收银员和售货员快速统计收支情况，并根据活动中的各项收支情况制作《收支记录表》，计算出本次活动的总利润。

学生领到自己劳动获取的报酬非常骄傲、开心，收银员计算出本次超市总支出为 254 元，总收入为 802 元，总利润为 548 元。

师：看来我的员工们非常能干啊，业务能力超强！为了下一次开店取得更好的利润成绩，咱们还是要理性地分析。接下来，请小朋友们根据销售记录单对商品销售份额比例进行数据统计，并分析原因。

10分钟时间，学生分小组根据销售记录单制作饼状图、柱状图，展示商品销售份额，计算百分比。

生：从图中的数据可知，零食最受欢迎，“民以食为天”，咱们准备的都是一些实惠美味的小零食，小朋友自然争相购买。看来，下次超市活动，零食依然是主打领域，我们要多多挖掘美味食品。

生：我发现书籍的购买率较低，仔细观察后我明白了，同学们带来的书大多破旧，而且绘本居多。顾客觉得太过幼稚且不够新，所以不愿买。建议大家以后要根据售卖对象的年龄、喜好准备书籍，尽量带八九成新的书，那样也许就能卖出去了。

生：学校种植园的蔬菜特别受欢迎，大家一听说这是绿色无公害蔬菜，很快将其一抢而空，老师们也很喜欢。下次咱们要提前多预定一些，而且要跟后勤部的老师沟通砍价，压低成本才行。

师：哇，看来小朋友们个个都成了“生意精”，很会总结、寻找新的商机，那下一次咱们的体验课程需要做更详细的市场调查。在这次活动中，你最大的感受是什么呢？在参与过程中，你发现还存在什么问题？请与同桌交流。

生：我谈谈自己的感受吧，最初选择岗位时，我是朝着薪资高的职位去的，但是真正去做销售员时，我发现自己其实脸皮薄、害羞，感觉推销商品太难了，下次我还是发挥专长做个海报制作员吧。

生：我觉得他说得很有道理，我最初也是根据薪资高低去选择职位的，不过通过我的仔细观察，发现薪酬高的岗位工作比较累，承担的责任也较重，薪酬低的岗位则相对轻松。看来，付出与收获还是成正比的，以后我不能光贪图高薪而选择不适合自己的职位，否则得不偿失。

生：我来说说我发现的问题吧，今天的活动非常热闹，大家都很兴奋，心急火燎地吃完午饭，许多同学没有做个人清洁就都跑到体验馆去了，作为卫生委员的我看到这一幕很着急。活动结束后，他们在教室里也非常激动，好像还沉浸在活动的喜悦中。希望大家还是尽快调整心情，毕竟学习才是咱们的主要任务啊！

生：老师，我发现存在一个不公平的现象！今天我和同学去超市购物，我手里只有3元光华币，而其他年级的同学手里竟然有12元！他们的钱是从哪儿来的呢？为什么同样是辛苦赚光华币，有的人获取得多，有的人获取得少？

师：小朋友们的想法各异，都有深入的思考，老师感到很欣慰，因为你们已经通过这次活动明白了岗位的异同与艰辛，更懂得了职业的选择不应单纯考虑薪资高低，而是要考虑个人的兴趣和特长，这也为你们今后做好人生职业规划奠定良好的基础。老师也非常感谢小朋友们留心观察，发现咱们活动中存在的问题，职业体验课程的根本目的是要培养你们的财经意识和财富观念，但是学习依然是最根本的，自己的常规习惯也不能因为任何事情而有所松懈。至于光华币的发放问题，老师们会尽快调查清楚，如果存在较大差异一定会制定标准进行调整的。

师（总结）：咱们的这次超市模拟体验课程结束了，谢谢小朋友们的智慧分享和积极参与，相信未来我们班级的职业体验课程会让大家有更多的收获与感悟！

五、活动效果

本次开展的职业体验课程，取得了一定的成效。

1）促进校本课程的开发。目前各学校或机构开展的职业体验多局限于活动形式，如大家熟悉的麦鲁小城。学校通过学科渗透与整合，用项目制学习的方式，推动课程研发，对开发财经素养校本课程具有显著的实践验证意义。

2）学生的财经意识有初步萌芽。第一，了解了不同劳动付出与收入存在的差异，学习了商品分类的知识。通过第一课时的商品分类上架，学生懂得了超市的货品分类原则。此外，学生在岗位招聘和具体营业工作时感受到不同岗位职业的区别，以及个体劳动付出和收入存在的差异，明白了“一分耕耘，一分收获”的道理。第二，掌握了制作简单的收支记录表、合理消费图及经费预算表的方法。本次课程实践中的收银员、销售员负责经费预算和收支记录，通过本次活动他们学会了制作简单的收支记录表和经费预算表的方法，并与其他同学一起分享交流。第三，初步形成了取之有道、理性消费、勤俭节约、诚实交易等观念。部分学生形成了“理性消费”的观念，在体验课程中不再盲目地消费，而是形成规划，制作合理消费图，根据拥有的光华币进行适度消费，当看到琳琅满目的物品时，能忍住购买的欲望，懂得分辨必要和不必要的消费。

六、存在问题

此外，本次超市职业体验课程也反映出了一些问题。

第一，理论指导不够到位。本次超市职业体验课程偏向于活动表面，学生仅满足于吃东西和玩耍，虽有了财经意识萌芽，却没有实质性地学习到财经知识。究其原因，教师缺乏相应的财经理论知识，使得体验活动中并未落实财经素养课程的理论教育，学生在体验活动中缺乏科学性的财经知识引导。

第二，学生的常规习惯出现松懈现象。举办活动过程中或参与活动的当天，学生异常的兴奋激动，午饭后迫不及待地奔赴超市生活体验馆。很多学生卫生没有打扫彻底、作业没有及时完成，甚至上课后依然在生活体验馆逗留，回教室后仍旧回味活动的精彩，部分学生出现上课思维不集中问题。

第三，不同年级的学生贫富悬殊较大。通过本次超市职业体验课程，发现各班级学生手中的光华币数目差距很大，少的只有 1～2 元，多的则有 10～20 元。学生获取光华币的途径是根据学习、常规活动等方面的表现发放的，但不同年级、班级的标准各不相同，无节制地发放光华币，可能会导致“市场经济”的混乱。

作为“第一个吃螃蟹的人”，学校在职业体验课程中勇于探索和实践的精神是值得肯定的，所出现的问题也促使学校不断去改进。

七、改进设想

通过对本次开展超市职业体验课程经验的梳理总结，结合小学生财经教育理论，为突破现有瓶颈学校提出了如下改进方案，力求有效开展财经素养教育。

第一，规范体验课程安排。为确保职业体验课程的成效，且保证学生有充足的时间、精力学习，各班每学期自主申报一次职业体验课程，认真完成“理论渗透—前期准备—实践体验—课程总结”四个环节。由各班教师搜集体验课程的详细资料，形成真实、宝贵、有效的课题案例，由此观测学生在体验过程中的创新之处和问题所在，验证学校财经素养教育的目标达成效果。

第二，创新体验课程形式。可增设几种新的体验课程形式。例如，游戏体验课程，满足小学生喜欢游戏的心理，根据学段差异设置益智类游戏包括拼图、跳棋、数独游戏等，锻炼学生的思维能力并提供奖品。再如，家政服务课程，以班级为单位，学生开设“家政公司”，提供上门服务（打扫卫生、整理物品等），提升劳动能力同时获取报酬。

第三，优化光华币发放机制。对于“不同年级贫富悬殊”的问题，模拟银行要严格把控，制定相对统一的发放标准，各年级各班再根据具体情况进行调整。强调发放公平和交易公平，适度照顾低年级学生，以此提高低年级学生的购买力，缩小年级、班级间的差异。

实践特征

本次为学生开设的职业体验课程，以“模拟超市”为主题，采用项目制学习的方式，请学生完成模拟真实的超市运营体验任务，在此过程中，学生运用数学、语文等多学科知识与技能，有效掌握了诸如设计、分工、成本核算、工资结算、收益盈亏，以及劳动付出、节约成本、理性消费等财经观念知识，培养了财经素养，形成了正确的价值观。

首先，学校开设财经素养课程的定位非常明确、清晰。作为学校的特色课程，学校将财经素养课程视为实现学校办学理念和育人目标的整体课程结构中重要的组成部分，是学校层面落实学生发展核心素养的主要途径之一。财经素养是一个人生存和发展必备的品格与关键的能力，也是一个国家国力强盛的重要基础。财经素养并非独立存在的一种能力素养，而是学生发展核心素养的重要组成和基础性素养之一，在“自主发展、社会参与和文化基础”的全部领域中都有所体现。财经素养不仅关涉个人生存、发展和人生幸福，更是国富民强的重要基础和保证。学校能从这样的站位来研发财经素养课程，从小学阶段就开始为其未来的人生规划奠定基础，是非常值得学习和借鉴的。

其次，系统开发财经素养类课程。本课程实践是学校系统开发的财经素养课程的学习主题之一。在上述课程定位的基础上，学校从其自身历史传承中挖掘经验，借助西南财经大学及家长资源，对财经素养课程进行了系统设计，构建了包括引进课程、学科渗透课程及实践课程三大课程体系，并深入研究和实施了其中的职业体验类课程。体系化的课程从学生的需求出发，以学科渗透和融合为方式，以实践性学习为手段，既为所有学生奠定了共同的财经素养基础，同时为有兴趣和需求的学生搭建进一步学习与发展的阶梯，教育成效显著。

课程的有效实施离不开学习空间的创设，学校创建生活体验馆、设立模拟银行、发放虚拟货币，模拟真实生活的场景和经济活动，让学生在仿真环境下，通过真实的体验市场调研、广告宣传、物资准备、将商品分类上架标价、开店营业等，并借助销售记录单对盈亏情况进行统计计算，反思改进。在此过程中，学会了生活，学会了交往，更学会了做对他人有用的人。

最后，课程设计合理、实施有效。该课程目标设计合理，在充分研习《中国财经素养教育标准框架》（2018年版）小学段内容的基础上，结合学校校情、学情、师情等予以系统设计。课程实践的课程目标遵循《中国财经素养教育标准框架》（2018年版）维度一“收入与消费”中劳动赚取是收入的重要手段，不同收入有不同的劳动付出；要通过诚实的劳动获得合法合规的收入；了解商品的分类和特征及如何合理支付与消费；如何制作简单的收支记录表及勤俭节约、理性消费、诚实交易，以及维度四“制度与环境”中要求学生能够遵守交易规则，完成模拟市场交易等标准要求，同时结合维度五“财富与人生”的相关标准，以“模拟超市”为主题，让学生通过职业体验，了解劳动是财富的主要来源、劳动与收入的关系，树立劳动光荣、职业平等、合理消费、勤俭节约、依法创造财富等财经价值观，以及合理规划、消费等意识和能力；通过团队策划、活动分工、预算等制作合理消费图和经费预算表等，掌握相关财经知识，培养学生的财经素养。

课程实践的内容则围绕上述目标加以整合设计，以连续的三个课时为载体，以项目制学习的方式实施，将学科知识与真实实践应用紧密地结合起来，让学生在习得相关财经知识、原理的基础上，通过实践加以体验、理解、应用，并不断完善。应该说，教学实施的逻辑非常清晰，并取得了很好的教学效果，有助于培养学生的财经素养。

西南财经大学附属小学的财经课程探索，以促进学生的全面发展为宗旨，是一种成“人”的教育。因此，课程的设计与实施更加重视财富价值观的养成和实际的职业体验。然而，课程过程中如果能够更多发挥学生的主动性，在项目生成和实施过程中，鼓励学生积极参与，将学习任务变成学生自身的任务，学生将更加积极地投入体验活动中。此外，项目式学习离不开学科知识的习得，如何运用语文、数学、科学、品德与社会、品德与生活及美术等多学科知识，去习得财经专业知识，是需要进一步探索的主题。

第五节　星空·童年·帐篷节

实践叙事

“星空·童年·帐篷节”实践活动由山东大学辅仁学校（济南市辅仁学校）实施，该校是一所九年一贯制学校，自2012年成立以来一直秉承“共享生命成长”的办学理念，坚持“站在文化的高度思考教育，站在教育的高度思考教学，让学生发生真实性学习”的治学思路，为社会培养了一批批个性突出、全面发展的好学生。

本活动的施教团队由董矛（副校长）、张启海等组成，施教对象为小学一年级学生，共计800人左右（包括学生、家长和教师），活动形式为实践活动，活动课时为1课时（180分钟）。

本活动的典型意义在于，基于学校一年级学生在“全课程”理念下开展的课程改革，集跨学科、跨文化中心这一议题，融课程、实践、文化的主题，渗透少儿财经素养意识，着力解决学生交际问题、家校合作问题，并尝试探索一种适合小学生的校园币（又称帐篷币、习惯币）交易、财经素养养成等方法。

一、活动目的

1）学校帐篷节活动已连续开展三年，面向新入校的一年级全体学生和家长，活动主题为“星空·童年·帐篷节”。用辽阔浪漫的星空，为入校满一年的小学生留下难忘的记忆，以此铭记美好的童年。

2）活动预设目标：基于学校“全课程”课改实验下育人目标，并结合财经素养课程相关实践活动，提升学生的交际能力、交易意识、节约和环保意识等。

二、活动设计

1. 活动流程思路

活动时间为晚上6：00—9：30，根据不同时段，设定七个活动流程。

流程一：预备活动、亲近帐篷（6：00—6：15）。这个板块是活动的预热和准备阶段，在一首《青春修炼手册》的伴奏下，每4人为一组，围着帐篷转圈圈，亲近帐篷，拉开帐篷节序幕。

流程二：消费规划、吃在美食街（6：15—7：00）。吃，是小朋友们最感兴趣的事情，因此学校设计了美食一条街，由各班家委及班委准备食品，在操场西侧以班级为单位，摆好摊位，定好价格，让小朋友们在交易中一品为快。同时，进行节目表演——诗朗诵《文明礼仪伴我行》《少儿乐器表演》《熊大熊二做游戏》等。

流程三：实施交易、玩转游乐场（7：00—8：00）。品尝美食的同时，还可以进行娱乐项目的体验。在操场东侧，各班准备了丰富多彩的娱乐项目，有套圈、钓鱼、蹦床等，也有绑腿跑、投球等竞技项目，还有大型的充气堡、电影院（体育馆内）等，让小朋友们用自己赚来的帐篷币买票，畅游其中，体验快乐。

流程四：让梦去飞、仰望星空（8：00—8：30）。

流程五：总结反思、帐篷里的悄悄话（8：00—8：30）。（流程四、流程五同时进行）学生们回到各班区域，躺在草坪上观察夜空中的星星，按照顺序通过天文望远镜观察，回家将所见所闻记录下来。天色渐晚，这时候分组进入自己搭建的帐篷小天地，进行阅读、悄悄话、小游戏等活动，体验夜宿学校的独特快乐。

流程六：心怀感恩、同唱一首歌（8：35—8：45）。这个板块是此次帐篷节的结束曲，既是对一年级生活的总结，也是二年级“感恩”生活的序曲。全年级学生聚集在主席台前，感谢教师，感谢父母，感谢每一个人，挥动手中的荧光棒，放声歌唱《感恩的心》，帐篷节活动达到高潮。

流程七：实践环保、收帐篷比赛（8：45—9：00）。每 4 人为一组，通过家长辅助进行收帐篷比赛，不仅锻炼了学生的动手操作能力和小组的团队协作精神，也增强了学生野外生存的能力和自理能力。9：30 整理帐篷，打扫卫生，实践环保，活动结束。

2. 过程逻辑

帐篷节活动的整个流程体现了学生自主准备、交易、购物、体验、感恩和总结的逻辑发展思路，融财经意识、理财行为于活动的每个环节，如活动前的学生消费规划表、活动中的交易明细表、活动后的收支总结表等，都体现了《中国财经素养教育标准框架》（2018 年版）关于小学生“收入与消费”中方法与技能的要求：“制作简单收支表、根据需求的重要性和迫切性制作合理消费图，并简单制定经费预算表”；由于活动对象是一年级刚入学的小学生，我们将此项要求结合《中国财经素养教育标准框架》（2018 年版）中关于幼儿园的要求进行了合理衔接。另外，对帐篷币的合理使用也体现了小学数学中关于“人民币的认识”的知识技能要求，在渗透学科融合和整合的同时也体现了课程与活动育人相结合的逻辑。

3. 活动重点

一是品尝美食，用帐篷币直接购买，或用自己的美食交换对方的美食，物物交换中感受交易的形态；二是分配手中的资源或“现金流”，包括购物、娱乐、感恩等形式，感受储蓄与投资的最初模型；三是在整个活动中提升学生的交际意识和能力，包括活动结束后的卫生清理、资源分配等都体现节约的原则和环保的意识。

三、活动准备

1. 学校层面的准备工作

1）印制活动专用帐篷币：面值分别为 1 元、5 元、10 元。

2）印制小学生奖状，如“守礼小达人”“理财小能手”等。

3）邀请 2 名医务工作人员和准备常用应急医药器械。

2. 班级层面班主任及家务会准备工作

1）落实好每班 10～12 顶帐篷的计划，划定 1～10 班搭帐篷的区域。

2）将手中的奖卡兑换帐篷币。

3）每班确定 3～5 种游戏项目等，如表 1-4 所示。

4）每班尽量准备专业望远镜用于观察星空。

表 1-4 娱乐项目

班级	实施项目
一年级（1）班	吸管吸乒乓球入筐、吸管接钥匙圈、猜词语
一年级（2）班	套圈、放气球、蒙眼贴鼻子、趣味保龄球
一年级（3）班	蹦床、套圈、抢钱游戏、定向寻宝、撕名牌
一年级（4）班	套圈、投沙包
一年级（5）班	机器人体验活动、套圈
一年级（6）班	充气堡
一年级（7）班	钓小鱼
一年级（8）班	足球九宫格射门、摸石头过河、小桶炸弹
一年级（9）班	套圈、扭扭垫、飞行棋、乐器体验场
一年级（10）班	筷子夹玻璃球、蒙眼贴五官
年级项目	充气堡（1.5 提供）、电影（1.7 提供）

3. 学生需要准备的物品

1）制定个人消费规划单，同时带好水杯、纸巾、驱蚊液、外套。

2）小组合作，给自己的营地起名字，并制作标志，在活动时贴于帐篷外。

3）小组长统计并记录小组消费清单，包括合计消费项目、每项活动负责人的收支情况等，活动结束后在班级内部交流、总结，如表 1-5 所示。

表 1-5 帐篷节消费清单

冷餐会		游乐场	
物品	价格/元	项目	价格/元
合计消费（ ）元		合计消费（ ）元	
算一算		我一共花了 （ ）元钱 我还剩 （ ）元钱	
我的消费感受：			

4. 活动场地示意图

本次活动的场地示意图如图 1-1。

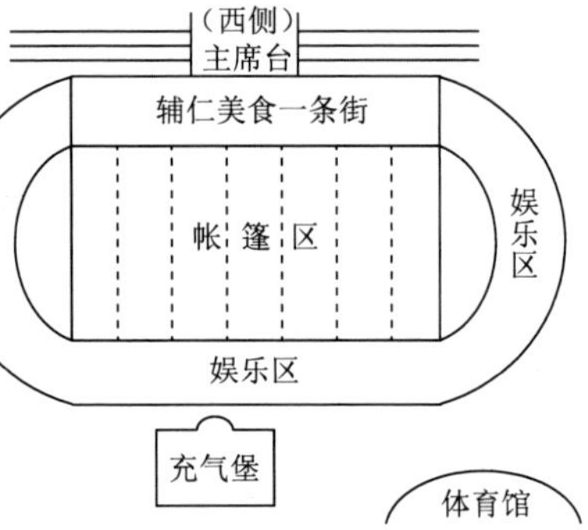

图 1-1 活动场地示意图①

四、活动情景

1. 帐篷节活动发展历程

2015 年的六一儿童节活动，面对 500 名刚刚完成一年级学业的小朋友们及每个孩子背后的 1000 名家长开展，同时结合学校刚刚实施的“全课程”教学改革，学校深度思考如何在课程与活动中实现较好的育人效果，展示学校素质教育的阶段成果，实现融合财经素养和学科素养的协调统一性的目标。在参考北京十一学校和美国 k-12 教育体系的优秀案例后，围绕如何让

① 本节所有图片均由济南市辅仁学校提供。

小朋友们度过一个真正快乐而难忘的儿童节，并在短暂的童年生活中留下一段美好的回忆，学校提出并实施了“星空 · 童年 · 帐篷节”活动。

转眼，济南市辅仁学校帐篷节已经走过了三个年头。从一开始的懵懂起步，到刚刚落幕的一年级的活动，家长们的好评、媒体的点赞、孩子们的笑脸都反馈一个强烈信息：好活动，要坚持！学校开设的财经课程理念大部分与《中国财经素养教育标准框架》（2018 年版）相符合，把孩子们一学年内的“好习惯储蓄折”利用起来，把平时的劳动积累起来，把劳动成果体现出来，将“收入消费”“储蓄投资”“财富人生”的理念贯通起来，让孩子享受开心快乐的同时，将行为习惯、交往能力、财经素养和环保意识相结合，在“润物无声”中达到了无痕教育的目的。

2. 帐篷节实际情境描述

夏日的夜晚，凉风习习，繁星点点，济南市辅仁学校那片绿茵操场上摆放了一顶顶色彩斑斓的帐篷，这是教师与家长为一年级学生精心准备的一场盛宴、一份惊喜，这是充满了欢笑与歌声的帐篷节——星光灿烂，音乐响起，帐篷荧读，“再见一年级”就这样在欢声笑语中给每一个学生留下了一段别样的童年记忆。

从当天下午 4 点就开始了准备工作，家委会的各位执勤家长也开始忙碌，到 6 点帐篷节终于开启！第一个环节是亲近帐篷，在一首《青春修炼手册》的伴奏下，孩子们围着帐篷快乐地转圈，亲近帐篷，拉开了帐篷节的序幕（图 1-2）。

图 1-2　帐篷节现场

教师们设计了美食一条街，由各班准备食品，摆好摊位，定好标签价格，让学生用自己提前兑换的帐篷币合理规划购买食物，一品为快。金灿灿的软炸虾仁、香喷喷的水果比萨、眼花缭乱的各色鸡翅、美味细致的各种小甜点、冰冰凉凉的酸梅汤……美食的香气混合着孩子们的欢歌笑语、追逐嬉戏，为这个帐篷节营造了最欢快的气氛。

美食尽兴，学生开始体验丰富的娱乐项目。虽然学生平时经常去游乐场，但是在学校操场上玩这些临时搭建的娱乐项目还是感觉新鲜劲十足，他们有秩序地排着队，乐此不疲。

天色渐晚，有的学生进入自己搭建的帐篷小天地，进行阅读、悄悄话、小游戏等活动，同时总结活动中所有的“收支情况”，并体验夜宿学校的独特快乐（图 1-3）。有的学生还躺在草坪，观察夜空中的星星。也许将来以后的某一天，学生会忽然想起这个帐篷节的美好回忆，记得当时年纪小，你爱谈天我爱笑，并肩坐在帐篷里，风在林梢鸟在叫，不知不觉睡着了，梦里花落知多少。

图 1-3　孩子们在帐篷中交流

为了在孩子们短暂的童年生活中留下一段美好的回忆，一年级的教师们精心策划了此次帐篷节活动，设计了美食街、游乐场、音乐会等流程，结合一学年以来的好习惯储蓄折，让学生享受开心快乐的同时，能将学到的学科知识学以致用，同时在秩序和礼仪等多方面进行反馈与提升。

五、活动效果

1）如果说人生是一条缀满珠宝的项链，童年就是那颗最璀璨的宝石。多少年后，小朋友们回想起他们七八岁时那个难忘的夏日帐篷节——仰望夜空，卧看牵牛织女星；三五成群，嬉戏呢喃；竖起耳朵，听听草地上小虫的鸣奏；大快朵颐，美食节的香气还一缕缕飘荡在记忆的长河中……

2）济南市辅仁学校一直关注并实践让每个生命实现价值的成长理念，当然包括一以贯之的财经素养。对于低年级的小学生，学校从最简单最好玩又最朴素的财经生活习惯层面入手，以帐篷节活动为载体，融会贯通地将学科知识、实践能力和财经素养相结合，由浅入深、由易到难、螺旋上升，纵向提升学生的财经素养专业能力。只有这样，才能真正地提高学生的财经素养，促进财经素养成为人具备的一种基本素养，从而实现促进学生整体素养提升乃至区域经济发展的目标。

3）教师们根据表 1-6 的汇总分析，发现一年级的小学生对于合理规划的能力有待提升，虽然学生的“劳动创造价值”“过度消费”等财经意识较强，但是遇到一些特殊情况时仍会出现冲动消费的行为。在环保意识和卫生习惯方面，大部分学生的表现还是值得肯定的，这一点与《中国财经素养教育标准框架》（2018 年版）提出的财富人生要求一致。

表 1-6　帐篷节活动评价表

内容		扼要标准	达标情况占比
合理规划能力	时间规划	能提前根据活动安排对参与帐篷节形成初步的规划	95%
	理财分配	能够比较合理的使用手中的校园币，不透支	92%
价值意识		在搭帐篷比赛中，了解物品价值价格要素，合理规划的同时做到合理消费	90%
秩序意识		在活动中，尤其是美食街、娱乐街部分，做到有序排队	88%
卫生习惯		活动结束后，不留垃圾，垃圾扔进垃圾箱	97%
合作能力		在搭帐篷比赛和娱乐项目中，学会分工，注重合作	94%
沟通意识		在整个活动中，能够大方准确地表达自己的意愿和想法，能够使用文明用语与人交流	93%

六、存在问题

帐篷节实践活动总体上是围绕学校在低年级学段实施的“全课程”教学实验产生的：以培养“全人”为目标，覆盖“学校全部生活”，推动学科全面融合，面向与教学相关全部要素的综合性课程改革，同时兼顾学校针对小学生财经素养教育的渗透与课程整合。尽管本次活动得到了学生家长和媒体的赞誉，同时赢得了孩子们的心，但是在活动细节准备、财经素养融合、活动总结几个方面还值得反思与改进。

首先，在活动准备阶段，学校的初衷是让学生在生活中发现最原始的教材，启迪最懵懂的财经意识，从儿童的生活出发，但是由于对象为刚入学不满一年的小学生，所以家长们的参与程度也影响着准备阶段的完成效果，即家长们过度地包办了学生的“事务”，导致学生们成为活动的“旁观者”。

其次，在整个帐篷节活动中，财经素养教育需要渗透到消费规划、合理支出、收支记录、数学整合、支付方式和环保节约等环节。由于没有具体明确的文字要求，所以学生的素养提升和体现略显隐性，包括最后阶段的总结交流环节，因为前期娱乐项目过多，导致玩心较重，总结环节流于形式，提炼的深度和高度不够，同时对于风险意识不明确，如有的孩子花着花着没钱了，就向好朋友去借，事后有没有“还钱”，用何种方式还尚不明确。

七、有争议的地方

对于“钱”的无限憧憬，以及“钱”的无限用途，大部分学生没有成形的概念，尤其是低年级小学生。学校的出发点是从最初的“劳动创造价值、劳动产生财富”开启，然而学生良性、正确的财富观可能在入学之前就已经从各自家庭形成。家长的价值观、财富观给孩子带来了不可估的影响，这一点是学校教育在培养学生财经素养的过程中需要持续重视的地方。

尽管该校有自己设计并通用的帐篷币等校园币，但是学生对于校园币的认知及使用存在争议。

首先，学生容易把校园币这种教师的激励手段或评价方式当成是最终目的，做任何事情之前，部分学生往往更关心有没有“币”，有多少币，有就做,少就不做或做得不好等,所以在这方面还要有一个持久性的纠正过程。毕竟设置代币的初衷是形成培养学生良好行为习惯的外部激励机制,但结果可能是这次表现好奖励 10 元，但下次还奖励同样数额，就可能起不到激励作用，这也是需要反思和改进之处。

其次，校园币的幕后交易行为。教师发现有的学生在私下有这样的不良行为：你帮我扫地，我给你一定数量的校园币，甚至我帮你写作业，你也要付给我校园币，或者我用人民币购买你的校园币等。这就完全背离校园币的初衷。

另外，学校的财经素养教育课程，包括财经素养教育的实践活动都是基于儿童与自然、世界的关系，最后回到儿童对自己生命的理解，由此帮助儿童建构起一个懵懂而完整的人格、价值世界。

八、改进设想

1. 思考启示与自我评价

学校正在进行的“全课程”实验，或者依托“全课程”理念渗透财经素养教育形式的“帐篷节”，出发点都是融金融理财常识或财经意识于无形的实践活动中。在课堂上、课堂外用项目制学习的方式进行整合，每一个层面的学习，每一个阶段的项目，包括每个活动都是跨学科整合的行为：把识字、阅读、绘画、交易、体育、环保等都整合在一起。这种学习方式，给学生的感受就是一种游戏，是一种富有趣味和挑战性的学习过程。

其中的哲学原理即修缮儿童与自然、社会和世界的关系，最后回到儿童对自己生命的理解，帮助儿童建构起一个懵懂而完整的人格、价值世界。所以，所有教育项目实验或财经素养活动的关键就是要把传统教学活动中单一枯燥的学科学习，转化为丰富多彩、充满智力挑战的游戏化的生活。用一个形象的比喻就是：课程应让药片回归到水果。

2. 完善此次活动的设想

活动的愿景是让寻常的校园生活充满惊喜和期盼。

任何课程的整体综合变革，都应试图从根本上改变教育生态，营造师生共度的、幸福的教育氛围。教材应该从具体问题情境出发，巧妙融入财经方面的知识、技能和态度，这一点应完全符合《中国财经素养教育标准框架》（2018 年版）设定的“五维三标”的精神意图。甚至在开展财经素养教育时不需要讲解财经方面的专业性概念，而是使用学生能够理解的生活化语言，对相关的情境进行一般性描述。

另外，更重要的一点要素是，作为课程实施者、活动组织者和参与者的教师，更要关注“人”的发展的特点，培养“全人”的目标是贯穿始终的。作为专业成长中的教师，应做出这样的宣言：站在这里，我就是财经素养教育的代言人！

实践特征

“星空·童年·帐篷节”课程实践在“全课程”理念指导下，聚焦一个综合性的主题，使课程真正走向学生、走向生活，让学生有机会体验财经生活，形成财经素养。

首先，能够对小学生财经素养课程做出具有一定高度的、科学的定位。济南市辅仁学校紧紧围绕面向未来社会生存和发展所需的必备品格与关键能力，以“共享生命成长”办学理念为引领，立足培养“全人”的目标进行具有国际视野、现代精神的“全课程”体系的探索。财经素养课程作为其中的重要组成和在此基础上绽放的课程之花，积极地发挥着全面育人、育“全人”的作用。这种反映教育育人本质、遵循教育规律的高站位，确保了财经素养课程的育人效果。

其次，该校本课程以《中国财经素养教育标准框架》（2018 年版）小学段内容为指导，充分借助城市文化和家长资源，进行系统开发，既有横向的学科整合，如运用小学数学学科中关于“人民币的认识”的相关知识技能，来合理使用帐篷币，将数学与财经课程相融合；又有纵向的高年段选修财经课程和一年级必修的财经主题的综合实践活动课程，从基础的奠定，到个性化的发展，都为学生财经素养的养成搭建了进级阶梯。

再次，课程设计体现了《中国财经素养教育标准框架》（2018 年版）对小学段的相关要求，活动目标清晰，活动实施符合该阶段儿童发展的特征。以“星空・童年・帐篷节”为主题开展实践活动，以嘉年华的方式庆祝一年级学生完成人生第一年正式的教育活动，既有仪式感，又能够帮助学生融入学校生活，而财经素养课程的活动目标，即学生交往能力、交易意识、劳动观念、节约行为、环保意识等的培养，则以生活、游戏的方式，在师生、家长共同的餐饮、游戏、交易等活动中，无痕而自然地实现了，这应该是教育应有的状态。

课程实践中活动的设计与实施过程中，需要注意如下方面。一是遵照《中国财经素养教育标准框架》（2018 年版）小学段的“收入与消费”中“个人消费与规划”的相关要求，包括了解商品不同的类型，能够制作简单的收支记录表、根据需求的重要性和迫切性制作合理消费图及经费预算表。但与此同时，考虑到一年级儿童认知发展水平仍然较低，需要结合《中国财经素养标准框架》（2018 年版）对幼儿园段的部分要求，降低学习难度，以符合一年级学生发展的需求。二是尊重学生的主体性，如在整个活动过程中由学生自己设计消费规划表、交易明细表、收支总结表等，在活动中完成学习财经知识的目标，实现能力的培养。这是因为儿童在此发展阶段主要是以自主活动和互教互学的方式探知世界，因此活动育人、游戏育人、实践育人和同伴学习是该时期儿童学习的主要方式。本课程实践为学生提供帐篷币直接购买食品，或用自己的食品进行物物交换，参与游戏、探索帐篷里小伙伴的世界等，在此过程中感受什么是“交易”，并能够较好地理解货币的概念、价值及使用方法、途径等。重要的是，只有在真实的生活中、在活动中才能产生真正的交往、合作、责任、担当等。也就是说，通过活动让学生在真实的生活中学习，让财经素养教育真正落地。

最后，评价全面、具体。课程实践中帐篷节活动评价表的使用，将财经素养知识进行了细化，考核评价的领域体现了素养本身的全面性，既评价财经技能，更重视合作、沟通、秩序、环保等财经价值观念、公民的基本素养的养成。

当然，课程实践中也反映出活动实施中出现的问题，如有的学生用钱没有规划，不懂得节俭和量入为出。还有的学生缺乏规则和法律意识，借钱却不还钱等。出现这些情况的部分原因还在于活动设计问题，因为活动设计的出发点虽然考虑了“劳动创造价值、劳动产生财富”，但在课程实践中表现得不够充分，如何设计相应的环节让学生体验劳动及其价值，而不仅仅是购买物品、参与游戏等，这些应是今后设计实施课程需考虑的问题。

此外，关于代币使用过程中存在的问题，建议一方面控制代币使用的范围，分清楚经济生活和学校教育生活的差异，另一方面在必须使用代币的场景中，制定相应的制度，在学生累积代币达到一定数量时，可获得特殊的荣誉，由此实现教育育人的目的。

第二章
初中财经素养教育实践

第一节　揭秘校园贷

实践叙事

“揭秘校园贷”实践活动由东莞外国语学校实施，该校是东莞市教育局直属的十二年制公办学校、市教育综合改革试点学校。该校组建了财经素养教育课题研究组，尹效登校长作为负责人，倡导并引领教师积极参与财经素养教育的实践探索。

本活动的施教团队由梅淑萍、张宏杰、汪丽丽、陈文慧、欧阳慧婷、梁爱莲组成，施教对象为初一、初二年级的学生，共计668人，活动形式为研究性学习活动结合校本必修课程，活动时间为2个月。

本活动的典型意义是集中于“校园短期贷款利率计算”这个中心议题，包括一个“揭秘校园贷”的典型问题，尝试探索通过学科融合开展财经素养教育的方法。

一、活动目的

1）通过数学计算，学生初步了解了贷款利率的计算方法与存款利率的计算方法的不同，意识到贷款利率的计算较为复杂。

2）通过比较不同的贷款方式，认识校园贷的实质是一种利率较高的贷款。明确如果不能如期归还贷款本金，利息将呈指数增长，通过学习使学生增强防范信贷风险的意识。

3）体会合理使用贷款这一工具的重要性，初步识别不规范的贷款方式中可能隐藏的金融陷阱，让学生认识到量入为出、合理消费的重要性。

随着时代的变迁，各类经济产品层出不穷，每个社会个体面对的金融环境变得日益复杂。近年来，屡屡发生的大学校园贷、裸贷、电信诈骗、传销等案件，其实就是青少年缺乏必备的财经素养引起的。为了让初中生初步了解短期贷款利率的含义及不同贷款方式的特点，提高防范金融风险的意识，本次研究性学习活动将主题设定为与学生生活密切相关的“揭秘校园贷”。本次活动围绕《中国财经素养教育标准框架》（2018 年版）初中部分的维度二“储蓄与投资”中“货币与利率”和“储蓄与信贷”而设计，考虑到贷款的利率数学计算，虽然对初一的学生来说较为复杂，但是校园贷、裸贷等问题出现的原因，不仅仅是财经知识的缺失，还与人的思维方式及财经素养的缺失有关，而思维方式的培养与价值观的形成不是一蹴而就的。正如北京大学岳昌君教授所言：“从教育角度来讲，孩子成长是分阶段的：在孩子十二岁之前，我们要教育他们什么是对，什么是错；孩子十二岁之前，我们要教会他们怎样做出选择，引导他们独立做出正确的选择，取得效益最大化，这正是财经素养教育中蕴含的思维方式。”（岳昌君于 2017 年在中国教育科学论坛分论坛——财经素养教育的探索与实践会议上的发言）教育有时效性，需要把握有利的时机。基于此，学校确定了如上的活动内容及目标。

二、活动设计

1. 寒假学生自主学习的设计

以《揭秘“校园贷”——东莞外国语学校 2018 年寒假财经素养研究性学习活动任务单》为抓手，通过项目制学习的方式，向学生普及校园贷的相关知识。

本次活动设计了两个情境：首先向学生介绍了一段历史材料，主要的内容涉及北宋时期王安石变法中的一项措施“青苗法”，给学生提出的问题是：政府提供的贷款年利率是多少？这一段材料问题设置情境的方式虽是历史学科的，解决问题则需要用到数学学科的知识与方法。正确的答案是年利率为 40%，这么高的年利率，为何在当时还被称为“低息贷款”？在此设置了第一个悬念。

由此，课题组教师用一个真实的历史故事，激发学生对贷款利息关注和了解的兴趣。接着，教师设置了另一个现实生活中的情境：向学生展示一个网络平台的校园贷产品，贷款 1 万元，分 12 个月偿还，每个月还本付息为 932.33 元。

第一个问题是这个校园消费贷款的年利率是多少？估计绝大部分的学

生按自己的想法计算得到的答案是 11.896%，这正是教师设计的圈套。

第二个问题是要求学生用网上的贷款计算器，测算相关的数值，发现原来贷款 1 万元，1 年后总共还本付息为 11 187.96 元，计算器显示的贷款年利率约是 21.248%。为什么两种算法会有这么大的差距呢？这就形成了学生的第二个认知冲突。此问题的设计意图重点不在数学知识及技能的获得，而是侧重在让学生在认知冲突中体会到利率计算的复杂性，引起学生对信贷问题的重视。

第三个问题是要求学生调查正规商业银行普通贷款产品的年利率是多少？

第四个问题是要求学生通过计算，同样是贷款 10 万元（源自东莞早年某校高中生借款赌球、买游戏装备的真实案例），比较在校园贷平台贷款和正规银行贷款，最后需要支付的利息相差多少？此问题设计的目的是引导学生通过计算，发现“校园贷”贷款付出的利息比正规银行贷款的利息要高出许多。

第五个问题是在此基础上引导学生思考“当你需要购买某商品，但钱不够时，是否会选择贷款？如果选择贷款，你会选择××贷官网提供的校园贷还是银行的消费贷款？你决策的理由是什么？”意在培养学生思辨能力的同时，让学生认识到量出为出、理性消费的重要性。

第六个问题是要求学生在计算及调查的基础上，撰写一篇小论文。

2. 课堂教学环节的设计

开学后，课题研究组将这个项目继续推向深入，利用数学校本必修课程，通过类似问题的设计，情境的创设，带领学生一起，揭秘寒假学习活动中学生心中产生的两个困惑。

三、活动准备

1）组建跨学科教师团队，确定分工与合作计划。在研究性学习活动开展前期，课题研究组召集校内数学科组与历史科组的骨干教师，多次开会商讨研究性学习活动的内容设计，采取总分总的工作流程，集思广益，确定了研究性学习活动的具体内容和各环节的负责人。

2）设计《揭秘“校园贷”——东莞外国语学校 2018 年寒假财经素养研究性学习活动任务单》。（附件 4）

四、活动情景

1）任务驱动促调研。寒假期间，在任务的驱动下，学生通过实地考察、走访调研、家庭讨论、网络研讨等方式，广泛获取与校园贷相关的信息，并撰写小论文。

2）成果展示与传播。开学之后，各班进行了分享与交流；课题组的教师组织了评比，两个年级各评出第一、二、三等奖若干名；挑选部分优秀学生作品，发布在学校微信公众号上。

3）课程揭秘明算理。就在大家以为校园贷的探索之旅已经圆满结束时，数学校本课程中的校园贷算理揭秘课又开启了一段新的历程。

环节一：科学定义校园贷。校园贷，即主要贷款对象是学生，数额较低，期限较短，手续简便，无须抵押，大多通过网络平台宣传。放贷的机构也通常是私营企业甚至是个人，因此在拟定贷款条约时常常会有一些隐藏条款，严重的甚至可能演变成高利贷类消费型贷款。

环节二：揭秘校园贷的陷阱之“存款利率与贷款利率计算方法不一样”。通过两道数学计算题，对比“存款与贷款”利率的不同算法。第一题创设的问题是：存款 10 000 元求利息，给出月利率。绝大多数学生马上回忆起存款利率的算法，即利息等于本金乘以月利率乘以时间。第二题创设的问题是：同样是 10 000 元，这次是贷款，贷款 10 000 元，分 12 个月还清，每个月仅需偿还 1000 元，请你计算年利率（此题是寒假期间数学学习任务的变式，把每月还款用 932.33 元改为 1000 元除了便于运算，更重要的是为了检验学生是否还能回忆起贷款的计算的复杂性）。尽管在寒假期间许多学生都能按照教师的指导，用等额本息还款计算器正确解答过类似的问题，但还是不得不惊叹惯性思维力量之强大。此时，绝大多数学生毫不犹豫地用存款公式，计算出利率为 20%。当教师提示学生回想寒假作业时，学生才恍然大悟，贷款利息与存款利息的计算方式并不一样。同时，意识到自己“又一次掉进坑里了”！为何总“掉坑”？纸上得来终觉浅，因为体验不够深刻的知识总是难以掌握的。

贷款利息常见计算方式分为等额本金贷款和等额本息贷款，等额本金还款法在贷款初期月还款额大，学生一般不会选取这种贷款方式；等额本息，即每月归还的本金+利息的和固定，这个还款方式的计算过程比较复杂，要运用到高次方程，目前学生水平有限还不能测算，因此我们通过专门的计算器软件（网上可方便地下载），来帮助学生理解和计算。贷款利率实际不是 20%，而是高达 35%，接近我国法律规定超过 36%即为高利贷的界限。贷款利率计算过程比较复杂，稍不留意就可能会被校园贷等放款方式迷惑，落入圈套。

环节三：揭秘陷阱之“校园贷如何演变成高利贷”。本节课教师还通过角色扮演的方式，让学生体验了贷款客户的角色。目的是考验学生能否发现校园贷的第二个陷阱：校园贷极易演变成高利贷。因为某些不规范的校园贷中隐藏了欺骗性的条款，加上学生的风险意识较弱，很容易就陷入了由“校园贷”演变而成的“高利贷”的陷阱而不自知。然后教师指出高利贷的本质也是数学算理的问题，按照“九出十三归”的隐藏条款，贷款 10 000 元，若不能按时还款，两年后要归还本息高达 37.8 万元！通过这种计算的过程，让学生切身体会到贷款中隐藏的风险。

环节四：交流研讨，教师指导。与学生探讨“贷款的需求、选择及决策理由”，学生积极进行交流，从购买商品是我们需要的还是我们想要的？我们是否有还款的能力？如何防范风险等角度畅所欲言。初一（4）班袁昊认为，不同校园网贷的年利率不同，都比银行高很多，它们多是采取等额本息还款的方式。而银行贷手续正规，流程规范。就我自己来说，如果真的有借贷需求，我会选择利率最低的银行贷款，不敢轻易去碰校园贷。初一（2）班麦颂朗认为，首先要清楚自己贷款的目的。因为生活困难可借贷；因为交不起学费可借贷；因为生病没钱医治可借贷；因为要买必备的学习工具可借贷。需要符合以上几点条件之一，才可借贷，贷款时还应当注意：首先，选择机构。应该选一家银行或正规的金融机构，而不是网上的校园贷。因为银行是正规的，符合国家法律规定，利息一般不会太高。而校园贷门槛低，利息看似也较低，却可能隐藏陷阱，容易出现利滚利或泄漏个人信息等问题。比较不同银行的贷款利率，选择贷款成本最低的一家银行或正规的金融机构。其次，借自己需要借的钱。借款之前先根据利率计算出自己需要还多少钱。最后，要预估好自己的还贷能力，做好还贷计划，珍惜个人信用记录。教师在此过程中可结合某些初中生贷款赌球、消费的案例，引导学生思考、体会量入为出和理性消费的重要性。

环节五：古今对比。思考寒假作业中“青苗法”的年利率问题，40%的利率属于“低息贷款”吗？此时，教师与学生回顾了历史：王安石变法前，宋朝的贷款年利率多数在 100%左右，“青苗法”这个利率远远低于当时的大贵族大地主放贷的利率。北宋宰相王安石当时就是以解决民间疾苦的立场来推行这部“青苗法”的。带着对利率的认识重温历史，感受王安石爱民如子的情怀和不畏权贵的精神，学生对这位伟大的政治家、文学家又多了几分敬佩。

最后学生总结：起初以为是正常利率的校园贷，最后被验证是高利贷；起初以为是高利贷的“青苗法”，其实是“惠民法”。看来，孰高孰低不能仅仅有数学知识，还要在特定的历史条件下和社会环境中去研判，否则我们会误判一位千古名相，也会误陷不良校园贷深坑。

五、活动效果

1. 激发学生学习兴趣，丰富学生的财经知识，提高学生的财经素养

采取历史与数学相融合的方式，让部分学生由于喜欢历史而爱上了数学。例如，初一（5）班小杜同学，数学基础较薄弱但是非常喜欢历史，据他的家长反映，由于有了“青苗法”这样一段历史材料，为了把这个历史问题弄懂，他开始对数学产生了浓厚的兴趣，缠着父母帮助他查找资料，最终出色地完成了学习任务。这说明学科融合有效激发了学生的学习兴趣，改变了他们的学习态度，产生了 1+1＞2 的良好效果。

学生在撰写财经素养小论文的过程中，大量查阅了与校园贷相关的信息，学习了一些调查研究方法，锻炼了学以致用、总结分析及概括表达的能力。在研究的过程中，提高了对信用贷款这一金融工具的理性认识水平。特别是两次掉入授课教师设计的“陷阱”，引起了学生的高度警觉与重视，通过计算与分析、研讨，学生明确意识到：一是贷款利率与存款利率的算法是不一样的，人们通常习惯性地把存款利率的算法代入贷款利率的计算中，这是惯性思维导致的；二是从知识层面上认识到校园贷其实是一种利率较高的贷款；三是随着社会的发展，新的经济产品层出不穷，这就需要不断学习，提高风险防范的意识；四是意识到树立正确的价值观，提高个人财经素养的重要性，不仅要练就一双“慧眼”，更要拥有一颗“慧心”，才能真正做到防范金融风险；五是应量入为出，适度消费；六是要珍惜个人信用记录。

2. 凝聚学科德育合力

改革开放 40 年来，国家经济持续高位运行，国民收入水平大幅提高，但伴随着经济高速发展的浪潮，部分青年人经济独立性差、理财意识淡薄与片面追求财富、急功近利的现象同时并存，频频出现消费结构不合理、消费行为极端化的现象。人们往往把拜金主义、贪慕虚荣、奢侈浪费归入道德问题，其实这些行为表现是不健康的财富观导致的。没有正确的财富观，才会出现“三观”不正的问题。财经素养教育不仅可以普及财经基础知识与技能，还可以引导国民树立健康的人生观、价值观、财富观，从而提升国民品德修养。对学校而言，引导学生树立正确的财富价值观是财经素养教育的根本要求。财经素养教育肩负着在当前社会氛围中抵制浅薄功利化价值观的艰巨任务，必须凝聚各学科力量共同行动，才有可能成功。“揭秘校园贷”实践活动积极打破学科壁垒和界限，统筹了历史、数学等学科的知识，以《中国财经素养教育标准框架》（2018 年版）的“五维三标”

重新审视、组合、重构学科的德育资源、价值取向、教育目标、合适切入点、有效方式方法，使学科知识与技能汇聚于财经素养教育，成为凝聚学科德育合力的纽带，彰显财经素养教育的德育价值。

六、存在问题

本次实践活动暴露的问题如下：一是要辩证看待贷款的作用。通过开展一系列的学习活动，教师和学生都会有意无意地把贷款看作是一种负面的事物，但事实上作为金融发展的一个重大成果，实际上贷款从历史角度来看是一个巨大的进步。二是涉及离学生生活较远的贷款利率的计算问题，在难度上要把握得准，不能超出初中学生的理解能力。三是对照《中国财经素养教育标准框架》（2018 年版）来看，重视知识与方法的落实，但在观念与态度层面的引导还不够全面。因此在后期的改进过程中，教师除应注意到既要引导学生在正确认识和破解校园贷中可能隐藏的陷阱之外，还要避免让学生产生“贷款是骗人的”错觉，准确区分较为负面的校园贷与正面的助学贷款、创业贷款、信用贷款等的区别。

针对第二个问题，学校对小学六年级至高中二年级，共计 6 个年级，涉及 3 个学段，240 名学生进行了关于利率与利息计算问题的抽样问卷调查，通过借助数据分析的手段，比较财经素养课程实施前后的横向与纵向数据，提高课程内容的科学性。通过数据统计，得出以下基本结论。

1）各年级学生都能很好地理解和掌握“本息 = 本金+利息”这一知识点。各年级的满分率相差不大，基本都在 75%左右。这说明当前各阶段的学生都具备基本的计算利息的能力和财经意识。

2）大部分学生都没有掌握“活期年利率 ÷ 12 = 活期月利率”这一公式，这道题的满分率只有 10.83%。值得思考的是，得分率并不是随着年龄和年级的增长而逐步提升，其中六年级、初一年级的得分率相对较高。这可能与小学六年级的学生刚刚学习了利率、利息计算相关的数学课程内容有关，而初一年级的学生可能与教师在数学校本必修课程中渗透财经素养教育的有关内容，另外还有部分初一年级的学生又参加了学校财经素养选修课程。

3）考查学生对“等额本金”的利息计算的题目得分率差异最大。统计结果显示，满分率为 21.25%。31.65%的学生能够部分得分，计算出每月等额的本金，但利息计算错误。这样的情况可能主要是不同阶段的学生的数学计算能力和所掌握的数学知识差异所引起的。

4）学生对“等额本息”的概念基本不理解，这道题仅有一名高一年级的学生正确完成，满分率为0.41%，22.5%的学生交了空白卷，但六年级的学生没有1人交空白卷。64.6%的学生误认为等额本息的意思是每个月归还的本金和利息都是相同的。这说明等额本息的利率计算方法超出了中小学生的理解范畴。而六年级学生面对困难题目时有积极的态度，这让教师倍受鼓舞，更坚定了对学生进行财经素养教育的决心。

七、改进设想

1）应为学生全面、客观、理性地认识校园贷提供更完善的解决方案。从“揭秘校园贷”的课程设计思路来看，出发点在于揭露校园贷款在贷款利率计算方法上的陷阱。社会实践中校园贷从前期的广告宣传、贷款办理、还款付息的过程无不潜藏着风险。因而，为增强本次课程活动的实效，不仅要揭露校园贷前期广告过程中贷款利率计算方法的陷阱，还要揭露其在贷款动机激发、信用抵押手续、还款期限设置等方面隐藏的陷阱，尤其是对深受校园贷危害的典型案例应给予广泛宣传。同时，更积极地介绍合法合规的金融机构提供的贷款。堵疏结合，从价值观、金钱观、消费观方面正本清源，引导学生形成健康、科学、理性的金融行为习惯。

2）活动应有前测与后测环节，通过问卷调查，借助数据分析，帮助教师提高课程内容的科学性。

3）在财经道德水平的提高方面还有待深挖，可引导学生在日新月异的经济环境中，要有正确的财富观，要坚守道德底线，不钻法律空子去赚钱。

4）财经素养教育应该从娃娃抓起。从调查问卷看，高中、初中、小学三个学段的学生在调查问卷中的总得分率没有显著差异，这说明财经素养并不是随着年龄和学习能力水平的增长而自然增长的。且更多实践现象观察表明，低学段学生的好奇心使得他们更能够从生活中发现问题、思考问题、解决问题。越高年级的学生因为面临升学压力，把更多的精力放在学科学习上，反而有可能弱化对外界探索的敏感性及意愿。另外，财经素养教育培养目标不仅仅是财经知识，还应使学生掌握财经思维方式和学习力，拥有较高的财经素养。思维方式和学习力均应从小培养，价值观的形成需要一个长期的学习过程，因而财经素养教育体系建立越早，效果越好，影响越深远。

5）财经素养教育应该坚持走学科融合之路。财经素养教育可融入学校各项育人活动中，与学科教学相融合，实现财经素养教育的高效和长效。

6）营造浓厚的财经素养教育氛围。财经素养教育是一个系统工程，这就需要各方面的教育力量形成合力，学校、社会、家庭应该各司其职，充分重视财经素养教育工作。

实践特征

针对当前社会热点“校园贷”设计研究性学习，让学生理解存贷款利率计算方式的不同，认识校园贷的实质是一种利率较高、风险较高的贷款，体会合理消费、合理使用贷款这一经济工具的重要性。这个主题的拟定是对《中国财经素养标准框架》（2018年版）中“货币与利率”“储蓄与信贷”内容的综合运用。本次实践活动发轫于历史学科王安石变法中的“青苗法”。王安石上任后，为了避免农民在青黄不接的时期借高利贷，政府使五户以上的贫富家庭结伴成保，向政府贷款，当年借款随春秋两税归还，每期取息2分。学校让学生运用数学知识核算一下这个政策的利息。当学生根据自己直觉经验核算出来的利息与利用贷款计算器核算出来的利息不一样的时候，学生便产生了困惑。同时，学生在完成教师布置的一系列思考题中也获知了存款利息与贷款利息的计算方法并不一样，然后，学生了解正规银行的借贷利息、校园贷的利息，当发现校园贷的利息大大高于正规银行利息时，学生开始思考为什么还是有那么多学生冒险借入校园贷，以此揭示校园贷便利手续下所隐藏的风险。活动中，学生还调查了部分发达国家在处理学生贷款时的政策，这个内容对于改善我国社会和正规银行的借贷制度具有积极的启示。

第一，选题有很强的针对性。所选择的校园贷正是目前社会的热点，抓住这个热点做研究，能够比较容易激起学生的学习热情。这次活动表明，学校只要能够选一个主题，搭一个舞台，给一点指导，学生的确能够给我们许多的惊喜。

第二，选题具有综合性。这个热点由历史学科的“青苗法”切入，涉猎数学、经济学、社会学、哲学、道德伦理等学科，这些融合不仅显得自然无痕，也体现了学科之间教育协作的系统合力，激发了学生的学习热情，改善了学生的学习态度。通过研究，起初以为是正常利率的校园贷，最后被验证是高利贷；起初以为是高利贷的“青苗法”，其实是“惠民法”，教师与学生回顾了历史后发现，王安石变法前，宋朝的贷款年利率多数在100%左右，所以“青苗法”这个今天看来很高的利率其实远远低于当时的贵族地主放贷的利率。在这里，利率的高低不能仅仅通过数学的数字来呈现，还要在特定的历史条件下和社会环境中去研判。同时，这种思维包含着历史唯物主义思想。

第三，教师注重活动过程的节律把握。活动制造了层层的思维冲突，设置了一个个的悬念，这些冲突与悬念，不仅符合教学目标的需要，也引领学生层层跟进，认识社会、理解国家，并且在感觉与理性的冲突中体会到财经知识的专业性。在学习的过程中，学生也亲身使用了社会调查方法，这对现行书斋式的学习方式是一种重要的突破。结合情境，学生更容易把财经知识学透。

第四，活动很好地体现了财经素养教育的德育属性。首先，该活动在情感态度和价值观上促进了教育目标的实现，超越了知识技能的学习；其次，通过研究师生认识到，部分青年人经济独立性差、理财意识淡薄与片面追求财富、急功近利的道德现象同时并存，以往人们容易把拜金主义、贪慕虚荣、奢侈浪费归入道德问题，其实这些行为表现主要是不健康的财富观导致的。当研究者提出“没有正确的财富观，才会出现‘三观’不正的问题”的时候，这对学校开展德育教育也具有很强的启示意义。

第五，研究者善于倾听专家意见并且做积极的改进。根据专家的意见，学校关注到了部分学生反对一切贷款的片面认识，并且突出了学生关于借贷的正确观点，放大了正确观点的教育功能。另外，为了调查学生学习相关财经知识的难度，学校对不同学段的学生进行了实际测评，这使财经素养的知识学习更加符合学生的既有水平。

活动可以鼓励学生走出校园，积极走进社会，不仅从社会中获取各种借贷的信息，也将自己的研究成果回到社会、惠及人民，向群众、社会、国家的有关部门提出规范借贷制度、避开校园贷陷阱的建议。

附件 4

揭秘“校园贷”

——东莞外国语学校 2018 年寒假历史与数学学科整合作业

班级______________姓名_____________学号__________

“青苗法”是北宋时期著名的王安石变法的重要内容，为了减少民间高利贷对百姓的剥削，政府每年分两次向百姓提供“低息贷款”，请阅读以下材料：

材料一：王安石变法

“今放青苗钱，凡春贷十千。半年之内，便令纳利二千，秋再放十千，至岁终又令纳利二千，则是贷万钱者，不问远近之地，岁令出息四千也。”（引自（宋）班固：《宋史·食货志四》）

翻译：现在发放“青苗钱”，如果是春天贷款 10 000 文的，半年之内，就要交纳利息 2000 文，(政府收回本息之后)到了秋天，政府又放贷 10 000 文，到了年末的时候，又要交纳利息 2000 文，这样一来，一年贷款 10 000 文的，不论远近，一年就要交纳利息 4000 文。

请回答：材料中政府提供给百姓的“低息贷款”，年利率是多少？（提示：北宋政府在一年中实际向农民发放了两次贷款，每半年回收一次本金加利息。请写出详细的计算过程）

近年来，校园消费金融蓬勃发展，与之相对的校园网贷负面新闻层出不穷，悲剧频发。请阅读以下材料，并回答如下问题。

材料二：××贷官网费率

申请借款 10 000 元，分期 12 月偿还，每月偿还本金加利息共 932.33 元。

请回答：1. 根据××贷官网费率，××贷提供的校园消费贷款年利率是多少？（请写出详细的计算过程）

2. 请上网搜索“等额本息月还款计算器”（http://www.zzgjj.gov.cn/jsq/return1.asp），输入贷款总额 10 000 元、贷款年限 1 年及你计算出来的××贷年利率，验证一下你计算的贷款年利率是否正确。

第二节　爱 心 Market

实践叙事

“爱心 Market”实践活动由四川省成都市第七中学初中学校实施，该校成立于 2008 年 9 月，坐落于天府新城永安片区科华路南延线和三环路交汇处，是一所由成都高新技术产业开发区管理委员会（简称高新区管委会）和成都七中联合举办的直属于高新区管委会的普通公办初级中学，是服务于成都市向东向南发展战略，按照高起点、高标准的要求建设的现代化、有特色的具有一定影响的高品质示范性学校。

本活动的实践团队由肖丽萍、孙余、张雪桃、姜肖、冯玉林、张雅妮组成，施教对象为初 2018 届、2019 届、2020 届的学生，合计参与此项活动的学生达 1500 余人，其中 2019 届学生参与了两次活动。活动形式为“爱心 Market”财经素养教育的校内实践活动，从 2017 年起，每年 4 月举办一次。该活动搭载学校其他德育活动内容，一次活动，多个任务。

本次活动集德育目标、财经素养教育目标、国际理解教育目标于一体，对学生而言其实是全新的活动，增加了新鲜感。尤其是各班以公司化模式运作，更是极大地调动了学生自主参与的积极性。

一、活动目的

“爱心 Market”是学校国际文化节的系列活动之一。国际交流部设定的活动宗旨是：促进学校教育国际化建设，培养学生对多元文化的理解能力、增强国际合作意识，扩展国际视野，提高英语沟通能力，增强校园国际化氛围，推动跨文化交流。学生工作部设定的德育目标是：各班将“爱心 Market”活动中所得善款捐献给需要帮助的人，借此培养学生的爱心与增强其社会责任感。财经素养工作室设定的活动目的是：在实践中检验和应用课堂内学到的财经知识和理念，培养和提升学生财经素养。

本课程实践教育教学目标与《中国财经素养教育标准框架》（2018 年版）对标后设定如下。

1. 了解知识与事实

通过给在“爱心 Market”活动中售卖的商品进行定价，理解成本的含义。将产品设计、制作和采购过程中花费的人力、物力、财力做详细记录并算入成本。在认识成本的基础上学会定价，认识、了解利润率。

2. 获取方法与技能

1）能够对投资成本与收益进行简单估算。

2）能够对市场营销的方法和技能有初步的感知与运用。

3. 形成观念与态度

1）明白任何投资都需要付出成本和劳动，不要寄希望于坐享其成。

2）体会到劳动创造财富。亲自动手制作的产品售出后可以挣钱，好的创意、为寻找适当合作伙伴所付出的智慧同样可以创造财富。

3）真切体会到投资有风险蕴义。

4）明白积累财富不是人生的最终目的，用所积累的财富去帮助他人、回馈社会才是生命价值的最高体现。

二、活动设计

1. 活动设计思路

“爱心 Market”其实就是一个爱心义卖活动。只不过不是简单地把家里的东西拿出来义卖，而是从生产到营销都融入了财经素养教育的内容。活动设计思路如下：学校七年级、八年级各班以班级为单位成立“公司”，学生根据自身特长和兴趣爱好分别加入财务部、产品策划部、营销部、宣传部、后勤保障部等。各班所设部门可以根据具体情况进行增减，但务必确保全员参与。班级公司在班主任和财经素养课教师带领下开展活动，在财经素养教育课堂上进行人员分工、产品设计与制作，商讨各部门开展工作的具体措施。学生在教师指导与家长帮助下完成前期各项准备工作，由学校安排统一时间、统一地点集中进行产品售卖活动，全校师生、学生、家长均可参与产品购买。活动结束后各班汇总收支情况，扣除必要的生产成本后将结余捐赠给需要帮助的人们。

2. 过程逻辑

（需要特别说明的是，因该项活动属于“一个活动搭载多个目标”，故有些其他部门的协同措施也列在其中。）

1）该校学生工作部、国际交流部、财经素养工作室联合商讨制订活动方案。

2）校长办公会通过活动方案。

3）召开班主任工作会，进行活动前期准备工作安排和意见沟通。

4）国际交流部协同英语组进行前期口语沟通交流准备工作。

5）各班成立班级公司、招募公司成员，在教师指导和家长帮助下有序开展宣传、产品设计与制作、价格核算、后勤保障等工作。

6）学校安排统一时间、统一地点集中进行产品售卖活动，全校教师、学生、家长均可参与产品购买。

7）各班汇总收支情况，扣除必要的生产成本后将结余捐赠给需要帮助的人们。

8）分部门进行活动总结，然后全班汇总，评选活动中表现突出的学生。

3. 活动重点

1）确定公司名称（积极向上，体现班级风貌）。

2）分配人员，包括总负责人、财务组、产品设计制作组、物流组、宣传组、营销组等。来自英国兰得福瑞学院（Landovery College）的交换生随班加入各团队。

3）确定待销售产品。产品主要是学生自己设计（体现学校文化或者成都文化的）或者自己手工制作的。例如，学校校徽、班徽 LOGO 的书签、卡片、手机壳、吊饰、徽章、扇子等，有成都文化标签的学生用品等，手工制作包括 3D 打印、木工制作、小科技制作、其他手工物品等。

前期准备工作时，财经素养工作室的教师需在财经素养课堂上给学生讲清财经相关知识，诸如商品价格应如何设定、如何在电商平台上挑选商家、电商平台支付及消费者权益保护、商品营销方式等。

制定生产经营和利润分配的财务制度，明确各方的责权利。

三、活动准备

1）学生工作部、国际交流部、财经素养工作室联合发布活动公告。

2）财经素养工作室教师团队就本次活动内容进行集体备课，统一备课思路。

3）学生工作部牵头召开各班班主任工作会，进行活动前期准备工作安排和意见沟通。

4）班主任在各班班级群里将此活动的内容告知家长，请家长提供必要的支持，但不能由家长完全代劳。

5）各班级公司确定财务制度，明确采购原材料和产品加工所需生产成本的承担方式。可以完全由班费承担，最终获利归班级所有；也可以由各生产小组自行承担，最终获利一部分归班级所有，一部分作为小组奖励基金。

“爱心 Market”集中售卖活动当天，学校规划好“营业场所”，提供同样大小的广告牌宣传板供各班使用，班级根据自己的创意自行布置展场。

四、活动情景

1. 教室内

财经素养工作室教师在课堂上讲授相关财经知识，并负责对各组活动开展情况进行及时指导。

开展活动，为学生答疑解惑。

学生在课堂上分组讨论、交流，制订活动方案。

学生在课堂上制作准备售卖的商品，设计、制作本班宣传海报、价格标签等营销所需物件。

2. 操场上

活动当日，各班后勤保障组的学生利用大课间的时间将两张教室的课桌搬至操场，宣传部的学生负责布置宣传海报和展台。展台上有的铺了桌布，有的摆了一些特色的商品，还有的拉起了细绳，装饰了彩带、拉花等物件。考虑到现金交易比较麻烦，很多班级都贴出了收款二维码。

有的班级营销部使用了无人直升机作为宣传工具，学生利用课间时间在现场进行调试；还有的班级模仿动漫人物着装，聚集人气，推销本班商品。因为每个班的展位有限，一些班级还想出了很独特的办法，使用流动小车在会场上流动销售，以增加营业额。

来自友好学校英国杜伦中学的师生们也积极地加入这场盛会中，他们对学生的书法、剪纸等手工作品表现出极大的兴趣，不断地询问相关情况，融洽的交流互动加深了彼此对中英文化的理解与认同。

在短短一小时的活动中，交易现场人潮涌动，热闹非凡。有些班级的商品早早地就已售罄，还有的班级临近尾声的时候搞起了打折促销活动。教师们、学生们、家长朋友们各自买到了心仪的宝贝回去了，津津乐道，恋恋不舍。

3. 互联网上

不少班级的产品制作过程都借助了互联网，有的是在网上购置原材料进行加工，如面具制作。还有的是将班级学生的画作提供给网上商家，按要求进行加工，如个性书签、手机壳、笔记本等。

五、活动效果

还有部分学生在家校本上记录下的当时参加活动的感受，家长的留言也表达了对活动的态度与评价，活动结束后接下来连续几周的财经素养常规课上，教师都对所指导学生分部门进行了总结。同样，教师们也进行了总结，以下是该校财经素养工作室的一位教师在课堂上组织活动的情况记录。

1. 活动流程

1）发布举办爱心 Market 活动的通知。

2）了解“成本”“利润”的概念，学生通过百度查找，再由教师讲解。

3）了解公司结构（通过百度查找信息），引导学生根据自身特长选报相关部门，遴选部门负责人，对该部门工作进行商议。

CEO：总策划、总负责、总协调。

（1）财务部

任务：进行成本和利润核算与账务管理及公布。

遴选负责人，指导开展工作，学习财务报表的制作（百度）。

（2）产品开发部

任务：设计、制作产品。

根据任务分组，遴选各组负责人。

（3）后勤保障部

任务：展台布置（课桌、桌布、贴海报等）；产品运送；现场工作人员饮水、座位安排及准备。

根据任务分组，遴选各组负责人。

（4）公关部

任务：宣传品设计制作（海报、价签等）。

根据任务分组，遴选各组负责人。

（5）市场部

任务：负责营销策划方案和产品销售。

根据任务分组，遴选各组负责人。

2. 活动结束后，在进行总结的时候我们制订的基本方案

（1）组织学生讨论思考

1）活动的收获与遗憾分别是什么？

2）利润高的产品有哪些？特点是什么？

3）班级的营销方式有哪些特点？哪些方式值得借鉴或哪些方式需要改进？

4）班级“微信支付”“支付宝支付”是现代社会流行的付款方式，分析这些支付方式的利弊。

（2）教师在财经素养常规课上对活动的总结引导建议

1）劳动创造财富，引导学生树立正确财富观。

2）对批量售卖的商品进行利润率的分析，总结利润率高的产品的特点。

3）对营销方式进行总结，知晓广告和销售方式的重要性，初步感知消费者心理对消费行为的影响。

4）从现场有班级“微信扫码付款”了解现代社会付款方式的多样化，提醒学生关注付款方式的便利性与安全性。

【实录】初 2019 届 11 班班主任、财经素养工作室孙余老师的教学反思

活动布置到活动开展有两个星期的时间，时间紧，任务重。作为班主任和思想品德老师的我决定在 2019 届 11 班按照财经素养常规课的授课内容进行全新的尝试与实践。

（1）成立筹备小组

根据英语教师的建议，毕竟这是国际文化节，要迎接来自英国杜伦中学的师生，英语要有相当的基础才行。还要考虑数学竞赛的学生正在备战考试，所以最终我们确定了11个人为筹备组成员。当天放学后就讨论通过了这11个人的分工。具体分工介绍如下。

总负责人：张前

设计：李霖昊、鹿峻驰

物流：郑岳晨阳、洪成勋

宣传：华卿汝、敬双与

营销：黄亦璁、祝瑞

财务：王玺雯、朱若妍

（2）确定公司名称

本以为这个问题应该比较简单，大家提议、讨论，最后决定就好。没想到两位同学的意见无法统一，讨论异常激烈，谁也说服不了谁。正在我和张前同学都觉得很为难之时，郑岳晨阳同学决定采取无记名投票的方式确定公司名称。这是现代管理的经验，我太欣赏学生们的智慧与学习能力了。

结果在我看来，已经不是那么重要了。学生民主科学管理意识的提升才是我最欣赏、最高兴的。这样的实践活动对学生的影响程度如何，我无法预估。但我欣喜这样的实践与体验，因为一切皆有可能。

（3）产品创意设计

张前和同学们确定了产品设计的基本原则是：能够体现本校的特色，同学们喜闻乐见的，售价不能太高的。

同学们在群里热烈讨论，最后做出一致决定。

1）围绕“七初 春”（三月正是春天，春天的七初鲜花盛开、绿树环绕、绿草青青，是很美的。）这一七初独有的文化特色很能吸引教师、学生的关注与喜爱。同时，作品要有内涵、有创意。

2）产品考虑为：抱枕、杯子、书签、扇子、笔袋。

（4）产品的制作与完成

这一过程其实是最复杂的。网购的选择，商家的确定，都需要孩子们一点点在陌生的电子商城中去经历完成的。

最后，经过了一番比较与讨价还价之后，学生把售卖产品确定为以下几种：抱枕、马克杯、书签、扇子。

商品基本确定后，但找哪家定做呢？如何体现“七初 春”这一文化特色呢？又是一番讨论、交流，学生终于知道抱枕上的图案、马克杯上的隐性或显性的图案、书签和扇子上的文字都可以体现七初的特色。图案用“七初 春”的照片，文字用校训“审是迁善 模范群伦”，还要体现中国传统文化特色，保留商家的“梅、兰、竹、菊”。

1）拍摄校园美景。借助家长、学校教师的资源，制作出了精美的照片。

2）把照片发给商家，做出样品。还有学生自己制作的产品：扇子。

3）与商家讨价还价，批量定购商品。

批量定购前需要启动资金，我帮助学生与家委会商量，决定给学生800元的启动资金，最后再把这笔资金归还家委会。

4）最后是物流组的学生把网购商品搬回办公室，再组织学生逐一装好准备售卖。看到第一次从产品的设计到成品的完成，看到产品质量还很高，我和同学们都欣喜若狂。期待产品一抢而光。

（5）产品的宣传与营销

以下是张前同学写的网络宣传词，真是才华横溢啊！

啦啦啦，各位朋友看过来！

咳咳，由初2019届11班创办的公司推出新产品啦！

七初的春系列：

[会变色的杯子]春天到来，万物复苏，将浓浓的春意融入精致的陶杯，饮一口盎然生机，为你的生活增添一分诗意。温水入杯，七初的春景跃然杯上，愿裹着七初情的淡茶，陪你度过美好的一天，为你送去温暖与祝福。

温馨提示：这款陶杯有红、蓝、黑三种颜色的创意变色杯，以及白色的简约风情杯。变色杯在注入温水后会渐渐呈现杯上的图案，多种图案任您挑选。现售价仅仅20元/个，白杯仅12元/个。

[超可爱的抱枕]你还在为午休找不到合适的枕头而犯愁吗？好消息！我公司推出新品抱枕！小巧的正方形抱枕，印着七初的春景图，实在是用于休息的不二之选呢！抱着你的大七初安然入梦，妈妈再也不用担心我没有枕头啦！车上抱一抱，睡觉抱一抱，没事抱一抱，我绝对不会告诉你这样能沾上大七初的“圣气”，没准儿下次周考就超水平发挥了呢！

温馨提示：本款产品选用法国高端绒，柔软舒适，现仅售30元/个哦。

[中国风的竹书签]据说聪明的人一定会选择这款产品，细长的竹签上挂着流苏，散发着淡淡的竹香，简朴又不失优雅。随着点点清香走入书的世界，爱书之人必定会喜欢呢。上面刻着“审是迁善，模范群伦”的校训，那是每一个七初学子牢记于心的信念。赠人书签，手有竹香，愿一缕竹香伴随你走过漫漫长路，拥有一个幸福美满的人生！

温馨提示：本书签以竹制成，分别有：梅、兰、竹、菊、“审是迁善”“模范群伦”6种款式，售价5元/个（怎么会有如此接近成本的商品，感觉老板心在流血啊），数量有限，快来抢购吧！

看完这三款产品，你一定心动了吧！

3月30日下午1：00—2：00水池旁，我们不见不散！（偷偷告诉你，来自英国的杜伦中学“小哥哥”也会如约而至呢。）

不能在当天购买的小伙伴也不要担心哦，选好你心仪的宝贝，在线联系即可。

联系方式为QQ：@张前@黄亦璁@华卿汝@王玺雯@洪成勋@郑岳晨阳@朱若妍将为您服务（关系铁咱们打个九折！）

直接冲到11班，联系以上几位小伙伴。

另外，我们所有赚得的钱款都会捐给慈善机构，为慈善事业贡献一份力量，快来献出你的爱心吧，初2019届11班恭候您的光临，产品有限，先到先得！

这是整个营销团队在QQ空间发布的产品推销。学生的宣传和营销能力太棒了。接下来，再请大家看看，学生们制作的营销统计，现场营销除了音乐伴奏、现场叫卖等方式，还有微信和支付宝方式，方便了教师的购买。

（6）活动后的爱心捐赠

扣除家委会赞助的启动资金，学生净收入1300元。在家长朋友们的帮助下，他们利用周末的时间把自己劳动所得捐赠给了两位学生。

（7）活动后的总结与反思

在财经素养课上，学生们积极思考，踊跃发言。他们感受到了劳动的光荣，感受到了帮助别人、成就自己的喜悦。学生们希望在下一年的活动中有更大的提升。

第一，产品要形成系列，如“七初 秋”。

第二，产品要增加购物袋。现场买东西的人很多，极其缺乏装物品的袋子。当然，这个袋子也要含有七初元素。

第三，产品预订量可以适当增加。

第四，现场销售的方式还可以更加多样化。

纵观整个活动带给学生们的思考与成长是很明显的。我发现要增强学生的财经意识，光靠理论知识的讲解是远远不够的，带领学生们做这样的实践才更有意义。因为在体验中运用所学、创造价值是多么有成就感的一件事情。很高兴，我们抓住了这样一个机会。作为长期生活和工作在校园的普通教师，我亲身经历了这一切，至今还历历在目、难以忘怀。更何况处在青春年少、充满活力与创造力的学生们。感谢这次活动带给我们的一切经历。

六、存在问题

1）由于是一次活动搭载多个目标，因此存在目标间相互干扰的问题。学生工作部将本次活动定义为“爱心”活动，就会忽略物品的实际价格与成本，强调突出“无私奉献”，献爱心。由此，出现有的班级个别学生把家里好几百元买的东西拿过来只卖十几元、二十几元，爱心是奉献了，可从财经素养的角度看，是亏本的。那么如何平衡？这是需要进一步思考的问题。

2）利润如何分配的问题。如果原材料全部由班费资助，销售情况和销售结果也完全由班级承担，赚了赔了都是“爱心奉献”，与学生无关，谈何调动劳动者的积极性？如何能够真正体会企业决策的重要性（决定生产什么样的产品可能直接影响到销售情况，由于决策失误可能带来严重的产品滞销问题）？如何促进他们想方设法降低成本？劳动者个体劳动的数量和质量如何与收益挂钩？一些班级还想尝试用自己班级赚得的“第一桶金”继续进行投资，而且是尝试不同的投资理财方式，如银行储蓄、余额宝、其他投资理财渠道等，这是把财经素养课上学到的知识运用到实际生活情境中来检验的。可是因为与“爱心”义卖的“爱心”主题要求不符，也被叫停了。不由得心生疑惑：在中学生的财经素养教育活动中，到底该不该有更为大胆的实践操作尝试？

七、改进设想

“爱心”义卖后的善款理当用于爱心捐赠，部分班级尝试制订了两套方案选择帮助学生理解投资与利润分配的关系，真实地训练了学生的财经素养。

方案一：所有原材料成本用班费资助，产品售卖款项全部归班级支配，盈亏皆由班级承担；给参与制作的学生记操行奖励和赠送小纪念品。

方案二：成本由各项目组自行承担，产品售卖所得利润和亏损都由班级与项目组根据协商的比例共同承担，所得善款委托给慈善机构，捐赠给需要帮助的人。

多数班级选择了方案二，在方案二中，学生也接受了一次真实的投资与风险、投资与回报的教育。方案二进一步调动了劳动者的生产积极性，有利于为社会创造出更多财富。所得善款多数用于捐赠，也帮助学生理解了财富与社会的关系。

实践特征

四川省成都市第七中学初中学校自2012年就开设了财经素养方面的选修课、社团活动，具有较长的历史。2017年启动的“爱心Market”实践活动将财经素养与道德品质作为活动的教育目的，一方面通过活动检验和应用课题内学习到的财经素养知识，如成本概念、估算技能、市场营销技能，另一方面通过捐助来培养学生的爱心与增强其社会责任感。“爱心Market”与一般的义卖活动不同，学校通过精心组织，部门合作，使1000多名学生完整地体验了产品设计、制作、宣传、营销，以及销售收入的捐献各个环节，每个环节都嵌入了活动的目标，融合了学科知识，展示了学生的热情与智慧。

第一，活动设计体现了学校的办学理念，使财经素养教育成为特色办学的有机组成部分，这是非常难能可贵的。活动过程中，学生有意识地将办学理念融入产品设计之中，学校也投入资金创立金融实验室，使学生的美德、才华、主体性等这些出现在办学思想中的核心素养在活动中得以展现。把活动安排在国际文化节，英国交换生的加入恰好体现了国际化的特色。

第二，活动目标设计明确具体。活动将三个部门分别提出的三维教育目标融合为总体的活动目标。从成本、利润这些的财经知识出发，培养学生辛勤劳动、诚实劳动、创造性劳动的劳动观念。将智慧、创意归入成本概念，使学生认识到学习的重要性。学生不仅要看到投资的风险，也乐意将自己的劳动成果惠及他人。这些目标的设立紧密联系了《中国财经素养教育标准框架》（2018年版）中相关的内容。

第三，参与部分指导有方。参与领导的三个部门分工细致、明确。学校善于借力于校外家长与专家的资源，为学生创设出更具专业性的舞台。各环节的活动要求不仅有操作技术上的任务，也有价值观上的指引，如对公司名称的要求（积极向上、体现班级风貌），对产品设计的要求（体现学校文化、地域文化），这些要求既规范了学生的价值取向，也促进学生在理解学校文化、班级文化的过程中形成教育凝聚力。

第四，活动过程的育人力量得以充分展现。学生从产品选择、设计、材料购置、制作、命名、宣传、布展推销，到收入处理，都是由学生自主完成的，这些设计对于帮助学生理解社会、尊重劳动非常有益。学生拍摄校园景色制作在产品上，既宣传了学校，也表达了爱校之情。学生的产品广告不是极力吹捧自己的产品，而是能够站在消费者的立场为其解读产品特点，显得很有对象意识。学生的劳动精神得到了培养，劳动不再是作秀，不再是走过场，而是彰显了劳动者的主体性态度。争议问题的民主解决，畅销产品临场预收订单的灵活性，活动之后改进办法的讨论等，都明确地把财经知识的学习与实践变成了立德树人教育的一个综合平台，完善了学校的育人系统。

第五，对活动的反思既深刻又有高度。活动设置了经济与道德这两个重要目标，市场经济讲究利用人的利己心以激发市场活力和生产内驱力，它们本身就与利他的道德意图存在冲突。如何处理这对矛盾，当然需要对市场经济道德做更深入的思考。是鼓励学生利用合理的利润扩大再生产还是注重道德教育将利润全部捐出，这也是学校模拟财经活动会面临的深刻矛盾。学校即“社会”，如果能够鼓励学生体验更加真实的财经生活，学生对财经素养的理解可能更加深刻与真实。

四川省成都市第七中学初中学校学生的家庭背景比较好，学校认为这是开展财经素养教育的有利条件，在某种意义上这是事实。但是，这个说法容易导致误会，以为只有家境好的学生才便于开展财经素养教育。财经素养是全体学生都需要培养的，对于家境相对不好的学生，尤其必要。另外，学校既然在劳动成本概念中增加了智力成本，那么在捐助金额中应该体现对智力成本的扣除，以便让学生切实感受到现代社会对创意、智慧的尊重，感受到读书的意义。

第三节　园游活动中的财经素养

实践叙事

“园游活动中的财经素养”实践活动由广东省深圳市南山外国语学校（集团）滨海学校[该校现已更名为深圳市南山外国语学校（集团）高级中学]实施，该校坐落在深圳湾区，紧邻前海蛇口自贸区，学校含小学、初中、高中三个学段，是广东省省一级学校、省绿色学校。该校全面贯彻“立德树人”的根本任务，坚持“办研究型卓越学校，育国际化创新人才”的办学目标。

本活动的施教团队为该校政治科组，活动总负责人为郑书海副校长，成员包括王玉付、靖晓、佘彪师、李新军、杨洁。施教对象为初一、初二、初三年级的学生，共计600余人，活动形式为理论与实践课相结合，活动时长持续三个月（2017年10月1日至12月31日）。

本活动的典型意义集中于“激发学生对财经的热情、初步建立科学的财富观”的中心议题，包括如何开展理论学习、实践应用等典型问题，尝试探索一种“乐中学、学中思、思中用”的学习模式。采取教材讲解，模拟场景训练，财经游戏互动，财经应用等方式，实现学生掌握知识、提升素质、学以致用的目的。同时，关注学生的财经素养培养，培养学生的理财意识、创新意识，引导学生树立科学的财富观。

一、活动目的

南山外国语学校（集团）滨海学校政治科组教师结合《中国财经素养教育标准框架》（2018年版），组织全体学生参与“乘园游活动之兴，启财经素养之门”的实践活动。其目的在于：一方面，丰富学生校园生活，开拓学生的视野，展现学校良好学风，为学生提供了更多学习与锻炼的机会，释放青春活力；另一方面，通过活动真正给学生营造财经学术氛围，营造良好的财经学习环境，进一步激发学生财经知识的学习热情，深化学生的理论知识，提高学生的财经技能和财经素养，培养学生的创新意识，学以致用，树立正确的金钱观、人生价值观。

二、活动设计

本活动分为两个阶段进行：理论学习阶段（货币等财经知识准备阶段，时间为2017年10月1日至11月30日）和实践探索阶段（货币等财经知识实践阶段，时间为2017年12月1日至12月31日）。

三、活动准备

1. 理论知识学习阶段

（1）课程设置与理论学习

依据《中国财经素养教育标准框架》（2018年版）的要求，坚持经济生活与学生发展规律的统一，坚持传统与现代价值取向的融合，结合当今社会对财经素养要求与该校学生的实际情况，有针对性地设计了家庭收入与消费、合理理财、财富创造及正确认识信贷等财经素养教育的内容。采取理论知识讲解、模拟场景训练、财经游戏互动等方式，实现学生掌握知识、提升素养、学以致用的目的。

具体课程设置如下。

维度一：收入与消费

知识内容：家庭收入。

目标：了解知识与事实。包括职业认知；职业收入差距；家庭收入来源的形式与类型；影响收入的因素。

目标：获取方法与技能。包括能够对不同的职业形成正确认知；能够通过沟通、调查、查询了解不同职业的收入差距；能够对家庭收入进行分类，制作家庭收入结构表；能够列举出选择工作需考虑的要素。

目标：形成观念与态度。①观念方面：形成正确的职业观。②态度方面：使学生明白通过学习可以帮助个人提升技能，增强就业能力；同时，明白工作不只是为了获取收入，更是为了实现自身价值与自我发展。

维度二：储蓄与投资

知识内容：货币、利率与汇率。

目标：了解知识与事实。包括货币的含义、本质及货币在经济活动中的职能；商业银行；利率的种类与计算方法；名义利率与实际利率的含义；通货膨胀的含义、直接原因、表现、实质；汇率的含义、变动。

目标：获取方法与技能。包括能够掌握利率尤其是复利的计算方法；能够通过汇率的变化判断币值的变化。

目标：形成观念与态度。①观念方面：树立正确的金钱观。②态度方面：随着经济发展的不断发展，汇率与币值并非一成不变的；明白储蓄存款的收益会因通货膨胀而缩水。

维度三：风险与保险

知识内容：社会保险。

目标：了解知识与事实。包括保险的功能；社会保险的具体内容；购买社保对个人的生活保障。

目标：获取方法与技能。包括能够初步学会计算社保缴纳金额；能够初步运用社会保险相关知识帮助家庭成员了解社保的缴纳情况。

目标：形成观念与态度。①观念方面：培养学生的维权意识。②态度方面：社会保险与我们每个人息息相关，是企业责任、国家保障公民基本权益的体现，因此要学会运用合法途径维护自己的合法权益。

维度四：制度与环境

知识内容：经济制度与体制。

目标：了解知识与事实。包括证监会、银保监会等金融监管机构的职能；法治社会对经济活动的要求；有关劳动、合同、消费者权益保护等法律的重要内容。

目标：获取方法与技能。包括能够学会运用法律维护自身的合法权益。

目标：形成观念与态度。包括合法参与经济活动；依法维护自身合法权益。

维度五：财富与人生

知识内容：财富与个人家庭。

目标：了解知识与事实。包括信用货币时代财富的象征；财富与个人家庭的关系。

目标：获取方法与技能。例如，通过诚实劳动创造财富。

目标：形成观念与态度。①观念方面：树立正确的财富观。②态度方面：君子爱财，取之有道，用之有度。

（2）财经大讲堂与理论学习

2017 年 10 月至 11 月，学校邀请深圳大学经济学教授，以及深圳大学经济学院大学三年级、大学四年级的学生对学校学生开展货币、投资理财等金融知识的系列讲座，为学生提供一个了解当前社会经济运行的最新动态、投资理财的方法途径等方面知识的交流平台，激发学生对金融知识的求知欲和探索欲，这些举措都很受学生欢迎。

2. 实践活动实施准备阶段

形成活动环节设置与课程标准的践行及实施的意义（表 2-1）。

表 2-1　活动环节设置与课程标准的践行及实施的意义

	项目	课程标准	践行的意义	价值观
活动环节	商品准入机制	维度一：收入与消费 维度四：制度与环境	使学生懂得市场经济是法治经济，需要遵循市场规律维护市场秩序，同时也是对人民生命财产的保障	树立规则意识，尊重规则就是尊重生命
	商品的储备	维度一：收入与消费 维度三：风险与保险	是学生懂得交易行为产生的基本流程即生产—分配—交换—消费；增强学生的成本意识，对投资成本和收益进行估算；懂得任何投资都要付出成本	任何投资都需要付出成本，不要寄希望于坐享其成
	商品交换摊位竞拍	维度一：收入与消费	懂得资源是有限的，解决有限资源的重要机制是市场机制	明白资源的有限性，不能过度消费，奢侈无度
	“南外币”的发行与购买	维度二：储蓄与投资	懂得货币发行的基本规律，了解名义利率、实际利率的计算方法	明确通货膨胀对国家和个人生活是有影响的
	“南外币”与人民币的兑换汇率	维度二：储蓄与投资 维度三：风险与保险	明确利率与汇率的联动机制对经济生活产生的影响	明确汇率变动对国家和个人生活是有影响的

续表

	项目	课程标准	践行的意义	价值观
活动机构的设置	大会银行	维度二：储蓄与投资	弄清人民银行和各商业银行的关系	认识货币发行的基本规律，明确汇率变动对国家和个人生活是有影响的
	大会财政局	维度一：收入与消费	懂得财政支出的主要内容	明确国家不断优化财政支出结构，增进民生福祉
	大会科技创新局	维度一：收入与消费	明确科技发展是推动生产力发展的重要因素	旨在培养学生的创新意识
	管理法院	维度四：制度与环境	体现法治社会对经济活动的要求，有关劳动、合同、消费者权益保护等法律内容；学会运用法律维护自身合法权益；合法参与经济活动	认识法律，崇尚法律，践行法律

在了解与学习了相关货币等金融理论知识的基础上，将于最后一个月（2017年12月）进行实践活动实施准备阶段，并于12月29日开放校园，全体学生参与园游会活动。

（1）确定园游会活动组织机构与成员

总负责——郑书海副校长。

协助——安全处、后勤处、年级组、全体政治教师。

活动专业指导——郑书海副校长、全体政治教师。

活动组委会——学生会全体干部。

活动组委会下设：资金管理处（下设大会银行）、宣传组、安全监管处、节目筹备组、摊位管理处、对外联络处、礼宾服务处、物资管理处（后勤处教师负责）、义工服务处。

（2）明确园游会活动要求

活动组织：安全、有序、重在参与，低碳、环保、倡导节约。

摊位内容：安全、新颖、有创意、有品位。

（3）明确摊位要求

摊位装饰要求低碳、环保、节约，有创意；摊位可售卖部分有特点、有格调、有文化品位的小商品，小商品要求无公害、无安全隐患；文化性表演也可商品化，但班级摊位所设置表演尽量不与大会节目雷同，否则无吸引力；为吸引顾客，允许各摊位设置奖励性游戏，以游戏带动其他物品的销售；鼓励进行二手商品的售卖，如书籍、文具、工艺品等；鼓励文化类消费，如现场作画、现场小制作、现场书法作品售卖等；各摊位必须严格遵守摊位守则；各摊位必须提前到大会银行兑换一定数量的南外币便于找零使用，在售卖活动中应积极到大会银行存款以保证南外币在场内的流通数量。

特别说明的是，出于食品安全考虑，园游会活动所需的饮品、用水、小食品等商品由组委会成立专门机构负责检查和监督，各班级摊位均不得售卖此类商品。

（4）制定好园游会活动安全预案

目标：保证学校“园游会”安全、有序、快乐和顺利进行。

总负责：郑书海副校长。

车辆责任人：保安2名，负责指挥本校教师和贵宾车辆有序停靠校门外车道，禁止车辆入校，确保消防通道畅通。

门卫责任人：保安+礼宾部，礼貌迎宾，来访必须登记（谁邀请，谁迎接），严控进出，批条出门（各班班主任、王玉付主任）。

巡查责任人：靖晓老师及保安共7人，2人负责楼道巡查，防盗防火防意外，3人负责广场巡查，防电防伤防打闹（舞台附近准备4个灭火器），2人负责校门外巡查，控制可疑人员进出。

摊位管理责任人：学生会主席。主要由全体政治教师总负责、各班班主任协助，提前教育和提醒本班学生文明摆摊，文明经营，文明观赏，监督各类违纪违规事件。

四、活动情景

2017年12月29日，学生们期盼已久的、一年一度的深圳市南山外国语学校的园游会活动经过精心筹备终于拉开帷幕，今年的园游会活动与往年相比创新颇多，尤其是南山外国语学校（集团）滨海学校园游会南外币的投入使用、南山外国语学校（集团）滨海学校园游会大会银行的创立及各摊位的设置，也正因如此，今年的园游会活动热闹非凡、学生参与度创历史新高。

1. 园游会活动“法定货币”——南外币的版面设计、面值的策划与发行

本次园游会活动将发行有纪念意义的南外币，南山外国语学校（集团）滨海学校园游会南外币是本次活动“唯一合法流通货币”，南外币由南山外

国语学校（集团）滨海学校园游会大会银行发行。南外币的面值参照现行人民币面值（有 1 元、5 元、10 元、20 元、50 元、100 元）。南外币各种币值的版面设计图案通过南外币设计大赛提前一个月向全校师生有奖征集。

在南外币发行之前，实行商品申报和准入制度，摊主（公司或个体工商户）提前对准备销售商品的数量和种类进行申报：一是在借鉴以往南外币流通情况的基础上基本确定南外币的发行数量；二是对产品进行有效分类，确定大宗商品的情况，同时也为后期的核算提供便利。

学校园游会大会银行是本次活动唯一指定的大会流通货币(即南外币）与人民币兑换机构。大会银行组成人员为学生会骨干成员。大会银行提供南外币存贷款业务。因为利率变化通过影响套利资本流动，引起国际收支变化，最终影响汇率变动。例如，利率上升，国际资本大量流入，扩大对本币的需求，国际收支转向顺差，带来本币升值压力或直接导致本币升值。对此学校通过调整南外币利率，使得南外币的需求增加，南外币升值，从而为南外币的持有者提供获利空间。这就要求学生有一定的理论功底，也是引导学生在交易过程中使用南外币，减少直接使用人民币的情况，从而达到使用南外币实现财富增值的教育目的。

大会科技创新局主要负责对商品和服务的创新进行认定，对符合条件的高新技术单位和商品的认定，大会财政局依据科技创新局的认定等级进行技术创新奖励，分别奖励南外币 5 元、10 元、20 元。

大会管理法院由政治教师和学生会成员构成，负责调解交易纠纷，受理各种投诉。

2. 南外币汇率

南外币汇率根据参会摊主是否齐全、摊主的商品是否全部到位、摊主是否提前离场等引发的物价涨跌情况，来确定汇率标准及变化，学校校园电子屏实时滚动播放南外币兑换人民币汇率牌价表。

3. 制定南外币使用规则

第一，南外币兑换免收手续费。

第二，兑换通道：南山外国语学校（集团）滨海学校园游会大会银行工作处（学校将在每个年级设置一个大会银行工作处、三个兑换窗口，其中一个为摊主兑换窗口，两个为个人兑换窗口）。

第三，园游会当天兑换时间为上午 8：00—12：00，下午 13：30—18：00，晚上 19：30—21：00；其他兑换时间为中午 12：40—13：00，下午 17：30—18：20。

兑换时间其他说明：①会前：首先是摊主，拍得摊位后至大会前一天均可兑换；其次是个人，园游会活动开始 15 日（含当日）后即可兑换；②会中：大会进行中，摊主不可进行兑换，个人可在大会当日贴出的兑换时间进行兑换。③会后：首先是摊主，在园游会活动结束后一周内需兑换完成；其次是个人，需在大会结束 3 日内兑换完成。

4. 摊位的竞拍

本次园游会活动摒弃了原来摊位规模一致的设置，将设置各种规模不一的摊位，同时设置了商业街区与路边区（商业街区位置优越且人流量相对较大、路边区位置较偏），所有摊位均采用“竞拍”方式，价高者得（竞拍所得用于园游会活动购买食品、用具等）。竞拍活动持续两周（2017 年 12 月 12 日至 23 日），于每日晚 17：30—18：20 在学校阶梯教室进行。在竞拍过程中，根据规则，一般按照一人一摊位参与竞拍，同时要求缴纳竞拍保证金，目的在于防止投机心理。也有部分学生通过众筹的方式联合竞拍，通过联合竞拍使得价位较高的摊位缓解了启动资金的压力，这样可以培养学生的团队意识，加深学生对商品互补或替代关系的理解。同时，联合竞拍的摊主对摊位的设置更加立体化和视觉化，这也是联合竞拍的亮点所在。

学生摊主们为了吸引顾客也是绞尽脑汁，有在摊位前吆喝的、有唱歌的、有跳舞的、有派发传单的等，活动现场气氛热烈，到处散发着青春活力。在活动即将结束的一个小时，部分摊主摆出“打折”促销的宣传牌，甚至有“大甩卖”等宣传牌，这无不体现摊主的营销策略。

本次园游会南外币是唯一流通货币，学生首先使用人民币依据一定的汇率购买南外币，在活动中使用南外币进行买卖交易，学校大屏幕实时播放汇率的动态变化，学生们（包括摊主们）也在抓准时机兑换货币，严防因货币兑换环节使利益受损，达到盈利最大化的目的。在此过程中出现了几种情况：一是利用汇率涨跌买卖人民币，由于个人在大会中的一些时间段进行兑换，而在此期间汇率发生着变动，所以有些个人在没有任何商品交易的情况下而获利，这是园游会的一大亮点所在。二是如果大会银行发现已报告的参会摊主未能及时参加而导致可售商品数量减少，或者部分商家未能有效把握进货时间从而导致商品数量减少，大会银行可以直接减少南外币的发行量。三是为了增加理论的学习和应对复杂的实践环境能力的提升，大会银行没有直接减少南外币的发行量，而是通过南外币和人民币的兑换率加以解决，因为商品减少，所以需要的南外币减少，也就意味着南外币的发行量过多，南外币贬值，所以人民币升值，意味着人民币可以兑换到更多的南外币。

五、活动效果

在总结以往经验的基础上，结合学校各级领导对提高学生财经素养的重视，本次园游会活动前期做了大量准备工作，包括理论学习和应用拓展。同时，将各项活动与学生的基本理论知识、基本技能的学习和运用紧密结合起来，并在活动内容和形式上推陈出新，充分兼顾活动的学术性、实践性、研究性，注重对学生财经知识、创新精神和实践能力的培养。

依据本次活动采取“理论与实践”相结合的方式、坚持“从乐中学、从趣中思”的原则，激发了学生的学习兴趣与参与热情，调动了学生学习的主动性与积极性。通过本次活动，初步达到了“为学生提供了更多学习与锻炼的机会”“进一步激发学生财经知识的学习热情”“激发学生对财经的热情、初步建立科学的财富观”的目的。

六、存在问题

1）由于今年园游会活动在活动内容与形式、体制机制上较往年有较大变化，加上时间紧迫，部分规则细则制定模糊，个别同学“钻空子”、打擦边球，缺乏规则意识与信用意识。

2）理论学习过于集中，学生无法平衡活动理论学习与课业，导致理论学习效果大打折扣。

3）缺乏活动后期长效机制，这与活动初期“提高学生财经素养学习的连贯性”的设想相背离。

七、改进设想

第一，争取向学校申请开设财经必修课，将理论学习常态化。

第二，充分、合理利用学校资源，提升教师财经知识专业化水平，加强师资队伍建设。

第三，在平时的教育教学活动中有意识地引导学生树立规则意识与信用意识，做一个讲规矩、守规则与诚信的人。

第四，通过校内与校外、课内与课外相结合，建立提高学生财经素养长效机制。

实践特征

深圳市南山外国语学校（集团）滨海学校选择“货币与利率”主要在初中部开展财经素养的教育，其实货币与利率在《中国财经素养教育标准框架》（2018年版）中的每个学段都有涉及，该校在依据国家标准对初中学段要求的基础上，对教育目标、教育内容进行了校本的调整，整个活动体现了以下几个特征。第一，对学校开展财经素养教育的校本优势有明确的认知。滨海学校地处改革开放前沿的深圳，地理位置非常优越，学校周围汇集了大量的上市公司，部分家长从事财经方面的工作，学生较多地受到经济氛围的熏陶。第二，学校开设了比较系统的财经课程，善于利用周围的智力资源，深圳大学财经专业的师资和大学生介入滨海学校的财经素养理论知识的学习，使学生较早接受了专业性的理论训练。第三，活动时间跨度较长，从国庆节之后一直延续到元旦之前，因为时间充裕，所以能够较好地学习系统的财经知识，并且安排好最后环节的实践展示，使该校的财经素养教育在财经理论知识与实践操作上做到了双管齐下。第四，学习目标分解得具体、细致，并且将学习目标融入活动的每个环节，这样做有利于师生站在制高点理解活动的意义，有利于活动内容、步骤的设计，提升了活动的自觉性，使师生不至于沉浸于活动的热闹而忘记初心。第五，活动过程的设计有亮点，其中南外币的启用、汇率的变化集中融入了学习目标。南外币的设计发动全校师生参与，激发了学生的热情，南外币与人民币的汇率随着活动过程中涉及的若干因素而变动，使学生置身于仿真的商场，提升了财经活动的真实感。第六，组织工作细致，在学校开展大规模的集体活动，各环节的动态运行，以及各部门的参与，给活动的安全、顺利、有效提出了挑战，学校组织得力，预案全面，确保了活动的成功举办。

总体来说，财经素养教育在我国中小学校还处于起步阶段，有必要也有空间进行反思和改进。就学校开展的这次活动提出以下建议，以供参考。

首先，丰富交易的产品。由网络购买扩展到自制、倒买倒卖，鼓励学生自己研制产品，延伸货币教育的范围，学生不仅学会了如何花钱，也体验到了如何赚钱，将智力、体力的劳动意识融进货币学习中。同时，可以鼓励学生依法、依规从其他摊位购买、囤积产品，再伺机售卖出去。

其次，完善汇率调整机制。目前汇率变化是根据参会摊主是否齐全、摊主的商品是否全部到位，以及摊主是否提前离场的情况来确定，并且汇率的变化由电子屏幕实时展示。这当中存在一些有待改善的地方。如果不规定学生的购买量，产品到位不足的情况应该不会影响汇率，所以可以考虑大致规定消费量，这样产品的多少便能够对汇率产生影响。如果汇兑的时间做了限定，汇率的实时展示意义就不大了。因为学生想兑换的时候可能不是学校规定的兑换时间，在规定兑换时段里会出现拥堵现象，而拥堵兑换却没有影响汇率，这是不合理的。所以，可以改成学生随时随地进行电子兑换，这样就能够增强抓住机遇、果断交易的意识。还可以增加影响汇率的因素，如销售额的排名、人气排名、知识竞赛的结果等。另外，学校不应该直接呈现汇率，而只需提供各种影响汇率的原始数据，让学生自行核算汇率的变化。

再次，要展示心路历程。本次课程实践活动对真实过程展示不够，可以增加学生在备货、买卖、汇兑等环节的真实操作办法、思路、体会，使教育意义寓于过程感受之中。

最后，需要更好地体现理论与实践的结合。学校在财经理论学习中很有优势，无疑理论学习的范围会宽于实践操作的范围，但是针对货币与利率的实践，课程实践可以更加充分地呈现这个内容的理论学习情况，让读者看到什么样的理论学习更加有利于推动实践的开展、提升实践的专业性。

总之，学校的财经素养教育活动体现了“乐中学、学中思、思中用”的学习模式，也符合学校“创设绿色教育生态，促进师生像树一样成长”的办学理念。在这样的学习设计中，学校在创造条件帮助学生由财经的幼苗自主地成长为社会和祖国的财经栋梁之材。

第四节　财富人生，合理规划

实践叙事

“财富人生，合理规划”实践活动由广州中学实施，该校自 2010 年起联合相关社会机构，开设了一系列财经类校本选修课程，2016 年成为中国财经素养教育协同创新中心第一批财经素养教育实验基地学校。

本活动的施教团队由李青、王鹤组成，施教对象是初二（23）班学生，共 34 人，活动方式为校本选修课程，活动课时为 1 课时（90 分钟）。

本活动聚焦“投资·规划”这一核心议题，通过模拟拍卖人生这笔财富，引导学生在“使用有限资金争当人生最大赢家”的过程中澄清自我价值观，合理进行人生规划，并尝试制定未来发展的阶段目标。

一、选材思考

1）源于生涯规划中自我认知的需要。价值观是人们对什么是价值，以及如何实现价值的总看法。中学阶段对价值观的探索属于自我认知中不可或缺的部分，澄清价值观是中学生生涯规划的一项重要内容。

2）源于提升青少年财经素养的需要。对青少年而言，具备财经素养和理财意识是人生的必修课。人生是一笔财富，在进行人生规划时，也如同投资理财一样，要进行选择和决策，就需要规避风险并获得收入最大化。

3）源于课程引领的需要。本课程教学采用模拟拍卖会的形式，可以增强学生的规划意识，有意识地进行财经素养的培养。

二、活动目的

1）知识目标：掌握投资理财的基本原则，了解生涯及生涯规划的含义，理解价值观对人生规划的意义，初步了解生涯规划的方法。

2）能力目标：通过竞拍，理解拍卖的一般原则，学会运用有限资源获取最大价值；通过制定阶段目标，体验生涯决策的方法，并应用于生活实践。

3）情感态度价值观目标：通过拍卖及其活动后的讨论分享，引导学生思考投资过程中不能“把所有的鸡蛋放进同一个篮子”，也不能“把鸡蛋分放在太多的篮子里”的原因，以增强风险意识；在拍卖过程中，帮助学生澄清个人价值观，感悟人生如博弈，在做出选择的时候，要学会把个人价值与社会价值结合在一起考虑。

三、活动设计

1）设计思路。通过模拟拍卖人生这笔财富，引导学生澄清自我价值观，合理进行人生规划，尝试制定阶段目标。

2）教学重难点。教学重点是引导学生进行价值观澄清，难点是如何对人生这笔财富理性投资、合理规划。

3）过程逻辑。模拟拍卖会（约 20 分钟）、讨论与分享（约 20 分钟）、人生策略—生涯规划（约 15 分钟）、课堂总结（约 5 分钟）共四大环节。

四、活动准备

1）教具准备：拍卖锤、模拟货币、号码牌等。

2）设备准备：多媒体设备调试。

3）资料准备：课前设计并印制学生拍卖物清单（附件 1）、PPT。

4）学生准备：学生分成 6 个小组，课前领取拍卖物清单。

五、活动情景

1. 模拟拍卖会

师：我们的人生就是一笔巨大财富，但是每个人一生的时间和精力却是有限的，如果你用这笔财富去投资，最愿意投在哪些方面呢？对你而言什么才是人生中最重要的呢？今天让我们一起来开启一场竞拍之旅吧。同时，公布竞拍规则。

本次活动的竞拍规则包括：①每个学生手中有 5000 元（道具钱），它代表了一个人一生的时间和精力；②每个人可以根据自己对人生的理解竞买拍卖清单中拍品；③每件拍品都有底价，每次出价都以 500 元为单位，价高者得；一旦有出价 5000 元的，立即成交；④每次竞拍只要为此拍品出价，不管是否拍到，均需要上交投标钱；⑤每次出价时以举牌为准，若叫价 3 次无人加价则成交。

现在有 3 名学生做教师助手，其中一名学生负责记录每件拍品的成交价和成交人名字与学号，另外两名学生负责收钱，包括成交人的钱、在竞拍过程中出价人的钱。

师：对竞拍规则还有什么疑问吗？若有疑问，请举手。

生 1：为什么没有拍到的同学也要把钱交上去？

师：留给大家思考，为什么会设定这样的规则呢？

对清单中的 12 件拍品逐项竞拍，成功拍出 11 件拍品。其中“美貌”流拍，有 9 名学生同时举牌以最高价 5000 元竞拍“智慧”，这 9 名学生现场通过猜拳确定成交人，最终赢者得到拍品“智慧”。最终竞拍结果如下（表 2-2）。

表 2-2　最终竞拍结果

序号	名称	起拍价/元	成交价/元	成交人	序号	名称	起拍价/元	成交价/元	成交人
1	友情	500	3000	5 号	7	一门手艺	500	2500	22 号
2	亲情	500	5000	12 号	8	读名牌大学	500	5000	14 号
3	美貌	500	流拍		9	自己的公司	1000	5000	6 号
4	爱心	500	3500	8 号	10	快乐	1000	5000	11 号
5	诚信	1000	4000	25 号	11	健康	1000	5000	9 号
6	金钱	1000	5000	16 号	12	智慧	1000	5000	28 号

教师请得到最终拍得“智慧”拍品的学生 1 和没得到的学生 2 分享竞拍感受，学生 1 和学生 2 都提到运气，认为运气也是人生的一部分。

师：当你跟别人同样付出了这么多，但是别人的运气比你好的时候，你会怎么处理？

生 3：乐观看待生活。

师：接纳自己和环境也是非常重要的，说不定上帝在关上一扇门的时候又打开了某扇窗。请大家一起观察竞拍结果，你认为大家的竞拍有什么特点？

生 4：11 件拍品中有 7 件都是以全部财富拍到一件物品，这说明可能一个人终其一生只能追寻一个目标。

生 5：“美貌”流拍，有点可惜。

师：列出的拍品一共 12 件，全班 34 个人，绝大多数人都没有拍到拍品，而“美貌”竟然流拍了，是挺可惜的。现在请大家想想，如果拍到“美貌”用到人生发展中，你觉得有没有相应的职业可以做呢？

生 6：其实也有蛮多的，如模特、网红、空乘、影视演员等，但那并不是我想要的，所以并不后悔。

师：在竞争激烈而资源相对不足的情况下，另辟蹊径也不失为一种投资方法。

2. 小组讨论分享

师：请大家观察自己和小组同学的拍品及手中剩余的钱，每个小组选择一个话题交流讨论，并将讨论结果用思维导图的形式呈现在卡纸上，限时 5 分钟。

讨论结束，请每个小组分别派2名代表在讲台展示、阐述本组的讨论结果，每组限时1.5分钟。

竞拍后分组讨论的话题包括以下几个方面。①在拍卖过程中，你是如何决策的？你的感受有哪些变化？②最后的拍品是否是自己最想要的？请谈谈你的看法。③你是否后悔所拍到的物品？请说说你的理由。④若此次拍卖一分钱都没花出去，对你有何启示？⑤花了钱但什么都没有拍到的学生有何感受？⑥除了上述拍品外还有你更愿意去追寻的物品吗？

话题1：（两个组选择）我们组三人成功拍到拍品，三人失败。首先，我们做决策过程中有成功也有失败。人多拍品少，意味着肯定有人拍不到，这是一个决策和博弈的过程。一开始，心中就应该有明确信念，并坚定自己的目标，这样更可能取得成功。当然，竞拍结果又会受到运气、对手竞争等外界因素的影响。

我们组在拍前领到拍卖物品清单时，先根据各自意愿给物品进行了排序：最想要的、第二、第三等；这样一来，当我们没有拍到自己最想要的，或许可以退而求其次。同时也要考虑，或许你很想要的东西，别人也想要，所以可能会有很多竞争者，应考虑竞争对竞拍的影响。另外，也会有很多学生出了钱，却什么也没有拍到，因为有34个竞争者，但只有12件物品。有的物品有许多竞拍者，所以要考虑竞拍失败后怎么办的问题。再者，规则4说即使没有拍得物品，也要付出竞拍的价格，所以还要考虑如果最想要的东西虽没有拍到，却又付出了高价，那么我们第二、第三想要的物品就很难拍到了。所以做决策时，需要同时考虑主客观因素，主观上是自己想要什么，客观上是物品数量及竞争者数量。

话题2：没有小组选择该话题。

话题3：我们组一共有5位同学，拍得4件拍品，只有1位同学没有拍到，成功率最高！拍得的物品，得到不后悔，因为都是我们想要的东西，如我的“读名牌大学”；我原本想选“智慧”，但后来发现，想选“智慧”的同学可能很多，而选“读名牌大学”也可以达到我想要的“智慧”。再例如“健康”，因为他本身就想健健康康度过一生，不想遭受病痛的苦难。我们认为，合适的机会在于等待；有舍才有得；竞争激烈时，迂回达到目标也不失为一种好策略。

话题4：这场拍卖会我的目标是“智慧”，但没想到最后我没拍到，因为竞拍“智慧”的人太多了。从这次竞拍失败的经历中，我们初步得出四点感受。①要依局势改变自己的看法与决策，有时候一根筋并不是好事，通过其他的路径也可以实现最终目标，因此一定要拥有灵活的应变能力。

②跟金钱有限一样（每人只有 5000 元），人一生的精力也是有限的，要么把所有精力投入在一件事情上，把它做好；要么看看这里瞧瞧那里，可能到最后都不会有特别好的结果。③成功很多时候需要运气，假设我们付出了和别人同样的努力，但是最后我们得到的结果可能不如别人好，这也许是老天爷想给我们一些磨炼；失败并不可怕，最重要的是要坚持追寻你人生的目标。④如果没有十足把握时，一定要留好退路。像刚刚有一位同学所说的，他认为“智慧”将有很多人竞争，因此就选择另一条路来实现自己最终的目标。

话题 5：我们组 5 个人，其中有 4 个人花了钱但没有拍到任何物品。大家经过反思，总结了三点认识。首先决策要果断。例如，在拍卖会开始前我本来没有想好拍哪件物品，现场看到拍“爱心”的人比较少，就花了 2000 元和 3000 元去竞拍，但最后还是有人用 4000 元拍下来了，而我手里剩下 1000 元也无法拍其他东西了；这次拍卖的大部分拍品都是 5000 元直接拍下的，所以如果你看重你想要的东西，一定要快、准、狠地拍下来。其次目标要明确，在拍卖前一定要选择好自己要拍的东西，要有自己的目标。最后，虽然花了钱却没有拍到东西，但至少比 5000 元还留在手的收获更多，至少体验了竞拍过程。

话题 6：除了刚才拍卖的物品之外，肯定还有其他的东西可以追求，如科研成果，自从工业革命之后科学一直是对人类特别有影响的学科，所以我们觉得如果要用毕生精力追求科研成果造福社会也是很好的。还有其他可以追求的，如幸福，很多人奋斗终生不就是为了幸福团圆嘛！还有初心，有一颗坚定的心，不畏困难，我们觉得也是可以为之付出的。

师（总结）：人生要有目标，有追求，才不会碌碌无为、虚度时光、嗟叹人生。制定好目标后，就要全力以赴，不要犹犹豫豫，让机会从指缝间溜走。要理性投资，合理规划，审时度势，评估自己的能力和资源，根据情境调整策略，尽量避免孤注一掷。

投资理财也好，人生之路也罢，总是会有风险的，培养风险意识，合理规避，但有时也需要破釜沉舟的勇气，也可能会付出所有。终其一生去追寻某些东西，但由于客观、主观等因素的影响，可能结果一无所有。乐观接纳自我和环境，付出的过程本身就是最宝贵的人生历练，努力过不后悔。

每个人所追求的目标、价值观不同，无所谓优劣，能成就自我，实现自我，获得满足感和幸福感就够了。如果能在实现个人价值的同时，造福人类和社会，那就更有意义了。有时候你付出了，没有得到，但这个过程总比你没有目标、一生碌碌无为要强很多，所以要制定好自己的目标，然后为之奋斗，这就是我们所说的生涯规划。

3. 人生策略——生涯规划

生涯的含义：生，就是生命的存在；涯，就是生命的边界。生涯，是指我们一生中所经历的各种角色和时间历程的组合。

生涯规划是指一种自我规划和选择。一个为自己每一个阶段进行规划和选择，制定目标，找出达成目标所需实施的步骤并付诸行动的过程。

生涯规划包括三个层次的内容：自我认知（兴趣、性格、优势潜能、价值观），外部探索（高中选科、大学和专业、行业和职业），行动决策和平衡（明确生涯目标、制订行动计划、目标评价和调整）。

以生涯决策为例，探索制定阶段性目标。假设我的职业目标是成为某银行行长，可以怎么进行规划呢？

示例：中学阶段的分阶段目标（表 2-3）。

表 2-3　中学阶段的分阶段目标

生涯目标	项目	实现生涯计划的分阶段目标			
		初中	高一	高二	高三
银行行长（上重点本科）	学业水平成绩				
	大考成绩				
	课外活动				

示例：以现在读初二年级为例，大学毕业后的分阶段目标（表 2-4）。

表 2-4　大学毕业后的分阶段目标

生涯目标	达成时间	具体计划
上市银行入职（应聘成功）	2026 年	大学成绩平均 85 分以上； 获得学校一等奖学金； 通过英语六级考试； 在银行实习三个月
晋升为主管	2029 年	
晋升为客户经理	2032 年	
晋升为分行行长	2035 年	

4. 课堂总结

师（总结）：本节课我们通过模拟拍卖会的形式体验了如何投资人生这笔财富，了解了生涯规划的含义和内容，初步探索了生涯决策的基本方法。相信每个人都有自己的体验和收获，希望大家能够择己所需，逐步进行合理规划，成就最好的自己，造福社会。希望 20 年后，你们能回到母校，和学弟学妹们分享经验。

六、活动效果

课后，学生们都撰写了活动小结，现摘录部分如下。

生 C：这些“钱”，其实好比我们毕生的精力和时间，一开始竞争不是很激烈时，其实是竞拍的大好时机。为什么没有果断竞拍呢？所以我们要讲究方法、总结规律、懂得应变、顾全大局，人生的路才会少一些坎坷，而这正是博弈论的道理。老师在活动过程中没有给我们提及一点点的道理，却能让我们意识到如此深刻的生涯规划方法，岂不神乎？

生 H：在人生这场漫长的博弈中，没有人相让，可能你离成功只有一步之遥，却因一时犹豫而遗憾终生。当然这种果断，也要基于三思。我们每个人在做出决策之前是否都应该先问自己想要什么？为什么想要？要怎么得到？三思而后行，果断抉择不必后悔，因为那是你的初心。人生不可重来，所有的犹豫不决，都将为你的失败埋下伏笔。

生 I：一旦你叫了价，无论最后是不是你拍得物品，钱都要被收走。感觉这是个霸王条款，然而人生如博弈，营营役役一辈子，不断付出，真的有可能想要的没有得到。

生 K：有的同学一直持币观望，表示瞄准最后一件拍品“智慧”，但最后却因为举牌的人太多需要猜拳定胜负而与自己心仪的拍品失之交臂，这是不是“把所有鸡蛋放进同一个篮子”的悲哀呢？

生 L：也许拍下“爱心”的那位同学，他的志向就是让自己的善意不带有世俗的酸臭味；也许拍下“手艺”的同学，他的志向就是脚踏实地，自给自足。在不同人的眼中，不同事物具有不同意义，这都取决于你想要度过一个什么样的人生。我之所以放弃“智慧”而选择“读名牌大学”，只是我认为对自己而言这是一条通往成功的路，仅此而已。希望每个人都能找到自己志在何方。

七、存在问题

1）其中 3 位学生被选为助手（记录员和收钱员），没有深入体验拍卖的过程，没有照顾到他们的内心感受，应该在分享环节给他们发言的机会。

2）时间不够充裕。作为一次活动体验课，应该给更多时间让学生能充分讨论、表达自己的观点。

3）小组讨论第 2 题“最后的拍品是否是自己最想要的？请谈谈你的看法”没有小组选择，其实这个问题是一个反向思考的题目，对学生的人生选择很有意义，然而因为时间关系，教师没有对该题进行讲解。

4）方法落地不足。最后一个环节通过制订阶段性目标，引导学生尝试进行生涯决策，没有给学生更多时间去思考自己的目标方向，如可以设定阶段性计划并付诸行动。

八、改进设想

第一，每一次活动应尽量给所有人提供参与的机会，助手同样可以参与拍卖会，或者在分享讨论阶段，邀请他们作为整场活动的旁观者来分享所看、所听、所感。

第二，延长上课时间或增加课后延伸拓展环节，每次课程中的方法都要落实到位，学生能灵活将所学知识、技能运用到生活实践中去，更好地规划自己的人生。

第三，可以增加嘉宾互动环节。可以邀请家长或行业精英一起加入课堂，当学生遇到困惑时，可以多听听他们的心声和人生经验，用他们的阅历激发孩子们内在的动力，拓展学生的眼界和知识广度，相信比在家里单纯说教的效果会好很多。

第四，问题设计既要符合学生心理状态，同时也要完善教育机制，根据现场的生成性问题做出适当调整。

实践特征

“财富人生，合理规划”课程实践，采用模拟拍卖的形式开展财经素养教育。

第一，引导学生正确理解财富，将个人发展、人生规划与社会责任相结合，充分体现了财经素养教育的意义。《中国财经素养教育标准框架》（2018 年版）初中学段从财富与个人家庭、财富与国家社会、财富与生命自然三个方面建构“财富与人生”维度的教学指引，建议结合个人成长、品德养成、生涯规划等主题开展财经素养教育活动，从财富的构成、创造、拥有、管理等角度引导学生正确理解财富与个人家庭、国家社会、生命自然之间的关系，树立正确的财富观和人生观。

本课程实践活动选出友情、亲情、美貌、爱心、诚信、金钱、快乐、健康、智慧、一门手艺、读名牌大学、自己的公司这12个宝贵的人生财富作为模拟拍卖会的拍品，组织学生依循5个竞拍规则竞拍自己所想要的拍品，从中体会在资源、机会、成本有限的情况下如何进行合理抉择，然后引导学生深入思考选择与决策、目标与行动、财富与人生之间的辩证关系，理解财富有多种表现形式，幸福人生也有丰富的内涵，重要的是不忘初心，在追求个人发展的同时学会规划人生，承担应有责任，为社会做出贡献，这很好地体现了财经素养教育的德育价值。

第二，简单的拍卖活动折射出设计思考的深刻性与广阔性。本课程实践活动采用模拟拍卖这个看似简单的学习活动，引导学生在积极参与、讨论分享各个环节，通过比较、选择、确定、决策、反思等一系列思考和行为，感受和体验财富观对人生规划的指导意义，进一步厘清个人价值取向，理解确立目标的重要性，培养学生的风险意识。34名学生竞拍12件拍品，每人手中只有5000元资金，面对资源有限（拍品和资金）及竞争者众多的局面，每个人只有课前做好竞拍方案、课堂上采取果断行动才有可能拍到心仪的拍品。课堂活动展示出：有些学生学会了取舍之道，有些学生掌握了博弈之意，有些学生目标明确、行动果断，但不少学生犹豫不决、等待观望，活动结果呈现出真实的人生百态；特别是当9名学生同时举牌5000元抢拍“智慧”、最终只能通过猜拳确定竞拍成功者时，体现出运气也是人生赢家的影响因素，这些现象引发、促使学生认真反思自己所做选择与行动的合理性和有效性。拍卖活动引发的思考带给学生的是全方位的启迪，将对学生学习与人生规划产生深远影响。

第三，创意竞拍原则有效培养学生的风险意识。本课程实践活动模拟竞拍会的拍品很特殊，是财富价值观的物化。在生活中，人们付出精力、时间和金钱去追求某个目标，即使目标未达到，所付出的这一切也不能挽回，因此本次竞拍会用规则四“每次竞拍只要为此拍品出价，不管是否拍到，均需要上交投标钱”来模拟人生的这种游戏规则。在竞拍会上，有些学生出了不少钱甚至花完钱，却什么也没有拍到；有些学生因为犹豫不决，所以一分钱也没有花出去。通过拍卖及其活动后的讨论分享，教师引导学生结合自身或身边案例，思考投资过程中不能“把所有的鸡蛋放进同一个篮子”也不能“把鸡蛋分放在太多的篮子里”的原因，以培养学生的风险意识，并总结应对方法。这种有创意的智慧教学，取得了很好的教学效果。

第四，话题引领讨论分享，促进深度思考与交流。本课程实践教学最有意义的是讨论分享环节。拍卖结果尘埃落定后，教师从拍卖决策与实施，拍卖经历与感受，拍品是否为最心仪，是否后悔所拍、没花出一分钱、花了钱却什么也没有拍到，是否还有更愿意追寻的拍品等方面精心设计了六个话题，学生以小组为单位自主选择其中一个进行讨论。六个话题从不同侧面引导学生反思拍卖过程及拍卖结果，既学习借鉴同伴的成功做法与有效思考，也从失败案例中反思原因，并逐步树立正确的个人价值观与财富观。小组代表上台分享时，学生们不仅有独立思考，而且敢于表达、善于表达，授课教师的即时点评也起到了画龙点睛的作用，这种深度思考与交流很好地提升了学生的综合素养。

第五，财经视角下的生涯规划教育活动自然生动。财经素养教育鼓励学生将财富与幸福生活、社会责任统一起来，将财富积累与个人发展、人生规划相结合，因此财经素养教育与生涯规划教育自然融合成为广州中学开展财经素养教育实践探索的重点方向。本课程实践教学首先让学生在紧张激烈的拍卖活动中了解拍卖的基本程序和方法，再通过反思拍卖过程与拍卖结果的活动中理解提前规划的意义，其次介绍生涯规划的含义及其基本方法，使学生明确在生命有限、资源有限的人生中要实现价值最大化，成为人生赢家只有尽早明确目标、做好规划、掌握必备之能、提升自身素质，并以“成为银行行长”为例，说明如何制定人生规划。这种财经视角下的人生规划启蒙教育生动而自然。

第六，总体意见与建议。本课程实践活动是在 2018 广东青少年金融素养研讨会上提议组织实施的，由于时间有限，有些环节展开不够深入。例如，12 件拍品中有 7 件是用最高价拍下、有 4 件用不同价格拍下、1 件流拍，拍卖结果折射出学生怎样的财富观与价值观倾向？这个问题很有趣，课堂没有来得及展开，可以在课后做追踪研讨。

第三章
高中、大学财经素养教育实践

第一节　“经济学十大原理”启蒙

实践叙事

“‘经济学十大原理’启蒙”实践活动由东莞市东华高级中学负责实施，该校是一所民办公助性质的全日制寄宿学校，是广东省规模最大的民办高中之一。该校先后获得“广东省书香校园”“广东省现代教育技术实验学校”“省级普通高中新课程实验样本校”等多项殊荣，还荣获清华大学“新百年领军计划”优质生源基地、北京大学“中学校长实名推荐制”学校、卓越联盟高校优秀生源基地、中国中学生地理奥赛培训基地等称号。

本实践活动的施教团队为钱月兵、张丽、金馥芬，施教对象是高一、高二年级对财经知识感兴趣并报名参加“财经素养选修课”的学生，活动形式为选修课，活动课时为1课时（40分钟）。

本实践活动的典型意义是聚焦于“如何提升高中生财经素养”这一中心议题，该校以校本选修课的形式，采用“激发兴趣—素质培养—实战检验”的教学方法，引发学生对财经知识与技能的关注和投入，借助全国中学生财经素养大赛，挖掘并培养具有财经潜质的优秀学生。

一、活动目的

1）知识与事实目标：初步掌握“经济学十大原理”的基本内容和相关基本概念，重点理解机会成本、激励等经济学专有名词。

2）方法与技能目标：根据机会成本理论分析总结美食节的得失，积累关于生产和经营的知识与技能；初步运用相关经济原理分析现实生活中的经济现象，并做出理性决策。

3）观念与态度目标：通过美食节的经营课程实践，引导学生树立正确的财富观、价值观，量力而行、自食其力，通过奋斗拼搏实现人生价值。

二、活动设计

1. 设计思路

1）确定教学形式。该校学生虽具备较丰富的财经活动经验，但缺少财经理论学习。鉴于此，财经素养校本选修课程先集中讲授财经基础理论，再指导学生运用所学理论改进财经实践。

2）确定活动主题。财经基础理论涉及经济学、金融学、会计学、管理学等多个领域，其中经济学是基础；“经济学十大原理”则是经济学总纲，是复杂经济模型的构建基础。因此，财经素养校本选修课程将“经济学十大原理”作为第一课的主题。

3）确定教学方法。为贴近学生生活，变“经济学十大原理”为“身边的经济学”，本节课以学校美食节为切入点，以经济学原理为分析工具，运用导学案，采用小组合作式学习方式，解析生活中的经济活动。

2. 活动重点

首先是辨识基本概念与解释经济现象，帮助学生准确理解相关理论知识；其次是理论联系实际，指导学生自主讨论美食节活动的经营方案，提高实战能力和水平。

3. 过程逻辑

高中生的抽象逻辑思维能力较强，辩证思维、创造性思维活跃，鉴于此，首先由学生自学“经济学十大原理”的基本理论与基本概念，其次用导学案中的专题练习检验自学效果，再次授课教师根据学生自学情况分析疑难点，进行有针对性的辅导，最后指引学生运用所学原理分析美食节经营活动的得失，提升理论联系实际的能力。

三、活动准备

1. 收集参考资料

以《中国财经素养教育标准框架》（2018 年版）作为设计参照，以《中学生财经素养十堂课》作为课程内容大纲，“经济学十大原理”源自该书第一章。以《微观经济学原理》的第 1 章“经济学十大原理”作为课程内容蓝本。

2. 设计学习素材

将网易公开课《速成经济学》中的“经济学简介”剪辑成微课视频，供学生学习。改编网络上经济学专业试题中与本课内容相关的基础试题，重点放在基本术语的辨析上。参考借鉴第四届全国中学生财经素养大赛的真题，为该校学生参加第五届全国财经素养大赛做针对性训练。

3. 编写导学案与教学课件

考虑到学生没有参考教材的现实情况，为保证教学质量，该校根据已确定的教学内容，编写了导学案（见附件）和多媒体课件，并尽量做到翔实、明晰，便于学生使用。

四、活动情景

环节 1. 自学“经济学十大原理”

财经素养教育的目的是激发学生兴趣，了解基本知识，初步培养学生的经济思维。课堂上先由教师整体讲述学习要求，播放“经济学简介”微课视频；在学生观看了列举大量生活例子解读“经济学十大原理”的视频后，再布置学生自学学习材料，然后教师重点讲解前四个原理即“人们如何决策”。

环节 2. 检验自学效果，针对性答疑

为了检测学生的自学效果，教师设计抢答展示定义连线的环节，具体过程如下。

教师：哪个小组代表愿意展示一下练习案第 1 题的连线答案？

生 1：我来（图 3-1）。

教师：好，学生 1 代表第 3 组展示了答案，请大家评价一下。你的答案也是这样的吗？有没有不同意见？

生 2：我有不同意见，我觉得第 3 组把“外部性”和“激励”混淆了。

教师：为什么？可以解释一下吗？

生 2：我觉得“激励”是为刺激人们某种行为而采取的奖励措施，如妈妈为了鼓励我取得好成绩，答应我只要月考成绩排名在前 100 名，就给我买手机；而连线 9 的定义“当一个人的行为对旁观者有影响时的情况”，这里的“影响”并不一定有刺激作用，所以定义 6 比较好。

教师：学生 2 的理解正确，解释也有道理，谢谢。我再补充两点：有效"激励"强调能带来反馈行为，所以定义 6 的"某种引起人行动的东西"更切合。另外，激励措施不一定是奖励，也可以是处罚。

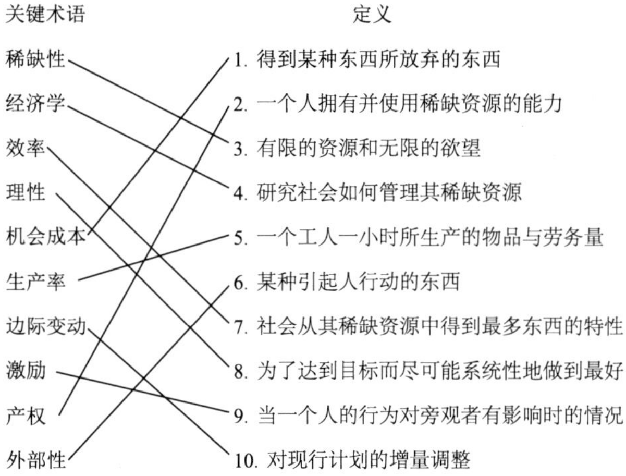

图 3-1　学生 1 展示的答案[①]

环节 3. 探究美食节活动中的经济学原理

教师：同学们应该觉得这些经济学术语挺容易理解的，还记得上次的美食节吗？（多媒体展示美食节照片）美食节的难忘经历蕴含着很多经济学常识，大家一起来看看。

教师：很多同学参与了自己班级的美食节活动，假设你们班在美食节上只能出售一种食物，卖汉堡可以获得 500 元，卖奶茶可以获得 400 元，卖凉面可以获得 700 元，那么（　　）。

A. 卖奶茶的机会成本为 400 元

B. 卖凉面的机会成本为 900 元

C. 卖凉面的机会成本为 400 元

D. 卖汉堡的机会成本为 700 元

生 3：选 B。

教师：为什么？这个题目考查的是本节课哪个原理？

生 3：考查的是机会成本，机会成本是人们为了得到某种东西而所要放弃另一些东西的成本，也就是说如果我们卖奶茶就不能卖凉面和汉堡，凉面和汉堡的总价值是 500+400=900 元，所以选 B。

---

① 本节所有图片均由东莞市东华高级中学提供。

教师：不错，初步解读了“机会成本”这个概念，但是很遗憾，不正确。其他同学还有不同答案吗？

生 4：我觉得不管怎么选，既然只能选择出售一种食物，那么机会成本不应该是其他两种之和，而应该是其中一个的价值，所以我选择 C 项。

教师：按照你的思路，你看 D 项是不是也符合你的逻辑，为什么不选呢？

生 4：唔……那我选择 D 项吧。

教师：为什么？

生 4：因为 700 比 400 大，成本更大。

教师：非常棒！你最后不仅选对了答案，而且也给出了正确解释。其实大家都知道“机会成本是人们为了得到某种东西而所要放弃另一些东西的成本”，但是这个“成本”指的是“最大成本”。因为美食节限定只可选一种食品经营，所以你的机会成本就是其中一种食品的价值，那么“最大成本”就是 700 元了，所以 D 项正确。

环节 4. 运用经济学原理分析美食节中的经济现象

在学生初步掌握经济学基本原理和基本概念后，如何运用这些理论分析经济现象则是教学重点。接着，教师组织学生运用本节课学习的经济学基本原理来分析美食节中的一些经济现象。

教师：在上次的美食节中，你们班级赚了多少钱？你拥有如王老师的幸福时刻吗（图 3-2）？

图 3-2　王老师的幸福时刻

（学生们激动起来，小组之间开始分享自己的经历。）

教师：现在请大家结合自己了解的各班经营状况，在小组内部交流一下，谈谈你们认为盈利多的班级的秘诀是什么？那些赔本班级失败的原因有哪些？这些又体现了哪些经济学道理？时间3分钟，谈论完毕后，派一名同学代表发言（图3-3）。

图3-3　同学们热烈讨论

学生发言举例（第7组）

生5：大家好，我来自105班，在上次的美食节中，我们班计划出售很多品种的食品，如凉拌牛肉、咖喱拌面、烤面包、奶茶等，成本大概2000元，本来以为会赚很多，结果赔了近1500元。而我们隔壁摊位的112班，成本只有1200元，但是最后盈利1000元。我们小组讨论之后认为，我们班失败的原因如下：一是事先计划不周全，没有考虑到现场可能出现的一些问题，如摊位上没有通电，无法使用电磁炉，最后临时去购买4个插线板，既浪费了时间，还影响了拌面的销售；二是人员管理工作落实不到位，一些有工作安排的同学出去玩，影响了食品的加工和销售；三是没有核算成本和收益，购买食材、包装、赠品投入过大，而上述原因导致销量远低于预期，所以入不敷出，亏本严重，这是我们班失败的最主要原因。据我观察112班盈利的原因有：销售的品种相对集中，主要是奶茶和蛋糕，无须现场过多加工；包装精美有新意，得到很多女同学的青睐，销售火爆；该班几名学校劲舞社成员在摊位边舞蹈助兴，吸引全场的目光，也带来了经济效益。

教师：学生5的分析既全面又深刻，能在横向对比中找到问题症结，优秀！此处必须有掌声。（同学们一起鼓掌）

教师：刚才第7组分享的经验总结中，体现了“经济学十大原理”的哪些知识呢？

生6：因没有电而影响拌面制作体现了“机会成本”，拌面的成本绝不仅是原材料，还包括水、电，还有相应的加工时间。

生 7： 112 班赠品、舞蹈体现了“激励改变人们行为”，其实 112 班的食品并不稀有，其他摊位都有，但是因为赠品和舞蹈大大增加了它们的附加值，吸引了顾客的关注和购买，这就是激励的直接作用。

教师： 大家分析得很到位，说明大家对“经济学十大原理”已有一定的理解。在这里，我还要补充一下，两个班级的成功和失败都是以利润来衡量的，利润=收入–成本，所以控制成本就是经营获胜的一项法宝。希望作为“理性经济人”的你们，在以后决策中都能以考虑成本和利益的关系为出发点，趋利避害，做出理性决策。

五、活动效果

“经济学十大原理”这节课后，教师布置课外作业，要求学生根据本节课所学内容，为下届高一年级的学弟学妹们开好美食节，提供一些有益建议。

从学生作业反馈看，效果可喜，下表是其中一位学生的建议（表 3-1）。

表 3-1　有关美食节的建议

项目	有关美食节的建议
1	事前一定要制定预算，根据预算控制成本，并规划出商品的价格和盈利空间
2	合理安排人员，发挥同学特长，同时必须安排监督人员，保证岗位的落实。建议实行轮班制，既保证人员到岗，又兼顾同学看“外面世界”的需求
3	食品种类尽量不要太多，且建议多选择成品和半成品，减少加工的工序和时间（因为时间只有 2 个小时），尽可能扩大销量，以降低成本
4	食品包装要用心，外表精美、独特能刺激销售
5	要有契约精神，遵守对学校的承诺：诚信经营，保证食品卫生质量和合理价格，并在节目结束后，自觉打扫操场卫生，文明经营，保护环境，承担应有的社会责任

学生的课堂表现和课后给下届美食节的建议都表明：学生初步掌握了经济学中最基础的十大原理，能够有意识地用经济学思维方式解读经济活动。可以说，本节课既是一堂经济学理论启蒙课，更是一堂实战指导课。

六、存在问题

首先，“经济学十大原理”表面上原理内容简单，但事实上包罗万象，是微观和宏观经济学理论基础与总纲，仅用一节课，学生的理解和掌握还是低水平、很不全面的。

其次，财经素养选修课是一门跨学科的综合性课程，需要花较长时间去钻研与准备，由于学校任课教师自身能力和时间限制，以及高考学科的教学任务影响，在课程设计及准备到实施过程中，常有力不从心之感，课程内容研究尚未达到理想效果。

七、改进设想

为进一步完善财经素养教育校本选修课程，学校将从五方面做出努力。

1）尽快编写出财经素养教育校本教材。组织该校专业基础好、教研能力强的教师，以《中国财经素养教育标准框架》（2018 年版）高中学段为指导，结合相关资料、学生已有知识经验、现有教学实践，编写符合该校实际的校本财经素养教育教材。

2）创新教学方式。财经素养教育内容丰富、逻辑性强、与现实生活联系紧密，因此需要加强教学的活动性、体验性，强调学以致用。

3）发挥高中思想政治课的引领作用。平时思想政治必修课及时渗透时政点评，尤其是财经领域的相关介绍，培养学生的关注度和敏感性。

4）密切和大赛主办方的合作。该校是今年首次关注全国中学生财经素养大赛，很多学生错过了报名时间；同时复赛的考试时间与学校期中考试复习时间重合，一部分通过初赛的学生为保证期中考试成绩，忍痛放弃了复赛。因此，学校将更多关注大赛动态，及时做好大赛和学生双方的沟通工作。

5）注重教师的专业提升和成长。开设财经素养选修课，对学校教师是一项挑战，需要教师具备较高的综合素质。学校今后将积极派教师参加财经素养教育专业培训，促进教师专业成长，最终提升学校师生的财经素养。

附件 1

“经济学十大原理”导学案预习案

一、教学目标

（1）了解“经济学十大原理”的基本内容。

（2）完成练习案第 1 题的连线。

（3）请用经济学知识分析你们班美食节的营销活动。

二、教材内容

原理 1. 人们面临权衡取舍

当人们处理社会事务时，他们总是面临不同的权衡取舍。典型的是在“大炮与黄油”之间的选择，当一个社会的支出更多用在军费上时（大炮），那么用于提高国内生活水平的消费品（黄油）就少了。认识到人们面临权衡衡取舍本身并没有告诉我们，人们将会或应该做出什么样的决策。但是，认识到生活中的权衡取舍是重要的，因为人们只有了解面临的选择，才能做出良好决策。

原理 2. 某种东西的成本是为了得到它而放弃的东西

一种东西的机会成本（opportunity cost）是指为了得到这种东西所放弃的东西。做任何决策，如是否上大学，决策者应认识到伴随着每种可能的选择而来的机会成本。实际上，决策者通常是知道这点的。例如，那些到了上大学年龄的优秀运动员，如果不上大学而是从事职业运动，就能赚几百万美元，他们上大学的机会成本极高，因此有些运动员往往如此决定：不值得花费这种成本来获得上大学的利益。

原理 3. 理性人考虑边际量

边际量是指某个经济变量在一定因素影响下产生的变动量。经济学家用边际变动（marginal change）这个术语来描述对现有行动计划的微小增量调整，边际变动是围绕你所做事情的边缘的调整。个人和企业通过考虑边际量，将会做出更好的决策。只有一种行动的边际利益大于边际成本时，理性决策者才会采取这项行动。

原理 4. 人们会对激励做出反应

由于人们通过比较成本与利益而做出决策，所以当成本或利益发生变动时，人们的行为也会发生改变。这就是说，人们会对激励做出反应。但政策有时也会有事先并不明显的影响。在分析任何一种政策时，我们不仅应该考虑直接影响，还应该考虑通过激励产生的间接影响；如果政策改变了激励，那就会使人们改变自己的行为。

原理 5. 贸易能促使每个状况更好

也许你在新闻中听到过，在世界经济中日本人是美国人的竞争对手。在某些方面可能是真的，因为美国和日本企业生产许多相同的产品，在市场上争夺同样的顾客。但美国和日本之间的贸易并不像体育比赛一样，一方赢而另一方输。实际上，事实正好相反：两国之间的贸易可以使两个国家的状况都变得更好。贸易可以使各国专门从事自己最擅长的活动，并提供各种各样的物品与劳务。

原理 6. 市场通常是组织经济活动的一种好方法

家庭和企业在市场上相互交易，它们仿佛被一只“看不见的手”所指引，得到了良好的市场结果。当你学习经济学时，你将会知道，价格就是“看不见的手”用来指引经济活动的工具。价格既反映了一种商品的社会价值，也反映了生产该商品的社会成本。由于家庭和企业都关注价格，所以，他们会不知不觉地考虑他们行动的社会收益与成本。因此，价格指引这些个别决策者在大多数情况下实现了整个社会福利最大化的结果。计划经济是由政府决定商品价格，限制了价格根据供求自发地调整，从而也就限制了市场这只“看不见的手”调节能力。所以，世界上越来越多的国家取消计划经济，采取市场经济。但市场经济也有自身的弊端，因此我国用科学的宏观调控来弥补市场调节的不足，我国实行社会主义市场经济。

原理 7. 政府有时可以改善市场结果

为什么我们需要政府呢？一种回答是，“看不见的手”需要政府来保护它。只有产权得到保障，市场才能有效运行。但是，还有另一种回答。政府干预经济的原因有两类：促进效率和促进公平。尽管“看不见的手”通常会使市场资源得到有效的配置，但情况并不总是这样。经济学家用“市场失灵”（market failure）这个术语来指市场本身不能有效配置资源的情况。我们说政府有时可以改善市场结果，但并不意味着它总能这样。学习经济学的目的之一就是帮助你了解一项政府政策如何适用于促进效率与公平。

原理 8. 一国的生活水平取决于它生产物品与劳务的能力

世界各国生活水平的差别是惊人的。随着时间的推移，生活水平发生的变化也很大。用什么来解释各国在不同时期生活水平的巨大差别呢？答案是几乎所有生活水平的变动都可以归因于各国生产率的差别。生产率与生活水平之间的关系对公共政策也有深远影响。在考虑任何一国的某项政策如何影响生活水平时，关键问题是这项政策如何影响该国生产物品与劳务的能力。

原理 9. 当政府发行了过多货币时，物价上升

什么引起了通货膨胀？在大多数严重的或持续的通货膨胀情况下，罪魁祸首总是相同的——货币量的增长。当一个政府创造了大量本国货币时，货币的价值则会下降。

原理 10. 社会面临通货膨胀与失业之间短期的权衡

当政府增加经济中的货币量时，一个结果是出现通货膨胀，另一个结果是至少在短期内降低失业水平。说明通货膨胀与失业之间短期权衡取舍的曲线被称为菲利普斯曲线（Phillips curve），这个名称是为了纪念第一个研究这种关系的经济学家来命名的。①货币量增加，提升支出水平，从而刺激物品与劳务需求；②长期的高需求引起高物价，继而引起企业更多的生产，雇佣更多的员工；③更多的雇佣则意味着更少的失业。一些经济学家仍对菲利普斯曲线有所争议,但大多数经济学家于 2014 年之前接受了这样一种思想：通货膨胀与失业之间存在短期权衡取舍。这就简单地意味着，在一两年的时间中，许多经济政策在相反的方向推动通货膨胀与失业。无论决策者从何种情况下调节经济,都面临通货膨胀与事业二者之间的权衡。

其中，原理 1～原理 4 描述个人如何做出决策，原理 5～原理 7 描述人们如何相互交易，原理 8～原理 10 描述整体经济如何运行。

练 习 案

1. 请为每个关键术语选择一个定义

关键术语	定义
稀缺性	得到某种东西所放弃的东西
经济学	一个人拥有并使用稀缺资源的能力
效率	有限的资源和无限的欲望
理性	研究社会如何管理其稀缺资源
机会成本	一个工人一小时所生产的物品与劳务量
生产率	某种引起人行动的东西
边际变动	社会从其稀缺资源中得到最多东西的特性
激励	为了达到目标而尽可能系统性地做到最好
产权	当一个人的行为对旁观者有影响时的情况
外部性	对现行计划的增量调整

2. 单选题

（1）下列哪种情况涉及权衡取舍（　　）。

A. 参加校外补习班　　B. 买衣服

C. 星期天上午看一场足球比赛　　D. 以上各项都涉及

（2）除非一种行为满足下列条件，否则理性人就不会行事（　　）。

A. 可以赚钱　　B. 符合道德

C. 产生了大于边际利益的边际成本

D. 产生了大于边际成本的边际利益

（3）提高税收并增加福利支付（　　）。

A. 证明了存在免费午餐　　B. 减弱了市场势力

C. 以牺牲平等为代价提高效率　　D. 以牺牲效率为代价改善平等

（4）假设你捡了 20 美元，如果你选择把这 20 美元用于看足球比赛，你看这场比赛的机会成本是（　　）。

A. 没有，因为你捡到了钱

B. 20 美元（因为你可以用这 20 美元买其他东西）

C. 20 美元（因为你可以用这 20 美元买其他东西）加上你用于看比赛的时间的价值

D. 20 美元（因为你可以用这 20 美元买其他东西）加上你用于看比赛的时间的价值，再加上你在看比赛中买饭的成本

（5）由于人们会对激励做出反应，如果会计师的平均薪水增加 50%，而教师的平均工资增加 20%，我们可以预期（　　）。

A. 学生将从教育专业转向会计专业

B. 学生将从会计专业转向教育专业

C. 上大学的学生少了

D. 以上每一项都不是

（6）以下哪一种活动最可能产生外部性（　　）。

A. 学生坐在家里看电视

B. 学生在宿舍里聚会

C. 学生为了娱乐而读小说

D. 学生在学生会吃汉堡

实践特征

本实践活动采用选修课的形式为具有财经潜质的学生开设财经素养教育校本课程，具体包括如下特点。

1）用浅显语言解读经济学魅力，充分体现财经素养教育价值。《中国财经素养教育标准框架》（2018 年版）介绍了财经素养教育标准提炼经济学、金融学、会计学、财政学、企业管理、保险学、国际贸易学、产业经济学等八个财经类相关学科的基本知识要素，根据不同学段学生的认知水平建构教学指引，并将经济学中最基础的十大原理渗透其中，如职业选择与机会成本、资源配置与边际效用、政府与市场、国际贸易与全球化等。东莞市东华高级中学为具有财经潜质的学生开设了财经素养教育校本课程，并将“经济学十大原理”作为第一课，抓准了指导经济学研究的几个重要的中心思想，从个人如何做出决策、人们如何相互贸易、由决策和贸易活动组成的经济如何整体运行这三个部分，从学生身边的日常生活入手，用最浅显语言来解读经济学的魅力，很好地体现了财经素养教育的价值。

2）基于经验学习，展现理论源于实践又高于实践。东华高级中学位于广东民营经济高度发达的地区——东莞市，学生虽然自小在生活环境熏陶下参与了丰富的经济与经营活动、形成了较好的经营商业意识，但绝大多数高中生从未接触到财经类理论知识。经济学作为研究人类一般生活事务的一门学问，其十大基本原理不仅简单易懂而且运用广泛，对经济活动具有很强的指导价值；学生结合自身生活学习经验（如计算美食节销售食品的机会成本），很快就发现十大基本原理可以帮助自己更好地理解学习与生活，也可以用于解释经济现象、社会活动背后蕴含的经济规律与本质，大大拓展了自己观察理解社会活动的经济视野；学生由此深刻认识到理论学习的重要性。

3）学以致用，用经济学思维指导实践。财经素养教育是关乎财经生活基础修养的活动，是提升生活品质的教育。学习财经理论不仅仅是增加知识储备，更重要的是要将经济学思维用于指导生活实践。本次实践课程，教师将教学重点放在采用小组合作学习方式组织学生用经济学基本原理分析美食节中的经济活动，特别是要探寻不同班级盈利、亏损的原因，并尝试以口头形式有条理地表达出来。学生在不断运用这些基本原理解释美食节中的机会成本高低、激励作用大小、成本预算控制、人员安排调配等活动时，学生对这些基本原理的理解越来越深入，相应的经济活动也会越来越规范、精明。

4）灵活运用多种资源为教学服务。在信息高度发达的今天，教师可以采集的教学资源与获取途径都非常丰富，这虽然增加了教师课前准备的工作量，但也为教师提升教学质量做出了有效贡献。本节课，教师除了参考《中国财经素养教育标准框架》（2018年版），还剪辑了网易公开课《速成经济学》中的“经济学简介”视频、改编了第四届全国中学生财经素养大赛试题、参照了《中学生财经素养十堂课》、重构了专业教科书《微观经济学原理》的第1章，这些资源为本节课的理论教学提供了专业支撑，而学校美食节活动也为本节课的活动教学提供了丰富素材，教师灵活运用多种资源为教学服务的敬业态度与良好能力值得学习借鉴。

5）总体意见与建议。财经素养教育不仅仅是为少数具有财经潜质的优质生提供的精英教育，它还是关乎财经生活基础修养的活动。本节课的学习内容具有普适性，对全体高中生也有很高的学习价值。建议学校在美食节活动筹备前，先对高中生普及“经济学十大原理”的学习。

第二节 财务自由与实现

实践叙事

“财务自由与实现”实践活动由四川省成都市石室天府中学实施，该校成立于2011年，是由成都市高新区与具有千年文化底蕴的石室天府中学联合打造的一所高标准、高要求、高品质且具备国际化、信息化、现代化全日制完全中学。同时，该校一直重视学生财经素养的培养。

本实践活动的施教教师为苏聪丽、景刚，施教对象为高一年级参加“青年财经”选修课的学生，共30人，活动形式为选修课，活动课时为1课时（90分钟）。

本实践活动聚焦“探寻财务自由”这一中心议题，通过探讨财务自由的内涵、青少年如何追寻财务自由等具体问题，引导学生正确认识财富、合理追寻财务自由、形成正确的财富观。

一、选材思考

1）源于学生兴趣。提升生活品质与实现人生价值都离不开财富保障，人人都憧憬追求财务自由，且学生对这个话题亦非常感兴趣。

2）源于价值观教育的需要。受市场经济某些消极因素的影响，部分青少年的社会价值观出现错位现象，甚至滋生出拜金主义、享乐主义、爱攀比的思想。学界尚未对财务自由做出规范界定，人们在理解财务自由时容易走进误区，如将财务自由等同于金钱至上、将追求财务自由等于拜金，这导致不能正确看待财富。因此，学校有责任正确引导学生探讨这个概念。

3）基于课程引领的需要。本节课作为财经素养校本课程“青年财经”的第一节课，要为后面消费、投资、信贷等内容打好基础，引领后面内容学习，因此需要先探讨财务自由这个话题。

二、活动目的

1）事实知识目标：了解财务自由的概念，理解主动收入和被动收入，区分主动收入和被动收入，了解什么是MPS（M即Meaning价值，P即Pleasure快乐，S即Strength优势）分析。

2）方法技能目标：通过了解财务自由的概念，引导学生积极获取主动收入，合理合法积累财富；通过引导学生进行MPS分析，帮助学生科学设计职业发展规划。

3）观念态度目标：通过了解财务自由概念，引导学生进一步正确认识财富观；通过 MPS 分析，明确自我发展的方向。

三、活动设计

1. 设计思路

通过引导学生分析财务自由的概念，制定财务自由的目标，在探寻实现财富自由的途径中寻找学生的兴趣点，引导学生思考人生规划，寻找他们既感兴趣、有价值又擅长的方面。引导学生合理消费，学会规划个人财务。

2. 教学重难点

教学重点是探讨财务自由的内涵；教学难点是如何追求财务自由。

3. 过程逻辑

教学活动共分为新课导入（约 5 分钟）、探索认识财务自由的概念（约 20 分钟）、为什么要追求财务自由（约 15 分钟）、青少年如何追求财务自由（约 30 分钟）、交流分享（约 10 分钟）等五大环节。

四、活动准备

1）问卷准备：课后调查问卷设计与印制。

2）设备准备：多媒体设备调试。

3）资料准备：课前设计并印制学生学案，找出视频《管道的故事》《管道的故事》的介绍资料。

五、活动情景

环节 1：新课导入

师：同学们，你们认为财务自由是什么（what is financial freedom）？

生 A1：财务自由就是能很自由地支配财富，想买什么就能买得到。

生 A2：买东西的时候不用看价格。

生 A3：拥有很多的钱，不受父母的支配。

师：正如同学们所说，一般人认为财务自由是拥有足够多的钱，能想买什么就买什么，不受干涉。老师在此不做评论，我想请大家判断下面哪类人是你心目中实现了财务自由的人？为什么（表 3-2）？

表 3-2　哪种是实现了财务自由的人？

调研人员	实现财务自由的情形
A	家里很有钱，大学毕业不工作，什么也不愿做，坐吃山空的富二代
B	企业老板，现金流不稳定，资金链不足，且爱赌，嗜赌如命
C	努力工作，但收入刚够日常开销，几乎没存款
D	企业老板，公司经营很好，有很多存款，但没有自己的时间，整天忙得要命，工作不喜欢
E	靠自己努力积累了较多的社会财富，被动收入超过日常开支，能拥有时间做自己想做的事情

生 B1：我选 E，A 虽家里有钱，但自己不努力，早晚会将家里的资产花光；B 有钱也努力工作，但嗜赌如命，不会管理钱财；C 尽管努力，但未实现财富自由；D 太忙了，不自由。

生 B2：我也选 E，尽管 A、B、C 都有钱，但 A 不工作，只出不进，早晚会出现财务问题。B 问题更大，赌博有可能输掉他所有的资产。C 收入刚够开销，一旦不工作就会处在只出不进的状态，也很恼火。

生 B3：我也选 E，首先要努力工作，通过正当手段获取财富，同时财富要积累足够多，另外还能享受到自由……

师（总结）：同学们说得很好，看来将财务自由仅仅等同于拥有足够多的金钱的观点是不科学的。结合同学们的想法，财务自由应有以下特点：①依靠自己的努力获得财富；②合法获得，会合理管理财务；③收入应远远超过开支；④要有自由的时间做自己喜欢做的事情。

请思考：用这四个特点能够给“财务自由”下定义吗？

环节 2：探索形成“财务自由”的概念

关于“财务自由”的概念，首先从文献资料和网络查询来探索其内涵。

1）文献 1：个人财务自由是指个人按照一定规则自主支配自己的资产并且能够获得最佳的运用效益。

2）文献 2：财务自由人指为兴趣而工作，保持财产性净现金流入，保有一定量的净资产，拥有身心自由的人。

3）百度 3：财务自由是指人不得不为生计而努力工作的状态。简单地说，一个人的资产产生的被动收入至少要等于或超过他的日常开支，如果进入这种状态，就可以称之为财务自由。

4）文献 4：个人财务自由是指某个人再不用为了满足生活必需品而出

售自己时间了。

5）百度 5:《富爸爸，穷爸爸》系列书籍的主要作者罗伯特·清崎认为财务自由有四个衡量标准，包括不必为钱而工作、保持财产性收入的净现金流入、增加被动收入、保持一种平和的心态。

结合以上观点，教师总结提炼“财务自由”的内涵并加以板书（图 3-4）。

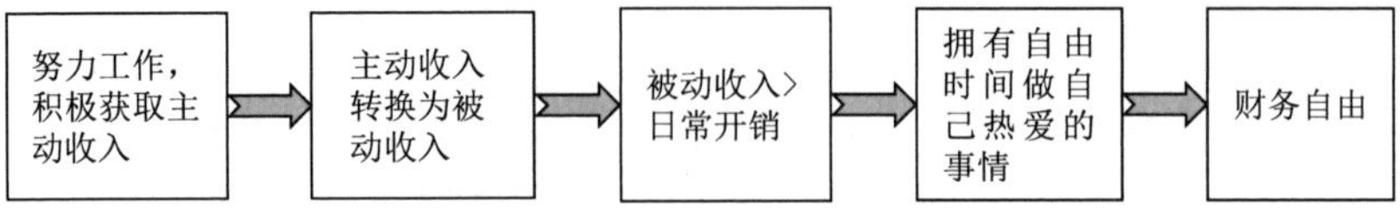

图 3-4 财务自由的内涵

财务自由首先是有一定主动收入作为基础，通过主动收入而累积的资产来获得超过日常开销的被动收入，最终实现有自由的时间追求自己向往的生活的状态。用一句话概括，就是在财富保障的情况下，实现身心自由。

教师接着组织学生研究了“主动收入”“被动收入”，并播放视频《管道的故事》，请学生分享故事的启示。

生 C1：要树立一个正确的目标，选择比努力更重要。

生 C2：要努力获得更多的被动收入。

生 C3：要坚持不懈。

师（总结）：帕保罗和布鲁诺一开始都在做提水的工作，他们努力工作，获取财富，这时他们获得的收入是主动收入，而帕保罗并不满足做提桶人，而在默默地从村头建了一条管道进村里，当管道建成后，就会拥有持续的收入，最终实现拥有自己自由支配的时间，不再担心失去工作后导致生活困难。有人说，主动收入是用时间去换金钱，获取主动收入是你在为赚钱工作，被动收入是用金钱去换时间，金钱在为你工作。因此，积极探索渠道，获取持续收入，实现自由人生是我们的目标。

环节 3：为什么要追求财务自由？

在教师指引下，总结提炼出如下三大原因。

1）市场经济条件下提升个人生活品质，提升人生价值都离不开财富的保障。一提到金钱，有人会认为谈钱俗，“钱是万恶之源”，其实大家在高一“经济生活”货币一节里已经明确货币的本质是一般等价物，它不姓善也不姓恶，对金钱的贪恋才是万恶之源。在当今市场经济条件下，金钱不能解决我们所有的问题，它也绝不是万能的。但是，如果缺钱却能使我们的幸福蒙上一层阴影。金钱应该用于人们的成长、发展，以及谋求更多的福祉。金钱能为我们的家庭、社区、国家尤其是那些需要援助之人做很多事情。个人正当合法获取财富既有利于个人，又有利于社会。

2）财务自由与个人发展是统一的。财富之于自由，或者说财富之于财务自由，意味着什么？罗伯特·清崎在《富爸爸财务自由之路》中说，没有财务自由你就无法真正获得自由。真正的自由应该是生命的本质和生活的真谛，真正的财务自由是坦然地面对自己，面对那些烦琐的又是你必须驾驭的理财之道，以独立的姿态、宽松的心境去享受一直变化着的生活。马克思在《马克思恩格斯全集》中指出，财富的本质就是在于财富主体的存在。人们创造、生产财富为的就是能够实现每个人能够自由、全面地发展，而人与社会、人与人，以及人与自然相统一就是财富的本质。人实践的本质不仅获取了利益，创造了财富，还促使人的自由而全面的发展。人的最大利益与最大财富就是人的自由而全面的发展，而且这也是人所追求的最终目的。

3）追求财务自由与追求有意义生活也是一致的。财务自由的真实含义不是钱的自由，而是人的自由，与其说追求财务自由，不如说是在追求选择自由，摆脱金钱的束缚，拥有不为金钱而焦虑的自由人生，能遵从内心的指引，去追求个人认为有意义有价值并且热爱的生活。比如马云，在达到财务自由后选择辞职，他在 2018 年 9 月 10 日发表的公开信里提到，关于我自己未来的发展，我还有很多美好的梦想……我想回归教育，做我热爱的事情会让我无比兴奋和幸福。从马云身上我们看到了什么是真正的财务自由。

环节 4：中学生应如何追求财务自由？

教师引导学生从寻找发展方向制定发展规划、培育钱种子、做好预算并控制开支等三个方面采取行动。

1）投资自己的人生，寻找未来自己的发展方向。根据前面的探讨，我们明白追求财务自由，即追求选择的自由，遵从内心的指引，去追求个人认为有意义、有价值并且热爱的生活。作为中学生，现阶段正是人生观、价值观的形成时期，应思考你们想要怎样的人生。追求财务自由首先应该投资自己的人生。憧憬你今后想要的人生，根据你的人生价值观找到你认为必须要完成的事，在它身上下功夫，就是对自己人生的一种投资。最好的投资，就是投资自己的人生。投资自己的人生，以最愉悦的心态在获得主动收入的同时实现自己的人生价值，其中投资的关键在于去寻找自己擅长、有兴趣、有价值的方面作为自己未来的使命。

下面，请大家运用十点课堂《大神教你最实用的时间管理》中 Amber 老师提到的工具 MPS 分析法来尝试寻找自己未来发展的方向。

个人运用 MPS 分析法，就是回答这三个关键问题：什么对我有价值、有意义？我喜欢什么？我擅长什么？找到三者的交集就是我们未来的使命（工作方向）。

董静同学：第一次听到 MPS 分析法。虽然从小到大都在树立目标，也曾被父母问过很多次理想是什么，但第一次去思考自己有兴趣、有价值和擅长的领域。我认为，有价值的是健康、阅读、烹饪、交往、学习、归类整理。我喜欢的是动物、植物、烹饪、阅读书籍、看电影、听音乐等。我擅长的是阅读、烹饪、归类整理。三者交集我希望我以后的方向是烹饪、归类整理。我希望以后成为一位整理大师，开一间专注于整理的公司，帮助大家学会整理。确定自己未来的方向，为自己未来的方向投资。

师（总结）：马斯洛曾说，人类最美丽的命运、最美妙的运气就是做自己最喜欢的事情同时获得报酬。在追求财务自由的路上，我们应找到我们自己的使命，将未来的工作变成事业和使命才能发自内心去热爱。为了完成未来的使命而认真学习，这时你的学习都是幸福和充实的。明确方向，努力学习，以后努力工作，积极积攒自己的主动收入这是第一步。

2）重视储蓄，学会理财，培育自己的“钱种子”。我们探讨“被动收入”和“财务自由”，但是如果没有原始积累的积蓄本金，这都将成为空话。财富就像大树一样，始于一颗不起眼的种子，你存下来的第一枚硬币就是你财富之树生长的开始，你越早种下这颗种子，这棵树就会成长得越快。尽管学生在学习，还没创造主动收入，但是大部分的学生都有压岁钱和零花钱。开始尝试储蓄，学会存钱，把压岁钱都存起来，把零花钱中的 10% 存起来，如果每周父母给你的零花钱是 100 元，你就尝试存 10 元；如果父母给你的零花钱是 200 元，你就尝试存 20 元，这看似并不起眼，但是若能长期坚持下去，就能收到意想不到的效果。《小狗钱钱》故事里提到的金鹅和金蛋的故事也告诉我们要学会储蓄，无论是养金鹅还是播种“钱种子”都是教导大家学会储蓄，进行原始积累的积蓄成本。爱因斯坦说：宇宙间最大的能量是复利，世界的第八大奇迹是复利。复利的持续累加是相当可怕的事情，即便是基数相当小，但若持续累加下去也能创造出一个惊人的结果。因此，学生应重视储蓄，学会存钱，培养自己的钱种子。

3）学会花钱，做好预算，控制开支，从记账开始。会赚钱，是能力，怎么花钱，却能更直观看到一个人的本质。财务自由是目标，可是如果不会花钱无论你拥有多少金钱你都很难过上幸福的生活。每个人都有自己无法满足的欲望，人类的欲望就像田地里的杂草，除非主动控制自己，不然它一旦有可能满足，就会在人的内心深处迅速增长，我们一定要在欲望中找到自己最珍视的东西。学会花钱，做好预算，控制开支，将我们的花费控制在明确合理的范围之内。《西虹市首富》这部影片就在探讨如何花钱的问题，金钱固然重要，但要守住底线，要懂得正确花钱。尽管现在学生因为在校学习，大部分的花费由父母提供，零用钱也是父母帮着安排，但大家还是应该从小学会了解自己的财务支出，合理规划零用钱。合理规划零用钱应从记账开始，记录下自己的开销，找到哪些该用哪些不该用。在这里推荐给学生两种记账的方法：①账本记账法，学生可以找一个小的本子作为理财记账本，设置收入、支出、结余三栏，随身携带，随时花销随时记账，月末结算，定期书写记账日记；②信封记账法，每月拿到零花钱时，可以按照规划将零花钱分装到多个信封，如衣、食、行、娱乐、购买学习资料等。每次在每个信封上记下消费项目、时间和消费金额，一定要留一个机动信封，这个信封要装一笔暂时不用的钱，其他项目不够时从这个机动信封里拿，当其他有结余时也放到这个机动信封里，月末再结算。

环节 5：课堂总结

师：本节课我们探讨了财务自由的概念，了解了主动收入和被动收入，学会了寻找自己的 MPS，开始培养记账的习惯和储蓄的习惯。接下来的作业是：①阅读《小狗钱钱》这本书，尝试写成功日记和愿望清单；②开始记账，规划自己的开支。

六、活动效果

课后进行问卷调查，了解学生的学习情况。问卷共有 6 道题目：你对财务自由的理解？你选课的初衷是什么？这次课程你的收获是什么？这次课程是否达到了你的期望，为什么？你认为这次课程还有哪些要改善的方面？如果你是这门课程的授课教师你会怎么做？根据调查结果，总结如下。

1）培养学生树立正确的财富自由观。《中国财经素养教育标准框架》（2018 年版）规定，财经素养教育目标就是培养青少年在高中毕业后顺利完成以下角色：可以成为一位自食其力的劳动者，积极创造社会财富和累积个人财富；可以成为一名成熟的个体消费者进入经济生活，管理个人财务；可以作为一名合格公民理解国家乃至世界经济活动，知晓国家经济与个人财务之间的关系；可以作为一名财富管理者，拥有准确看待贫穷与富有，以及正义、道德的财富观念与信念，既彰显个体经济能力的自我价值，又从中享受创造财富带来的社会责任与人生意义。

本节课通过对财务自由的探讨，引导学生制定发展目标、正确认识财富与自由、正确看待财富自由，指导学生理解财富自由与个人发展是统一的。张銮同学这样写道：过去，我眼中的财务自由是指我拥有巨大的财富，可以买我想要的所有东西。但是，在“财务自由与实现”课堂上我才了解到了它真正的含义，明白财务自由是指我们可以自由支配自己的资产，有一定的资金储备，有稳定的被动收入，不用为生活所迫而工作，而是为了兴趣而工作。财务自由的最高境界是在我们拥有足够金钱的基础上，拥有足够时间做自己有兴趣、有意义的事。

2）运用科学工具寻找自己的发展方向。MPS 分析法非常受学生欢迎。学生普遍反映这次课程让他们明白了今后努力的方向，对自己未来的人生发展和规划更清晰了一些。

3）培养学生养成良好的储蓄习惯和记账习惯。在我国，青少年学生能自己掌控的零花钱虽不多，但压岁钱不少，尽管压岁钱大都是父母负责管理，但个别家庭比较重视孩子的理财能力，也会给孩子部分自主权管理自己的压岁钱及零花钱，因此就需要培养他们养成良好的储蓄习惯和记账习惯，能合理管理个人财务。

课后柯静宜同学结合课堂上的知识，又结合读《小狗钱钱》的感悟后写道：

学习了“财务自由与实现”这节课后，我又重读了《小狗钱钱》，听着同学们分享，听着老师的讲解，我发现自己又有了更深刻的认识。①要有财富目标，吉娅就是通过列出愿望清单和制作梦想相册明确自己的目标，这让我们对自己的追求有更坚定的信念。②积极创造财富。小狗钱钱鼓励吉娅自己挣钱，吉娅通过帮邻居们遛狗，赚到了不少钱。在吉娅遛狗的工作当中，她还认识了一位富有的邻居老太太。这位老太太还和吉娅及吉娅的朋友们成立了一个理财俱乐部，学习投资理财。我也是在这个部分，对股票、基金有了更深刻的认识。③掌握理财小技巧。将扣除生活费后，剩下的钱的一半存起来，一半用于支付消费贷款，最好不申请消费贷款。④在钱包里写上纸条“这真的有必要吗？”之前妈妈给我的零花钱我从来没好好规划，上完这节课后，我开始规划我的零花钱，开始把多余的零花钱存起来，我觉得信封记账法很管用，以前我的零花钱都是透支的，现在我基本上一个月可以存 100 元，尽管不多，但我认为从小储蓄很重要。

最后，她还提到：幸运，其实只是充分准备加上努力工作的结果。

七、存在问题

通过对课后反馈进行分析后，本次课程存在以下问题。

1）学生当前的年龄阶段和社会阅历有限，暂无明显的财务压力，参与研究的意识不够强，探究的主动性不够高。

2）概念的科学性。财务自由的概念理论界还没有统一的答案，尽管查阅了很多资料，但想找到一个适合中学生，便于他们这个年龄阶段能够接受的准确的概念还是很不容易的，作为一家之言此概念或许不够科学，有待进一步完善。

3）学生对 MPS 分析法不够熟悉，很多学生找不到自己既擅长又觉得有意义、有价值的方向。

八、改进设想

1）完善课程体系。学生处于青少年时期，还未独立打理财务，探讨财务自由离学生的实际生活还有一定距离，导致学生的认识不够深刻，且部分概念还不能很好理解，这需要后面的课程内容进一步完善，加强补充，同时需要多开展校外的实践活动，让学生在实践中理解概念。

2）概念的开放性。尽管财务自由的概念众说纷纭，但也有一定的规律性，这节课探讨的财务自由不仅仅是概念，而是一个目标，希望学生能树立正确的财富观。概念是开放的，每个学生心目中的财务自由都可能不一样。但一样的是学校期望学生可以成为一名自食其力的劳动者，积极创造社会财富和累积个人财富；能追寻自己喜欢又擅长且有意义的方向。

3）MPS 分析法的运用应是动态的。在课堂上让学生通过 MPS 分析法找到自己认为有价值、喜欢又擅长的事情并不容易，甚至很多成年人也暂未找到，因此不要强求每个学生都能找到三者的交汇点。暂时找不到是正常的，或许现在找到了，过了一年、两年、三年、五年又改变了也很正常。应该让学生进行自我分析，对自我进行人生规划是非常重要的。

实践特征

“财务自由与实现”实践活动聚焦“探寻财务自由”这一中心议题，通过探讨财务自由的内涵、青少年如何追寻财务自由等具体问题，引导学生正确认识财富、合理追寻财务自由、形成正确的财富观。

第一，倡导学生将财务自由与个人发展、幸福生活、社会责任相结合，充分体现财经素养教育的现实价值和意义。《中国财经素养教育标准框架》（2018年版）规定，高中学段从财富与个人家庭、国家社会、生命自然三个层面建构“财富与人生”维度的教学指引，建议依循个体参与经济生活的脉络开展财经素养教育，针对学生未来经济生活的需要组织教育活动，引导学生在活动中认识个体与社会、国家经济活动之间的关系，了解、理解、判断个体行为、社会活动与国家发展。

本课程从学生兴趣、价值观引领、课程规划三个角度确定将“财务自由与实现之路探讨”作为财经素养教育校本选修课程“青年理财”的开篇，以“什么是财务自由”“为什么要追求财务自由”“现阶段怎样为实现财务自由做准备”为逻辑主线，结合高中生的主要经济生活体验组织教学，引导学生将财务自由放在个体与家庭、社会、国家共荣辱的背景下认识理解财务自由，做好人生规划，这充分体现了财经素养教育在基础教育领域的基础性、支撑性价值。

第二，学习目标设定合理，教学重点突出，难点突破有序。本次实践课程在《中国财经素养教育标准框架》（2018年版）的指导下，从事实知识、方法技能、观念态度三个维度设定学习目标，清晰合理；课堂实施环节，教学重点放在从直观感知“财务自由”提升到规范界定“财务自由”，这体现出理论学习的重要价值；实现财务自由虽然不是高中生现阶段的奋斗目标，但向财务自由目标努力可以从现在做起，课堂上，教师引导学生寻找发展方向制定发展规划、培育“钱种子”、做好预算并控制开支等三个方面采取行动，较好地突破了教学难点，实践教学活动流畅有序。

第三，引导学生了解并熟悉理财规则，用理财思维持之以恒地管理生活。财经素养教育是关乎财经生活基础修养的活动，是提升生活品质的教育。要做成熟的消费者、合格的财富管理者，不仅需要正确的财富观，更需要了解、熟悉理财规则，还需要按规则持续地采取行动。本次课程实践用“帕保罗修管道”的故事直观展示财富生成的基本规则——搭建管道以实现财富的持续增长，视频给学生留下了深刻印象，也促使学生思考怎么找到属于自己的“管道”。为了帮助学生科学地找到自己的“管道”，教师精心选择了理财工具：MPS分析法、固定储蓄、按时记账，引导学生在使用这三种工具的过程中形成理财思维，并鼓励学生持之以恒地运用理财思维管理财富和人生。教师在课堂上播下了正确理财的种子，我们有理由期待这些学生将在人生合适阶段收获财务自由的果实。

第四，财经素养教育校本课程研究顶层设计合理，实施规范，反思及时。学校在高 2020 届开设校本选修课“青年财经”，设置了财务自由、消费、信贷、投资、保险、风险管控、国家经济政策、财富与人生等多个专题，由学校政治组、数学组教师和校外金融机构的志愿者共同授课。从第一节课的教学效果来看，课程的整体设计合理，符合高中生的认知需求；教师在施教时，对每个教学环节都做了充分研究，如提炼“财务自由”概念时，不仅查阅了专著、期刊和网页，而且还调查了学生的直观认知，这种规范的研究方法和认真负责的研究态度都潜移默化地影响着学生。另外，执教教师对教学活动及时进行细致、全面反思，这种精益求精的精神也值得提倡。

第五，总体意见与建议。人类历史上，人们掌握科技以来，科技改变了金融、改变了财富的意义，也深刻改变了财富增长的方式。财经素养教育不只是让学生学习系统的财经知识，而是要拓展学生学科知识、经济社会、文化传承等各方面的视野，特别是要创造机会让学生学习使用现代科技特别是金融科技来管理财富、创造财富，追寻财务自由，造福家庭与社会。建议选修课程授课教师小组筛选一些适合中学生的理财软件，让学生更容易、更安全、更有乐趣地开展理财活动，促进一次次的理财实践转化为理财习惯，更好地管理学习与生活。

第三节　股票投资的素养探析

实践叙事

“股票投资的素养探析”实践活动由成都市第七中学（简称成都七中）实施，该校作为一所百年名校，通过有效整合国内外、校内外的教育教学资源，为才华卓越的、追求更高成就的学生提供进一步发展平台，为造就未来各领域领军人才和拔尖创新人才奠定良好基础。

本实践活动的施教教师为何博，施教对象为该校财经素养高级班的学生，共计 30 名左右，活动形式为校本选修课程，活动时间为 1 课时（90 分钟）。

本实践活动的知识基础是高中政治必修模块“经济生活”中第六课“投资理财的选择”，教学聚焦“股票投资者的关键素养”这一中心议题，通过剖析两个股票投资案例，引导学生进一步认识股票投资者的必备能力、股票投资的高风险与高收益，进一步强化对投资理财的理性认识。

一、活动目的

1. 知识与事实

了解中国股票市场的发展历史和标志性事件，了解股票的实质和发行股票的经济意义，了解股票投资的收益方式与风险管控，了解股票投资的过程和特点。

2. 获取技能与方法

知晓股票价格的形成和变动原因，掌握一些股票分析的指标指数，获得一些股票的风险管控方法，获得一些调查方法、访谈技巧和人际交往能力。

3. 形成观念和态度

了解亲朋好友的职业情况，增进人际关系；准确评估自身的资产状况和风险承受能力，学会在案例分析中取长补短，明确自身的优势与不足，理性看待中国股市，树立正确的财富观。

二、活动设计

1. 设计思路

上课前，学生首先调查身边亲戚朋友的真实股票投资经历，完成并上交访谈报告表（用表格收集调查者和被调查者的部分身份信息，设计访谈问题以采集和评价方式对被调查者的股票投资经历、投资心得感悟等，整理访谈材料）。随后，教师收集分析访谈报告表，了解学生对股票投资的认知能力和水平，在此基础上形成课堂教学方案。

2. 过程逻辑

该过程共分为六个步骤。第一步，教师宣讲活动方案；第二步，教师发放访谈报告表，告知填写要求；第三步，学生选定调查对象、明确调查目标并完成调查报告；第四步，教师收集调查报告，分类梳理并安排课程集中交流；第五步，教师利用课堂引导学生完成集中交流和学习；第六步，教师跟踪反馈学生的学习心得体会，完成教学总结。

3. 活动关键点

本次活动的关键之处是引导学生做好调查前的知识积累、对象选择、问题设计等准备工作,这样有的放矢才能为课堂教学提供真实可靠的案例,基于真实案例了解股票投资现状、明确自身财经素养的提升方向。

三、活动准备

1. 材料准备

一是制订投资素养培养方案，二是制作访谈报告表，三是购买股票投资知识读本。上课前，提前印发给全部学生，以便他们做好基础知识积累和访谈问卷设计。

2. 信息沟通

学生需向家长介绍投资素养培养方案；教师通过电话、短信、微信等途径向家长介绍调查须知（包括调查时间、调查内容、调查过程的安全须知，以及其他注意事项），请家长配合并参与。教师将培养方案备案学校相关部门，以获得相关支持。

四、活动情景

1. 活动缘起

在学习高中政治必修课程“经济生活”时，学生对股票投资内容产生了一些疑问，对教师教学提出了新要求。比如，学生询问教师是否真实参与了股票投资，以及盈亏情况如何？有的学生基于家庭背景和兴趣爱好对我国股市的阶段特征、投机状况、市场机制、监管方式等内容表达了个人的看法；也有的学生对一些个人投资者的股票投资行为进行了分析，对股票性质和作用等提出了异议；还有的学生强烈建议去证券交易场所了解真实的交易场景和过程，跟从业人员真实接触，获得真实体验……学生的这些疑惑、建议和需求成为推动我们改进“投资理财”教学方式的主要原因。经过综合思虑，学校设计了本次活动。

2018 年 3 月，学生利用节假日对身边的股票投资者进行了访谈，完成并上交访谈报告共 10 份。访谈报告基本都能按要求完成,但调查不够细致、结论笼统模糊、涉嫌借用他人访谈内容等问题都很突出。教师对访谈报告进行筛选和梳理后，具体设计和实施了这次课堂教学活动。

2. 实际情境描述

课前活动分为两个环节：一是案例选取和分析，教师选出两份典型访谈记录印发给财经素养高级班学生（附件 2），学生对两份典型访谈记录进行分析后，提出了三个问题、总结出三点体会；二是学生意见收集与整理，形成四个方面的知识：中国股票发展史大事记、股票基础知识（表 3-3）、股票投资的关键能力、相关启发与反思；据此将学生分为 3 组，分头准备以便在课堂分享。

表 3-3　股票类基础知识问题汇总

序号	股票类基础知识问题
生 1	如何开设自己的股票投资账户
生 2	什么样的企业才能上市发行股票
生 3	证监会是如何监管股票市场的
生 4	我们如何把握国家政策对股票投资产生的影响
生 5	股票投资分为几个步骤
生 6	止损的技巧有哪些
生 7	股票投资的风险和收益如何平衡
生 8	股票的发行价是如何确定的
生 9	什么是熔断机制
生 10	价值投资的股票价值如何挖掘
生 11	影响股票价格的因素有哪些
……	……

课堂活动采用分享、交流、小结的方式进行，主要环节如下。

（1）第 1 组：介绍中国股票市场发展的一些重大事件和股票基础知识

生 1：我们以中国股票市场建立后的 10 次牛市和熊市作为时间轴，串联起一些重大事件，并适当对部分内容进行拓展说明（表 3-4）。

生 2：我主要回答大家提出的一些具体问题。一是如何开设自己的股票账户，二是什么样的企业才能上市发行股票……（参照表 3-3）

教师（点评）：学生 1 的介绍不仅让我们概览了中国股票市场发展过程，而且也让我们看到国家政策、国际形势对股票市场发展产生的重大影响。学生 2 的讲解很具体，解决了部分同学的困惑。建议感兴趣的同学课余自己深入钻研相关知识。

表 3-4　中国股票市场发展关键节点与主要影响因素一览表

时间	类别	主要因素	指数变化
1990.12—1992.5	牛市	初始认购	95 点上涨至 1429 点
1992.5—1992.11	熊市	“8·10 事件”	1429 点暴跌至 385 点
1992.11—1993.2	牛市	邓小平南方谈话	385 点涨至 1558 点
1993.2—1994.8	熊市	经济过热、宏观调控	1558 点跌至 325 点
1994.8—1994.9	牛市	印花税单边征收；汇金购入银行股票；国有资产监督管理委员会支持央企增持上市公司股份	325 点暴涨至 1052 点
1994.9—1995.5	熊市	发行国债资金流出	1052 点跌至 582 点
1995.5	牛市	关闭国债期货消息	582 点上涨至 926 点
1995.5—1996.1	熊市	废除 T+0 制度，实行 T+1；股市扩容和政策的抑制	926 点～512 点
1996.1—1997.5	牛市	政策回暖，选择绩优股价值投资成为主流理念	512 点上涨至 1510 点
1997.5—1999.5	熊市	股市过度扩容；印花税由千 3 上调至千 5	1510 点～1047 点
1999.5—2001.6	牛市	网络概念股；人民日报社论	1047 点暴涨至 2245 点
2001.6—2005.5	熊市	国有股减持	2245 点跌至 998 点
2005.5—2007.10	牛市	股权分置改革；人民币升值；开放式基金大量发行	998 点冲高至 6124 点
2007.10—2008.11	熊市	美次贷危机引发全球经济衰退；通货膨胀；基金暂停发行，大小非减持	6124 点下跌至 1664 点
2008.11—2009.7	牛市	四万亿投资救市；十大产业振兴规划	664 点上涨至 3478 点
2009.7—2010.7	熊市	首次公开募股重启；紧缩的宏观政策；欧洲债务危机	3478 点跌至 2319 点
2010.7—2010.11	牛市	美国量化宽松货币政策	2319 点上涨至 3186 点
2010.11—2011.6	熊市	新股的密集发行	3186 点跌至 2661 点
2014.7—2015.6	牛市	深化体制改革全面启动	2054 点上涨至 5178 点
2015.6	熊市	场外配资清理；熔断	5178 点跌至 2700 点

（2）第 2 组：分析概括股票投资者应具备什么关键能力

生 1：我们组分析和讨论了访谈记录中两位投资者的家庭出身、学历水平、收入水平和投资经历等，查阅了一些资料，归纳出股票投资者应具备四大关键能力，具体如下：一是要有正确的投资理念和长远的投资眼光，基于分析刘元生投资万科的案例；二是要有良好的投资心态和理性的操作手法，基于《巴菲特股票投资术》阅读心得；三是一定要具备风险意识和风险管控能力，基于《巴菲特的投资组合》阅读心得；四是要有面对复杂市场信息的独立判断能力，基于《财富人生——投资股票期货黄金外汇所必备的四种能力素质》阅读心得。

生 2：我们组在分析两份访谈记录的同时，还收集了不少其他案例，并提炼出如下四点股票投资理财建议：一是投资一定伴随着风险，而盲目无知才是最大的风险；二是股票投资最大的成本是时间成本，而投机最大的成本是资金成本，因此请选择投资，放弃投机；三是股票投资一定要选择与专业团队合作的运作模式；四是用非关键资金参与，不借贷款，不刷信用卡，不压身家，理性投资。

（3）第 3 组：分享股票投资研究中的所思所得

生 1：投资知易行难，如何克服人性贪婪和恐惧的弱点需要人生历练。

生 2：投资股票如果要成功，一是要朝正确的方向努力，二是不轻言放弃，屡败屡战，总结经验多学习、多研究。

生 3：股票投资有三大遗憾：不会选择，不坚持选择，不断地选择。

生 4：在股票投资市场上，投资的真正敌人是自己。要战胜自己，必须要具备良好的期望心理、敏捷的思路、坚毅的性格。对待投资成功与失败的正确态度应该是冷静分析、总结经验、查找原因、以图再战。

生 5：成功的股票投资者都拥有一些相似特质，如行业宏观面的分析能力、企业微观层的剖析能力、对人性的控制能力、对市场情绪的理解能力、对资金偏好的分析能力等。

……

教师（总结）：非常感谢大家贡献智慧，相信在这次的课程里同学们一定收获颇丰。最后，我再结合自己的经验，分享对于股票投资的一些认识。

首先，要对股票投资体系有完整认识，包括思考和解决如下主要问题：投资股票需要储备哪些知识？股票投资的基本操作流程有哪些？股票投资有几个关键流程？如何处理你的投资风险和收益的关系？等等。

其次，要培养自己具备如下能力：一是想要盈利的强烈愿望，即“成就动机”，这种动机会促使你不断研究、学习、总结和反思，最终成长为一名成功的投资人；二是明晰雄厚资金、强大抗压心理和专业投资团队能提高收益率和风险承担能力；三是有政策敏锐度、对问题的贯通认知能力和独立的股市判断。

最后，希望大家依托于“他山之石”，逐步掌握专业投资知识、提升投资理财能力。在本节股票投资课程里，我们不仅收获了股票投资的基础知识，还发现个人的意志品质对成功股票投资的重要性，我们常说的财经素养其实就是财经知识和财经能力的深度结合。今天的课程就到这里，非常感谢大家。

五、活动效果

1）学生选择调查对象、设计访谈问题，独立获取财经信息的能力增强。

2）学生利用真实案例、模拟真实情境、提出真实问题，分析和解决财经问题的能力得以提升。

3）学生在整理财经知识、陈述财经理论的过程中，不仅获得知识，还获得了学习知识的方法和能力。

4）通过调查和课堂表达，学生的沟通能力、语言组织和表达能力得到了锻炼。

六、存在问题

1）活动组织费时费力。首先，选材费时。从各种投资理财中确定股票投资这一主题，耗时很长；之后组织学生调查访谈、筛选整理案例的难度很大，耗时较长。其次，教师指导、筛选典型案例费力。教师教学繁忙，课余要花费较多时间来找出适合学情的案例，帮助学生提出问题、学好基础知识、在课堂上分组展示等都需要复杂而漫长的工程。最后，分析案例费时。学生往往找不准问题和教学的结合点，各小组前期讨论花费时间比较长，效率较低。

2）教育内容庞杂。股票投资涉及很多专业知识和复杂的社会认知，学生和教师的理论与实践积淀都很有限，课堂中无法有效解决所有问题。

3）教学效果评价困难。在课程效果评估过程中，教师把学生学习背景与促进学生个性成长结合起来，尝试制定思维、知识、能力、行为和实践等维度的培养目标，但因面面俱到，反而重难点不够突出，科学性也不够强。

七、教后反思

1）开展高质量的财经素养教育任重道远。高中阶段的教育核心是发展素质教育，培养学生的核心素养。不管是从发展核心素养体系的视角，还是从素质教育的角度看，财经素养教育的作用和意义都是十分突出的。但是一线教与学的升学压力致使不管是教师还是学生都基本束缚在了考试之中。如何协调升学压力与素养培育的矛盾，是每一个教育工作者都在思考的问题。目前，就财经素养培育来说，创建一个财经教育的资源汇聚平台是现实的可以解决这一矛盾的有效方法。另外，本实践活动所尝试的将高中政治必修一“经济生活”的课程教学与部分财经素养教育相结合，利用校本课程对教材的财经内容加以延伸和拓展，这也算是解决矛盾的一种有益尝试。虽然很多学校都在尝试进行财经素养教育，有的学校收获颇丰，但大多数学校普遍还都受限于高考压力、教育标准缺失、师资水平等因素，未能高效进行财经素养教育。

2）创新培育方式是真正提升学生财经素养的关键。财经素养的培养需要财经通识类、启蒙类课程、跨学科交叉财经类课程，以及基于特定主题开发的强化类课程。学好这些课程不仅仅需要教师引导学生学习基础知识，更需要依托于真实的情境和体验，让学生在财经素养提升过程中主动学习、积极投入实践。这就需要学校和教师充分开发与利用有利于学生学习的课程资源，引导学生开展多种形式的深度学习活动，亲身参与各个学习实践环节，要让学生在过程中成长和进步。

3）财经素养的培育要和其他能力的提升结合起来。在此次课程的准备和实施过程中，学校观察发现学生的学习能力、问题分析能力、思辨能力、组织能力、表达能力等区别较大。这启示我们在培育学生学科能力与学科素养的同时，还要加强如下方面的教育。①要注重道德情感教育，提升学生做人做事的品德，行为的准则和规范。②要突出文化素养教育，丰富学生的文化知识和加深文化理解。③要锻炼学生的学习能力，特别突出学习策略、自主学习能力的培养。④要提升思维素养，要鼓励学生敢于质疑，敢于提出问题，要善于思考、分析、推断和解决问题，对学生进行逻辑思维能力、联想思维能力和创新思维能力的培养。⑤要提升其交际能力，要求学生能够清楚有效地向他人表达自己的想法和观点，明确自己在团队中所承担的任务，并努力完成，共同承担责任。⑥要具有灵活性，为了达到共同的目标愿意做出必要的妥协。⑦要有团队合作精神，积极参与团队活动。

八、改进设想

1）前期准备工作要更加充分。各环节的工作都要再调整细化，特别是学生调查表填写环节。学生在这一环节出现的问题比较突出，教师将其归纳为：对象选择不恰当、人物采访不到位、表格内容填写不专业、部分主要内容未完成等，后期可以先让学生拟定2～3个备选调查人物，在教师的引导下评估调查难点、设计调查问题，保障调查的广度深度，以增强案例的真实性和可借鉴性。

2）提升课堂的顺畅程度，提升课堂实效。在课堂呈现环节，部分学生存在并未参与课程的主要环节、学生的观点陈述、语言表达能力还需加强、课堂流程不够顺畅等问题，以后要让课程任务更加具体、课堂分工更加明确，保障每次课程的参与性、有序性和有效性。

3）及时开展课程效果评估工作。教学反思是对教育教学规律的探索与发现，它为教学工作提供了“再创造”的可能，是教学创新的基础，也是教师自我发展的过程。课程实施后，因为一些其他的原因，教学总结工作并未及时有效开展。教学总结和反思工作是做好下一步工作的重要指引，要及时开展课程效果评估工作。

实践特征

“股票投资的素养探析”实践活动聚焦“股票投资者的关键素养”这一中心议题，通过剖析两个股票投资案例，引导学生进一步认识股票投资者所需的必备能力、股票投资的高风险与高收益，进一步强化对投资理财的理性认识。

第一，课例选材典型，对开展高中财经素养教育具有一定的借鉴意义。《中国财经素养教育标准框架》（2018年版）高中学段在“储蓄与投资”“风险与保险”两个维度明确列出金融机构、金融产品与金融服务等内容的教学指引。股票作为常见的金融产品，因其具有高风险、高收益的特点常常成为财经频道、百姓生活中的高频词，自然也引起了高中生强烈的好奇心；引导学生收集身边人的股票投资经历作为研究对象，真实生动，具有一定的典型性和代表性。

本实践课程学习内容股票投资同时来自高一思想政治课程改版前的必修模块一“经济生活”第二单元第六课《投资理财的选择》。“经济生活”共有四个单元：第一单元“生活与消费”由《神奇的货币》《多变的价格》《多彩的消费》3课组成，第二单元“生产、劳动和经营”由《生产与经济制度》《企业与劳动者》《投资理财的选择》3课组成，第三单元“收入与分配”由《个人收入的分配》《财政与税收》2课组成，第四单元“发展社会主义市场经济”由《走进社会主义市场经济》《科学发展观和小康社会的经济建设》《经济全球化与对外开放》3课组成。《普通高中思想政治课程标准》（2017年版）将“经济生活”内容做了大幅调整，其中“投资与理财”放入选修模块“财经与生活”。因此，本课程仍适用于使用改版后思想政治课程教材的高中学校的师生。

由于本实践课程涉及的知识技能显著高于思想政治教材的教学要求，因此教学定位是面向财经素养高级班的30名学生。

第二，采用分头调查、集中梳理、分组攻关、共同分享的方式，博采集体智慧开展自主学习。理论上而言，股票投资以财富增值为主，但人们耳闻目睹的现实是身边投资股票实现财富增值的是少数人，大部分人投资股票是亏本的。据陈志武金融通识课介绍，普通中国家庭投资到金融产品的财富资产不足12%，这其中仅11.4%的投资在股票上，即中国家庭实际上仅有1.4%的财富投资在股票上。因此，大部分学校教师和学生家庭在股票方面的知识储备不足、投资经验欠缺，高中学校开展股票及其投资的教学实践活动，需要师生共同学习、共同成长。

本实践课程中，教师从方法论角度进行学习指引，首先设计了投资素养培养方案、投资者访谈报告表、股票投资知识读本等，全体学生在自学基本常识、明确学习目标后分头调查；其次，教师及时梳理学生的调查访谈资料，归纳学生的认知需求，基于此将学生分成3组，指引学生根据各自专题分头深入钻研；最后，师生课堂分享总结。整个活动安排合理有序，促进师生在股票投资领域开展互学互启，学生的自主学习能力、教师的组织策划能力均得到了较好锻炼。

第三，引导学生在理性思考的基础上形成正确的投资理财意识。随着中国经济不断发展，普通中国家庭的财富不断增加，人们开始有余钱，同时也面临如下新问题：怎样配置投资组合才能使家庭财富保值增值最大化且风险最小化。

金融市场上，虽然货币、债券、股票、基金、保险等金融产品的功用和目的都不同，但学界还是推出了一些度量不同金融产品的一般指标，以比较不同金融产品的吸引力，其中最重要的两个指标就是风险和收益。本实践课程给出的两份访谈记录，都从风险和收益角度对股票投资给予了高度关注；课堂分享环节，学生不仅交流了对股票投资风险的感性认知，也从不同角度分享了对投资理财的理性思考；这些都有助于学生树立正确的投资理财意识，为学生在未来理性规划自己的财富人生奠定了良好基础。

第四，在深入社会调研的过程中逐步提升学生正确理解和积极参与经济生活的能力。陆游在《冬夜读书示子聿》中说："纸上得来终觉浅，绝知此事要躬行。"从本实践课程的活动缘起可以看出，高中生已经不再满足于在从课堂上、从书本上学习纯理论的理财知识，他们渴望亲自参与投资、参与理财，渴望在具体实践中摸爬滚打、积累实战经验、提升投资理财能力。成都七中作为百年名校，面对学生的学习渴求，教师迎难而上，积极拓展教学思路，引导学生有序开展社会调研，虽然过程中遇到不少困难或麻烦，但师生坚持并逐一克服困难，最终较好地完成了这次教学活动。相信学生在不断深入社会调研的过程中，其提出问题、表达沟通、解决问题、组织协调等多方面能力得到了锻炼，正确理解和积极参与经济生活的能力也得以提升。

第五，总体意见与建议。学习投资理财特别是股票投资是一项长期活动，理论知识和实践经验缺一不可，不能期待仅开展一次教学活动就能取得完美效果。在金融科技飞速发展的今天，已经有比较成熟的模拟投资理财软件。有条件的高中学校，可以考虑建立金融理财实验室，适当引进相关设备与模拟软件，为学有余力、财经素养潜力大的高中生提供投资理财模拟实践的机会。

附件 2

陈南童访谈记录表

访谈者陈南童

1. 访谈对象

C 先生，男，43 岁，华西证券工作人员。

2. 访谈目的

1）了解股票投资的收益。

2）了解股票投资人的基本素养。

3）了解一些选股技巧。

4）知晓股票投资的其他相关知识。

3. 核心访谈实录

陈南童：您对股票投资收益有何看法？

C 先生：所有投资首先要关注的就是收益，但不能只看短时间内的数字，我最大的体会是一定要相信复利的威力，在没有重大操作意义的环境里以耐心等待不出现重大失误为目标，而一旦重大机会出现也要富有行动力。还有就是不要沉迷于过去，历史的收益是一个客观结果已经无法改变，重要的是从中学习到东西，那才是未来良好收益的种子。

陈南童： 您觉得一个好的股票投资者要有怎样的个人修养？

C 先生： 从我身边的案例来看，好的投资者一定是一个较为理性的人，也是一个比较重视逻辑和证据的人，这些特质可能确实对投资有一定的帮助。我个人觉得还有一点很重要：既清楚地知道自己是个聪明人，但同时又有自知之明。这一点其实非常重要，很多聪明人最麻烦的地方就是喜欢耍小聪明，喜欢走捷径，喜欢挑战高难度，这一切都会导致对自己的高估。而一旦你无法正确地评价自己时，你更不可能正确地评价企业和股票市场，那投资还怎么可能成功呢？

投资的自我修养中，我个人认为“从一开始就建立全局性的视野”是非常关键的。投资中有三个最根本的挑战，第一是要认识自己，第二是要看清企业，第三是要弄懂市场。其对应的三个重要能力，即自知之明和自控能力、敏锐的商业判断力、对市场定价机制的认识。

在股票投资的学习中，我强烈地感受到理论知识的掌握是相对容易的，但能否灵活运用却与一个人长久以来形成的习惯息息相关。在股票投资中一定要培养起逆向思维、辩证思维和概率思维的习惯，并且最好养成写作的习惯，一个无法用文字清晰论述问题的人往往也无法清晰地思考问题。

我在投资中的座右铭是“理性、辩证、中庸、守拙”，这几个字要能都做到看起来就没什么人味儿了，但至少在资本市场中你得努力去做到——因为这里本来就不是普通人和“正常人”能获利的地方。

陈南童： 您对于股票投资是怎样理解的？

C 先生： 股票投资就是“好生意、好企业、好投资”。

对初涉企业投资分析的朋友而言，千万不要陷入企业零散信息的汪洋大海中，而是集中精力去想清楚三个问题：第一，到底什么才是好生意？第二，好生意是不是就是好企业？第三，好生意、好企业为何也可能变成糟糕的投资？好生意就是最符合“DCF 三要素”的生意特性，是从价值创造的根本特征上把握高价值的源泉；好企业则是指能将“对的事做对”的主体，寻找那种可以给予较高置信区间、能够将良好的商业预期成功转变为巩固的差异化竞争优势和现金流的有战斗力的组织；好投资是指对于对象、时机、力度三个要素的协调把握，也是投资的财务目标与投资过程中理想的生活方式之间的平衡——说得通俗一些，一笔好的投资是指在合适的价格、以合适的仓位、买入合适的企业，同时也包括这种投资模式能让你健康、愉悦，并且可持续地、站着把钱赚了。换句话说，好生意就是寻找到商业世界中的富矿，好企业就是找一个最靠谱的矿工，好投资就是拟定一个最有利的合作协议。

陈南童： 您刚才提到的“DCF 三要素”能再解释一下吗？

C 先生： 透视企业内在价值特征的思维体系称为“DCF 三要素”：经营存续期、现金创造力、经营周期定位。“DCF 三要素”主要是用来解决“好生意”问题的，当然还需要与“高价值企业”特征中的前几条结合起来用。除此以外，“DCF 三要素”也明显的与股票定价的溢价、折价有深刻的联系。它的困难之处就是企业的经营状况是一个动态发展的连续剧，如果只拿出来一个静止的横断面来套公式，得出的结论很容易南辕北辙。但无论具体情况如何变化，一个要诀就是不要无限拔高某一点，而是要用三个维度综合去判断。一个好生意，必然呈现出在某一点上非常优异，而其他两点也至少是较为出色的。比如，互联网生意的现金流特征可能不同于传统企业，在经营周期上往往潜力很大，但其在经营的存续期上却相对比传统企业脆弱得多，这种特性就注定非常考验投资人的前瞻性，并且不适合长期持有。另外，我们要接受一个现实：真正的好生意确实是非常少的，这也是为何巴菲特说一辈子能打好 20 个孔就够了的原因所在。

陈南童： 怎么定义成长投资呢？

C 先生： 成长性是由什么决定的？它取决于其商业价值和生意的特征、取决于未来中长期的供需格局、取决于企业能否构建起差异化的竞争优势、取决于它是否能够充分调动起各项经营要素并且持续提升其资本收益率的水平，当然它也取决于企业家精神、战略规划和执行力。投资人与会计或者审计的区别就在于，后者只关注其当前的资产状况和财务数据，而前者却是从现在可知的信息去推测这个企业的未来。

如何在成长的可能性与市场定价的偏离之间取得一个有利于自己的赔率，是一个成熟的投资人需要考虑的问题。所以，我既“重视成长性”，但也愿意“价值在哪里，我就去哪里”——所以不要将成长与价值对立起来，无非是在哪一个阶段哪一种投资机会更加突出、更加容易识别、更加具有吸引力的问题。不必争论成长与价值哪个更“正宗”，更不要给自己贴标签画地为牢，赚自己看得懂的钱才最重要。

陈南童： 请问您什么是高价值企业？

C 先生： 高价值企业是我对某一类投资对象的一种概括，它包括巨大的商业价值、优秀的生意特性、处于价值扩张期、高重置成本及定价权、优秀可信赖的管理层等五个要素。

这五个高价值的衡量因素具有内在逻辑上的联系：商业价值是一个企业得以存在和发展的基本前提与基础。如果说企业的经营和发展需要脚踏实地的话，那么商业价值就是衡量它所站立的土地到底有多广阔和坚实。生意特性主要突出的是这个企业的生意能在多大程度上符合“DCF 三要素”。是否具有较好的资本收益水平，以及是否存在业务上过于脆弱或者难以持续成功的硬伤。如果说第一点突出的是这个生意的总量，第二点突出的则是其盈利的质量，那么价值扩张阶段就是强调它实现这个量的效率。

重置成本和定价权代表了这种增长与扩张具有多高的确定性，企业是否有办法避免竞争对手的模仿和破坏，从而为其商业价值建立起坚固护城河？管理层因素强调企业有无将优势转化为最终胜势的素质，以及对于这笔投资可以给予多大的置信空间。

上述原则中如果说第一条和第二条属于这个生意从娘胎里带出来的先天因素，那么第三条至五条则更像是依靠不断实践和在竞争中锻造得来的后天因素。

陈南童：您是如何估算一个企业的价值的呢？估值有什么艺术吗？

C 先生：估值具有两面性。一方面，无论任何时候，一个企业的估值都不能脱离基本常识和以现金流折现为根本原理，以净资产收益率(Rate of Return on Common Stockholder’s Equity, ROE)特征为根基的“地心引力”。当市场上出现所谓的创新估值方法的时候，往往已经到达泡沫的极点区域，所以首先估值不要轻易相信“这次不一样，这个不一样”。但另一方面，估值也并没有什么“黄金算式”和“万能指标”，任何估值指标都具有视角上的局限性，要善于运用多维的视角来审视企业的真实估值。估值的艺术性其实就集中体现为：不同情况下需要决定选取什么指标组合，并且如何合理分配每个指标在决策中的权重。无论市场如何变化，估值必然是需要对一个企业基本面的透彻理解为前提，也最好是对市场定价产生差异化的本质原因有所思考，理解市场中溢价、折价和泡沫的区别所在。总之，估值确实是对投资者能力最具综合性的一个挑战，但真正好的投资机会却从来不需要复杂估值的论证，而一定是越是多个角度的衡量就越能显示出显而易见低估的状况。

陈南童：您有什么独特的投资视角吗？

C 先生：不止一位投资大师曾经告诫过我们“投资要具有历史感”，为什么呢？因为人类社会的发展确实是有一定规律的，特别是在全球化发展背景下，如果说文化更倾向一种独特的传承和差异性，那么文明则更体现出一种交融和相互模仿与逐渐靠拢的共性。不同社会发展阶段的经济焦点是完全不同的，在供不应求的初级经济阶段，那些能提供初级消费品、关键基础设施并且善于规模化的企业是胜出者，这种环境里创新是很不经济的行为。然而随着经济发展到供过于求和物质极为丰富的阶段，那些能够帮助生产者提高效率、为消费者提供更高附加值，以及更加愉悦和健康生活的企业将脱颖而出。如果说奥运会的规律是更高、更快、更强，那么社会文明发展的规律就是更高效、更愉快、更健康。而恰好这类企业呈现出轻资产的特征，以无形资产为主要生产力的，所以其显示出更加优越的商业特征就不足为奇了。

陈南童：您对科技股有什么看法呢？

C 先生：诚然巴菲特从不投资科技类企业，并且确实科技产业相比一些传统行业的不确定性更加突出，并且我也认为并不一定非要投资科技类企业才能在未来获得好的投资收益。但投资中也要戒除傲慢与偏见，关键是要看自己到底能不能看懂这类企业。从国外的统计数据来看，自 20 世纪 70 年代以来信息技术、医药保健等行业的资产收益率确实非常高，结合其广阔的商业价值和中国社会发展新阶段的大背景，放下傲慢和偏见，认真寻找自己看得懂的机会可能更加理性。不过，科技类企业所蕴含的想象力非常容易“迎风起舞”，这也是不争的事实，投资科技类企业需要更好地理解溢价和泡沫之间的差别，并且警惕以想象力代替安全边际的冲动。

陈南童：您对投资茅台这个类别的企业有何看法呢？

C 先生：对于那些刚刚经历过黄金十年、长期景气繁荣，企业已将各方面经营得登峰造极且资产收益率极高水准的企业要小心。如果中国经济的前途取决于经济结构调整，而经济结构调整意味着某些领域的市场或许即使不是永久性的，也将是很长时间难以再接近当年的峰值，那么这类公司最多也只是有个超跌反弹的机会而已，估值在极端便宜的时候可能有阶段性的修复，但也仅此而已。这样的机会当然不是不能投，只不过是否是最优选择就见仁见智了。

陈南童：您对喜爱投资的高中学生有什么建议吗？

C 先生：高中学生还是应该好好学习基本知识和积累社会实践经验。特别要注意的是把学到的知识与实际情况结合分析。

附件 3

叶宁同学的访谈记录表

1. 访谈对象

W 先生，男，47 岁，职业股票投资人。

2. 访谈目的

1）看懂股票各种线。

2）了解股票投资的风险。

3）积累实际的投资经验。

4）建立自己的投资账户。

3. 核心访谈实录

叶宇：您怎么会想到去投资股票呢？

W 先生：我单位里有同事买股票赚了钱，劝我也入市，那时候我还没结婚，没有挂念，从此开启了我的“职业生涯”。

叶宇：您最开始收入状况如何？

W 先生：最开始是做短线，什么都炒，当时是 T+0，每天疯狂交易，五个多月过去，30 000 元炒到只剩 1300 元。30 000 元在当时不是个小数目，可以在成都开一个小餐馆了。

叶宇：亏钱后，你怎么打算的？

W 先生：我找家里借了 60 000 元继续投资股票，非常盲目地继续破釜沉舟。到 2000 年前，除了买到新股挣了点小钱，其他的交易大多亏损，那两年我的生活真的很艰难。

叶宇：您投资股票的转折点在哪里呢？

W 先生：2000 年，我买的一只股票突然暴涨，我卖出时差不多赚了 8000 元。后来其他股也涨了一些，我的账户里有了 20 000 元。也是从这个时候起，我开始减少交易，有时候甚至空仓。

叶宇：您什么时候开始赚了比较多的钱呢？

W 先生：2005 年下半年，牛市出现，行情开始转暖之后，我已在这种太阳能股上有了很多收益。之后，我用基本面研究，发现很多研究报告都说锌的库存严重短缺，于是我重仓买入有色金属股票，正好碰到股改行情，上涨非常得猛。总体说来，我赚得最多的当属 G 五粮液控股股东宜宾市国有资产经营有限公司发行的以 G 五粮液股票为标的认购股权证和认沽权证，可以说赚得当时连我自己都不敢相信。那真是一轮超级大牛市，2015 年的牛市和那次比起来只能算是毛毛雨了。

叶宇：您之后有亏损的时候吗？

W 先生：2007 年牛市见顶，熊市来临，我继续坚持价值投资的理念，以基本面入手投资股票，重仓介入石油股，损失惨重。

叶宇：这种大起大落对您有什么启示？

W 先生：我领悟到，2007 年自己大赚，并不是因为基本面，而是因为牛市，是市场情绪化的结果。于是，我重新变回一个技术派，再也没有动摇过。但这次变为技术派发生了质变，我更关注图形和量价关系，看成交量和价格，看换手。我终于发现，技术分析里，指标是误区，量价才是重点。从那之后我花了大量时间去看图，把历史上所有牛股的涨跌图形反复看，全部记得滚瓜烂熟。

叶宇：听说您每天晚上都在看东西，具体看了些什么？

W 先生：每天把自己所有交易每笔复盘，挣钱的交易为什么挣，亏损的交易为什么亏。然后继续把历史上所有牛股反复看图，刻在脑中，进行比对。我一是勤奋好学，二是修正能力特别快，随时向市场认错，错了就改，不斗气。

叶宇：您为什么要成立投资公司呢？

W 先生：想做大做强，和专业人士联合起来抵抗风险。公司成立后，我们公司基本是没有亏损的，除了比较大型的“灾难”，如熔断机制。

（说明：由于部分信息太多且可能涉及隐私，已对部分内容进行删减；两位同学都具备一定的股票投资基础知识和实践经验。）

第四节 保险与人生呵护

实践叙事

“保险与人生呵护”实践活动由西安外国语大学附属西安外国语学校实施，该校是一所十二年一贯制学校，其前身是 1963 年由周恩来同志亲自批示成立的全国首批外国语学校之一，1995 年由西安外国语学院恢复重建，现有学生 3600 余名。

本实践活动施教团队由张先锋、李振刚、赖果、杨晓婷、王晓莹组成。施教对象为高二年级选修财经类校本课程的学生，共计 44 人。活动形式为校本选修课程，活动课时为 1 课时（90 分钟）。

本实践活动的典型意义是集中于“保险与人生呵护”这一中心议题，包含一个当前学生即将面临或正在面临的典型问题，尝试探索一种通过提升学生对保险与人生呵护之间的关系的认知以增强学生保险意识的方法。

一、活动目的

1）在了解知识与事实层面，知道商业保险、社会保障的设计原理。帮助每个学生掌握保险基本知识、树立正确的风险管理理念、提高其运用保险规避风险的能力和综合素质，促进学生健康成长、全面成才。

2）在获取方法与技能方面，能够识别和防范常见的网络诈骗、电信诈骗等欺诈行为。增强高中生的安全防范意识，降低意外事故发生的可能性，保障广大在校学生的合法权益，避免或减少经济纠纷，减轻学校的办学负担，解除家长的后顾之忧。

3）在形成观念与态度方面，遵循最大诚信原则，反对保险欺诈。让学生了解在保险经营中，无论是保险合同订立时还是保险合同生效后，投保人与保险人对有关保险的重要信息的掌握程度是不对称的，引导学生树立诚信原则，反对保险欺诈。

二、活动设计

通过问题导入，引入情境，引发学生对保险的具体思考。

背景：西部网讯（记者 刘望）2018 年 5 月 16 日凌晨 5 时 30 分左右，在西安市玉祥门盘道下穿隧道入口发生一起两车相撞的交通事故，截至目前，事故已造成 2 人死亡，另有 6 人受伤。

凌晨 5 时 30 分左右，在玉祥门盘道下穿隧道入口处，一辆白色凯迪拉克 SUV 轿车高速行驶与对向面包车发生碰撞。根据市民提供的行车记录仪视频显示，凯迪拉克在从右侧实线变道至左侧超车时，因高速行驶躲避路面障碍物不及，造成车辆方向失控，越过双黄线撞向对面驶来的一辆面包车。

记者了解到，这起车祸中共有 8 人受伤。3 名伤者被送往西安医学院第一附属医院，其中 1 名伤者入院前已经死亡，另 1 名伤者抢救无效死亡。另还有 4 名伤者被紧急送往西电医院救治，1 名伤者被送往西安市第五医院救治，该名伤者受轻伤已转至病房观察。

有现场目击群众说，车祸现场共有 8 人，凯迪拉克上乘坐了 6 人，平均年龄为 20 岁出头的样子，面包车上乘坐了 2 人。

问题：在这个案例中，会涉及哪些类型的保险？它们又会起到怎样的作用？

提示：在这个案例中，会涉及财产保险（汽车保险）、责任保险（第三者责任险）、人身保险（人寿保险、意外伤害险、健康医疗保险）等几类基本保险形式。

学生通过自主学习、教师讲解，对我国保险的功能、种类，以及自己未来生活中的保险决策有了充分的了解。之后，通过师生的感悟或经验分享、购买保险时的注意事项探讨等活动，极大地调动了学生的参与度，将本次活动推向高潮。最后，通过布置一些课后延伸思考的问题，进一步提升学生的保险意识。

三、活动准备

教师将学生分成 6 个小组，指导学生课前通过中国知网、书籍、咨询等途径获取风险和保险的区别与联系、我国的基本险种等知识；上课时由学生以小组为单位进行展示，为课堂讨论奠定认知基础。

1. 在学理上区分风险与保险

在人们日常的生产生活中，自然灾害、意外事故等时有发生，无论是团体或是个人都面临着不同程度的风险考验，自觉或不自觉地担负着各种风险所产生的后果。而保险正是人们为应对各类风险造成的不幸损失和后果而出现的。由此可见，没有风险就没有保险，风险存在的客观性是保险产生发展的基本前提条件，要认知保险首先必须从认识风险开始。

风险，是指遭受损失、伤害、不利、毁灭的可能性。通俗地讲，风险就是发生不幸事件的概率。换句话说，风险是指一个事件产生我们所不希望的后果的可能性。风险是客观存在的，是一种不以人的意志为转移的自然和社会现象，同时又具有偶然性、突发性、可变性等特征。现实生活中，人们经常会遇到一些难以预料、防不胜防的突发事故和自然灾害，这些意外事故和自然灾害都具有不确定性。风险是风险因素、风险事故、风险损失等的集合体。那些隐藏于风险事件背后的可能造成损失的原因和条件就是风险因素，诸如火灾、洪水、车祸、疾病等造成生命、财产损失的偶发性事件都称为风险事故，而风险事故导致物质财富和精神价值的减少通常称为风险损失。风险普遍存在，人类应对风险的实践活动从古至今一刻也没有停止过。随着经济社会的发展进步，人们面临的风险在不断变化发展，人们应急避险的意识也在不断增强，防范和化解风险的办法及手段日益增多。基于安全保障的需要和降低风险成本的愿望，人们必须学会对风险进行管理，通过对风险的识别和考量，采用科学有效的经济技术手段对风险进行处理，以最低的风险管理成本获得最大的安全保障，以实现单位或个人利益和价值的最大化。

保险基于风险的存在而产生，因风险的变化而发展。保险是指投保人根据合同约定，向保险人支付保费，保险人对合同约定的可能发生的事故所造成的财产损失承担赔偿保险金的责任，或者当被保险人死亡、伤残、疾病或者达到合同约定的年龄、期限时承担给付保险金责任的商业行为。保险这一概念包括多层含义：从法律学视角看，保险是一种合同行为，投保人向保险人交纳保费,保险人在被保险人发生合同规定损失时给予补偿；从管理学视角看，保险是一种风险转移机制，没有人会希望风险的发生，但每个人又都在为风险的发生做防范和准备，保险就是人们化解风险和损失的“灭火器”“减压阀”“润滑剂”；从经济学视角看，保险是一种有效的财务安排，保险就像一个“蓄水池”，在平时进行点滴积累，需要时就可以直接取用，在保险集合体中，每个人都必须支付一定的“保费”，如果有人遭遇不幸，就可以借助众人的力量避免或减小损失；从社会学视角看，保险是一种互助行为，是面临风险的人们通过保险人组织起来，从而使个人风险得以转移和分散，由保险人组织保险基金集中承担，当被保险人发生损失时，可从保险基金中获得补偿，即一人损失，大家分摊；人人为我，我为人人，这也是保险最核心的文化内涵和价值诉求。

2. 查阅我国的基本险种

财产保险，是指投保人根据合同约定，向保险人交付保险费，保险人按保险合同的约定，对所承保的财产及其有关利益因自然灾害或意外事故造成的损失承担赔偿责任的保险。这种保险用于保护如房子、汽车或电脑等重要资产的价值，方法是补偿投保人足够的金钱来修理或替换已经损坏或丢失的部分。

责任保险，是指保险人在被保险人依法应对第三人负赔偿责任，并被提出赔偿要求时，承担赔偿责任的财产保险形式。责任保险的承保方式有两种。一种是作为其他保险的组成部分或附加部分承保，不作为主要险别单独承保，如汽车保险中的第三人责任险、船舶保险中的碰撞责任险等。另一种是作为主要险别单独承保。其形式有公众责任保险、产品责任保险、雇主责任保险、职业赔偿保险（又称为职业责任保险）等。

人身保险，是指以人的寿命和身体为保险标的的保险。当人们遭受不幸事故或因疾病、年老以致丧失工作能力、伤残、死亡或年老退休时，根据保险合同的约定，保险人对被保险人或受益人给付保险金，以解决其病、残、老、死所造成的经济困难。

四、活动情景

在学生讲解完关于保险的基础知识后，首先进行课堂讨论。

教师：以下列出所有人都有可能会遇到的风险，你会对哪种情况进行保险？

1）购买重要资产后，如汽车、住房，如何避免丢失或损坏？

2）当发生车祸，或导致伤残的其他意外事故后？

3）当患有严重疾病时？

4）当面临过早死亡时？

这些风险中哪些是财产风险？哪些是人身风险？有没有责任险？

如果你是一位刚刚参加工作的人，在有了一定收入和结余之后，你是选择储蓄还是购买商业保险？

如果你已经事业有成，家庭幸福，你会考虑为家人购买保险吗？为什么？你会为他们选择什么类型的保险产品？

在考虑购买保险的时候你会选择通过什么方式来获得关于保险的知识：通过已经购买保险的朋友介绍？直接找保险公司的保险代理人咨询？上网查询？参加保险公司的产品说明会？

之后，教师进行阶段性总结，为学生提供讨论后的建议：幸福的生活是从容的，需要进行合理安排的，但并不是每个人都能做到，如果我们意识到规划人生的重要性，就会使将来的路走得更稳、更好。接着，由学生分享讨论后的感悟或者经验。当意识到保险对于呵护人生的重要意义后，师生共同探讨人寿保险购买中的注意事项。

1）填写保险工作表是一种帮助我们在承担家庭责任时决定该买多少额度人寿保险的方法。通常，人们通过购买人寿保险来确保有钱支付子女的教育费用和幸存配偶的生活开销。很多人为子女购买定期人寿保险，这种保险对他们在其子女生活不能自理时的生活提供了保障。定期人寿保险的保险费通常比终身人寿保险低一些。

2）设法找到一份人寿保险或健康保险合同。与我们的朋友或家人一起研究保险合同的保险责任和责任免除部分。保险公司在哪些情况下承担赔偿责任、哪些情况下不承担赔偿责任，弄清楚这一点非常重要！

最后，给学生布置一些课后思考题。

1）了解你的家庭是否拥有了足够的保险，并制订一份与你的家庭支付能力相适应的保障计划，尽可能将有可能影响家庭幸福的所有风险造成的损失降到最小。

2）或许你目前没有太多财产需要保险，以上的工作和获取的信息可能对你没有直接的用途。但请保留它，在将来你有一定财产的时候作为参考。

3）采访你所在地区的一位保险代理人，看你是否能找到以下问题的答案。①在中国，谁提供保险？公司、政府，还是两者都是？保险公司都提供哪些类型的保险？②他们向企业老板提供哪些类型的保险？③工薪家庭是否需要购买保险，购买哪些类型的保险？④在你所在地区，汽车保险的费用是多少？根据车的类型和保险责任范围的不同，费用会如何变化？⑤如果你的家庭拥有一辆汽车，你和你的家人愿意选择什么档次的保险？你们愿意为弥补意外事故所造成的损失承担多少费用？为什么？这对可能发生的意外事故意味着什么？对你们的财务支出又意味着什么？发生意外事故时，保险公司免于赔偿，由车主自行承担的费用称作免赔额。如果你愿意承担较高的免赔额，那么你支付的保费就会相应降低。⑥疾病的威胁是很难避免的，在中国，都有什么类型的健康医疗保险？

五、活动效果

1. 成效总结

1）在了解知识与事实层面，让学生知道保险设计原理，在掌握保险基本知识的基础上提高运用保险规避风险的能力和综合素质。

2）在获取方法与技能方面，学生能够识别和防范常见的保险欺诈行为，增强安全防范意识。

3）在形成观念与态度方面，引导学生树立诚信意识，自觉为我国保险行业的健康发展贡献力量。

行之有效的风险管理意识和能力，对于一个单位和个人乃至整个社会而言都具有极其重要的作用。掌握了风险管理的方法和技能，我们就有可能以最低的成本获得最佳的风险管理效果。可以肯定的是，保险是公民对未来所做的理性安排，运用保险的能力和意识，是现代人必备的素质和技能。实践中，面临某种特定风险的人们，通过保险集中起一笔基金，遭遇风险事故的人可以从中得到损失之补偿，风险因此得到转移，损失得以降低。这种“一人损失，大家分摊”“人人为我，我为人人”的扶危济困思想和社会互助机制，使得保险日益成为现代社会风险管理的基本工具。学生们对此深有体会。

2. 经典对话

（1）我现在很健康，不需要保险

保险就像降落伞包，在你最需要它的时候你没有准备好，那你就永远不需要它了。

（2）有钱愿意存银行

你认为银行有没有买保险呢？银行业一样买了保险。你相信银行，银行相信保险公司，你为什么不直接相信保险公司呢？

（3）医疗险推销话术

人总是会老的对吗？人老后总是会死对吗？通常人死前总会生病的对吗？

生病就要治疗对吗？治疗就要花钱对吗？在你的医疗费用中我们为你承担 2/3 的费用你愿意吗？

（4）人都死了买的保险有什么用

人寿保险不是为某个人要离开而准备的，它是为某些人要继续活下去而做的准备。

（5）有钱投股市赚钱

股票使用钱赚钱，你愿意投就投吧！保险是用微小的金钱创造大笔的急用现金，其实这和股票并不冲突。

（6）为什么保险是必需品

人生好比走钢索，保险就是安全网。没有安全网你肯定不敢走，网小了你担心会掉到网外，网薄了你怕会破了。安全网不但要有，还要够大够厚，所以保险当然是必需品了。

六、存在问题

1. 问题和疑难的概括与分析

1）教师的专业水平需要提高。保险中涵盖了很多专业术语，目前教师对这些术语比较陌生，需要边学习边指导学生。

2）学生的参与意识有待增强。提升财经素养与学生高考成绩没有直接关系，所以学生往往缺乏足够的动力，这更需要教师增强课程的趣味性和实用性。

3）对学生的评价有待进一步细化和科学化。在教学过程中，教师对学生评价的随机性、随意性比较强，不能够及时给予学生有效激励。

2. 有争议的地方

1）本课程实践主要涉及了保险中的商业保险，未涉及对政府主导的社会保险的讨论。

2）本课程实践的学生活动中存在对于保险的认知误区，需要及时予以纠正。在关于保险买卖的双方对话中，学生在推介保险的益处时出现偷换概念、夸大事物之间的因果联系等一些诡辩论的现象，这对学生正确认识保险起着阻碍作用，需要进一步引导学生推介保险的科学性和规范性。

七、改进设想

1. 思考启示与自我评价

1）本次课程实践活动较好地使学生初步认识到保险的风险转移与损失补偿的本质性功能，引导学生以健康、积极、乐观的态度看待保险，遵循最大诚信原则，反对保险欺诈。

2）通过学生充分的课前准备，课堂情景剧的表演形式更加增强了课堂的趣味性与互动性，使学生在自主、合作、探究的氛围中建构对保险的认知。

3）结合学生实际，通过将实际生活理论化以更好地培养学生的抽象思维和概念意识，增强财经素养意识。

2. 完善此次课程实践活动的设想

1）更好地发挥教师的主导作用，将教师主导与学生主体充分有机结合。

2）引导学生在销售保险的过程中，增强职业道德意识，尽量减少对投保人的诡辩论式的迷惑。

3）在情景剧的表演过程中，可以适度增加与现场学生的互动，以提升整体活动的学生参与度。

实践特征

西安外国语大学附属西安外国语学校的特长教育模式为该校进行财经素养教育提供了一个很好的范例，该实践活动属于课堂教学的尝试与探索，具有一定的实践研究意义。本实践活动根据《中国财经素养教育标准框架》（2018年版）选取了校本课程“财经与生活”中有关保险的主题，以超大课的时间进行整体的设计。纵观实践课程实施的过程与成效评估，以下几方面值得同行加以借鉴与探讨。

第一，课程教学目标明确。因为是课堂教学，所以主要是以观念知识的呈现和模拟对话的形式完成了这个实践的过程。在目标设定中，分别从以下几个方面着手：①在了解知识与事实层面，了解商业保险、社会保障的设计原理；②在获取方法与技能方面，能够识别和防范常见的网络诈骗、电信诈骗等欺诈行为；③在形成观念与态度方面，遵循最大诚信原则，反对保险欺诈。目标的设定符合标准中的“五维三标”的框架内容，具有明确的学习指向和教学上的可行性。

第二，教学的理论准备较为充分，教学团队事先对有关保险的知识和理论做了大量综述性的研究，为整个教学的实施和教学内容的深入理解奠定了知识基础。财经素养教育主要是以确定的财经知识为载体，它与以观念性为载体的说服教育不同，因而知识的准备就显得非常重要。当然，本课程实践活动中还可以针对高中生学习能力的特点，增加一些有关保险算法的精确知识点，以便为教学主题提供更有力的支撑。

第三，以情境设问为导向引导学生形成观点。从教学法的角度看，本课程实践活动采用苏格拉底式的答问法，让学生随着提问者的设计步步进入预设的情境。在教学中，教师首先提供了一则较为极端的人生平安与保险关系的事例，用“产婆术”使学生进入教学问题情境。其次以知识的学习为铺垫，通过“启发式”对话让学生最后做出决定：“消费者：那就麻烦你为我设计一份吧！”应该说这种方法在有关购买保险的教学内容中是可行的，也能让学生从情境对话中体会到保险的真正含义。

总之，从内容上看这是一个非常符合高中生财经素养教育的主题，教师设计的教学逻辑也比较清楚，知识的准备也比较充分。但是从整个教学流程中阐述的内容上看，与“保险与人生呵护”的主题目标预设有些偏离，过于偏向灾难与财产保有，在方法上过于强调保险推销术而未能从正面阐明保险的内在人生意义。

第五节 储蓄及其选择

实践叙事

“储蓄及其选择”实践活动由常州市田家炳高级中学实施，该校是一所江苏省四星级高中，2017 年成为中国财经素养教育协同创新中心的实验学校，在中国财经素养教育协同创新中心专家和南京师范大学朱曦教授的指导下致力于系统、专业的财经素养课程的开发和实施，科学培养学生的财经核心素养，助力学生的幸福人生。

本实践活动的施教教师为孙蓉，施教对象是高一年级全体学生，活动形式为融合课程，活动课时为 2 课时（90 分钟）。

本实践活动采用议题式学科课程的模式，将课程内容活动化，活动设计内容化，遵循“感知—体验—感悟—内化”认知规律基础，通过探究活动发现问题、解决问题，以达到内化知识，提升能力，培养素养。课题情境设置和教学环节力求贴近生活、贴近实际、贴近学生，调动学生的兴趣和参与积极性，培养学生科学理财意识和理财风险意识，提高学生参与生活的能力。

一、活动目的

1）通过调查了解居民投资理财方式的选择；通过计算了解影响储蓄选择的因素，掌握存贷款利息的计算方法。

2）通过案例分析辩证地认识储蓄投资、贷款的收益和风险，能够对银行贷款、网络借贷等金融产品进行合法与否的判别分析。

3）通过方案设计科学规划自己的消费和投资，培养科学合理的生活习惯，形成文明、健康的生活方式；做好风险管控，做到自主选择与责任担当相统一，坚守法治意识与契约精神。

二、活动设计

（1）问卷调查

初步了解投资方式的多元化，并由调查数据分析得出储蓄存款是我国居民的主要投资方式，引出本节课讨论的主题。

（2）情境探究

老王存钱引发的故事，围绕储蓄存款这种常见的投资，问几个最简单的问题，解决谁存？存啥？存哪？为什么存？有风险吗？通过特定情境的设置，让学生参与到课堂教学之中，在为故事主人公出谋划策中学习储蓄存款和商业银行的相关基础知识，并运用所学知识设计方案解决实际问题，转化为实践能力。

（3）案例分析

以厦门“44年的存单”事件为例，通过该案例的分析折射出金融改革的发展变化，更能直观感受通胀下储蓄存款的弊端。

（4）深度观察

利率的变化受哪些因素的影响？金融行业的变革对商业银行的影响？这个探究是课程标准教学要求的拓展，可以引导学生初步感知到国家宏观调控的经济手段，对目前的金融形势和经济政策做出正确的分析与评价，培养学生的辩证思维，增强辨识真伪的能力和风险管控意识。

（5）感悟交流

储蓄与人生，人生之中面临各种类型的储蓄，学习了储蓄的知识后，对人生发展有何感悟？人生中不仅需要金钱等物质的储蓄，以备不时之需，还有如情感、知识等精神财富的储蓄，学会储蓄的投资方法感悟人生的种种积累，通过开展这次活动突出学习“经济生活”中的知识，培养“财经素养”的主旨——让生活更幸福！

三、活动准备

课前调查及统计，将学生分成设计组、行动组、统计组、理论组四大组，由设计组学生负责设计调查问卷，行动组印发后在学校师生中、在社区邻里中开展调查，统计组收集有效问卷进行各选项的统计，理论组通过对统计数据的分析撰写调查报告（调查问卷见附件四）。

在实施中发现这种分组不合理，一个组的学生集中在某一阶段忙碌，不能参与活动全过程，感受不够深刻，同时人手不足，也使得调查面大大缩小。可以将55人的班级分为四大组，每组14人左右，全过程开展活动但在每个阶段结束后要在全班范围内进行汇报交流，在过程中对活动进行调整，对内容进行互相的补充，让活动的开展更为全面科学。

四、活动情景

（一）课时一内容

课堂定位：第一课时主要是展示前期调查研究报告的成果，了解目前中学生的理财现状，感受投资理财多元选择的同时引发对主要投资方式——储蓄深入了解的渴望，掌握有关储蓄存款的相关基础知识，根据实际情况做出储蓄存款的不同选择。

师（课堂导入）：前期同学们分工开展了主题为“中学生理财”的问卷调查活动，现在这一活动已告一段落，大家推荐了政治课代表万峥鸣同学来给大家展示最后的研究成果。

（1）问卷调查统计情况展示及分析

万峥鸣同学前期已将理论组得出的统计数据和结论制成了PPT，现在与大家一起分享。

本次调查研究，我们印发了纸质问卷，在新村、学校发放，同时采用了网络上的QQ、微信等方式。我们对其中500份有效调查问卷进行了统计，总结出以下四个结论。

1）高中生大多有属于自己支配的零花钱，但对自己的零花钱缺乏系统的管理，很少会对零花钱进行结算，缺乏资产管理的财经意识，财经习惯有待养成。大多数家庭的投资理财也缺乏系统的规划，随意性较大，这使得孩子财经素养的形成缺乏了家庭氛围的熏陶（图 3-5）。

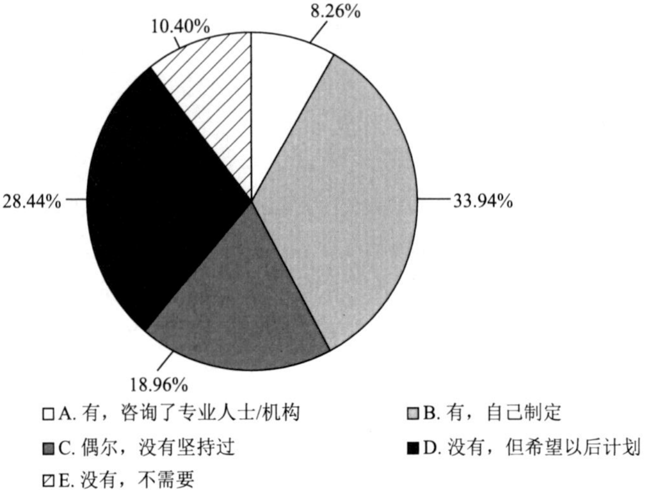

图 3-5　学生家庭的投资理财规划①

2）随着经济的发展和人民收入的增加，金融市场不断完善，投资理财的渠道增多，这使得居民家庭投资理财的方式增多，不同投资的比重也有很大的变化，但储蓄存款因其风险小、便捷等特点仍为大多数家庭投资所青睐（图 3-6）。

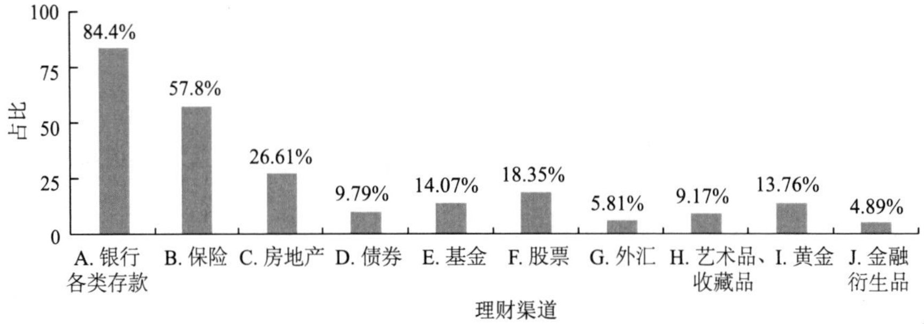

图 3-6　学生家庭的投资理财渠道

3）家庭投资主要还是为了资产的保值增值，应对不时之需如养老、医疗、教育等，所以选择上偏重于风险较小的稳健型，这在某种程度上也体

① 本节图片由常州市田家炳高级中学提供。

现了居民的消费预期不是太乐观（图 3-7）。

4）现代社会的高中生对投资理财有很大兴趣，希望能获得相关的知识，也可以通过多种渠道获得财经类的知识，但缺乏系统的体系，往往存在很多误区。

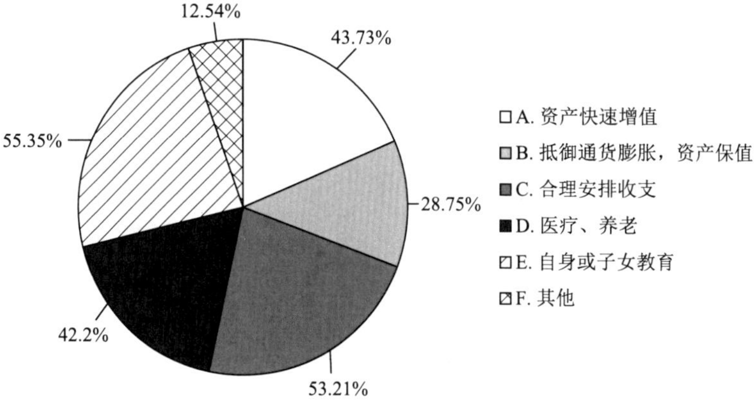

图 3-7　学生家庭的投资理财目的

师（过渡）：通过大家的调查，我们发现目前我国居民投资理财方式多样，但是储蓄仍是最主要、最常见的方式。同学们你们了解储蓄吗？（同学们纷纷点头）有没有去银行存过钱呢？（摇头的多，只有个别两三个学生表示去过，看来学生缺乏实际的生活参与实践，对储蓄的认识仅停留在听说过、知道些的低水平模糊层面，课堂教学设计可以突破加深他们对储蓄存款的认知。）我有个朋友老王，他现在想去存款，遇到了一些问题，请大家一起来帮他解决。

（2）情境探究

情境一：2016 年，老王开了个小饭店辛辛苦苦赚了 10 万元，他想着家里孩子还在上高一，家里人身体还算健康，小店也是小本经营，好像暂时没什么需要花大钱的地方，还是把钱存起来吧。出门没多远，正好看到一家中国人民银行，就进去请工作人员把钱存起来，可是，工作人员却告诉他："不好意思，我们这里不接收存款"，小张很纳闷："既然是银行为什么不能存钱呢？那我去哪里存？"

师：为什么不能把钱存到中国人民银行？他可以去哪里存呢？

生 1：中国人民银行是中华人民共和国的中央银行，简称央行，在国务院领导下，制定和执行货币政策，负责对其他商业银行和国有银行进行监管，也是唯一一家有权力发行人民币的银行。

师：并不是所有的银行都可以存钱。那他可以把钱存到哪里呢？

生：中国银行、中国建设银行、中国工商银行、中国农业银行、交通银行、江苏银行、兴业银行等。

师：这些银行统称为商业银行，它是以利润为主要目标的金融机构，大家熟悉的大银行前都有中国两个字，这些都是国家控股银行，是我国的商业银行的主体，是我国金融体系中最重要的组成部分。那我们平常去这些银行可以办理哪些业务呢？

生：存钱、取钱、贷款、交水电煤气学费、开保险箱、买基金债券等。

师：商业银行的主要业务有吸收存款、发放贷款、办理结算等，并以此经营来获得利润。当然，信用合作社等也有吸收居民存款的业务，这就是说并不是所有的银行都可以存钱，也不是只有银行才能存钱。

情境二：老王来到了中国银行，想在这里存钱，银行工作人员问他要存哪种？存多少时间？他自己也不知道，请你给他出个主意。

（学生交流讨论，制订方案，如表 3-5 所示。）

表 3-5　2016 年 8 月中国银行存款利率一览表

<table>
<tr><th colspan="4">项目</th><th>年利率/%</th></tr>
<tr><td rowspan="12">城乡居民及单位存款</td><td>活期存款</td><td></td><td></td><td>0.35</td></tr>
<tr><td rowspan="10">定期存款</td><td rowspan="7">整存整取</td><td>三个月</td><td>1.85</td></tr>
<tr><td>六个月</td><td>2.05</td></tr>
<tr><td>一年</td><td>2.25</td></tr>
<tr><td>二年</td><td>2.75</td></tr>
<tr><td>三年</td><td>3.25</td></tr>
<tr><td>五年</td><td>3.35</td></tr>
<tr><td rowspan="3">零存整取、整存整取、存本取息</td><td>一年</td><td>1.85</td></tr>
<tr><td>三年</td><td>2.05</td></tr>
<tr><td>五年</td><td>2.15</td></tr>
<tr><td>定活两便</td><td colspan="2"></td><td>按一年以内定期整存整取同档次利率打 6 折</td></tr>
<tr><td>协定存款</td><td colspan="3"></td><td>1.15</td></tr>
<tr><td rowspan="2">通知存款</td><td>一天</td><td colspan="2"></td><td>0.80</td></tr>
<tr><td>七天</td><td colspan="2"></td><td>1.35</td></tr>
</table>

生 1：我们觉得他可以存三年的定期，等他儿子考上大学时，正好到期。

生 2：我们觉得存活期，虽然他觉得没有什么大开销，但活期随存随取，非常方便，可以以防万一。

生 3：存活期利息太低，存三年定期时间又太长，我们觉得可以存一年定期，到期再存，这样即使要提前支取，也不会损失太多的利息。

生 4：我们觉得他可以分 3 笔存，每笔 3 万～4 万元，分别存一至三年，这样年年都有到期的，利息收入多，又可以应对不时之需。

生 5：他可以存通知存款，需要用钱的时候只要提前和银行告知就可以了，避免损失利息。

师：大家为老王设计的方案都非常好，既考虑了他们家的实际情况又考虑了投资的收益，这都是我们在选择理财方式中必须考虑的因素。在我们选择储蓄存款的类型时，大家也发现了储蓄存款的收益和利率、期限呈正相关。

存款收益=本金×利率×期限

老王很想知道大家刚才推荐的方案到底有多少收益？能不能请各位理财顾问给他算算呢。

学生计算结果展示：三年活期收益为 1050 元，存一年定期滚动收益为 6903 元，存三年定期收益为 9750 元。

师（过渡）：刚才大家在讨论和计算中兼顾家庭的实际情况与收益的最大化为老王家的储蓄存款提供了方案。我们的周围有许多像老王一样的普通百姓也以选择储蓄这种理财方式为主，就如我们调查数据所显示占 84% 左右。通过刚才老王储蓄的过程，你们觉得和其他投资方式相比，存款储蓄有哪些优点？

学生答汇总：能带来一定的收益；资金安全，有保障；没有什么特殊的技术要求，方便操作；资金灵活，定活两便等。

师：看来对储蓄的优点大家都比较清楚，任何事物都有其两面性，存款储蓄有没有缺点呢？这种投资方式有没有风险呢？

生 1：收益比较低。

生 2：如果存了时间较长的定期，不能满足突发事件的需要，存活期利息又太低。

有同学反驳：存了定期，有需要也可以把钱提出来，只是利息按活期计算而已。

师：有没有其他风险呢？

生 1： 银行有可能破产，或者被抢劫，那时我们的钱就没了。

师： 首先我国目前是以五大国有银行为主体的金融机构体系，国家为保证储户的资金安全，要求商业银行按占其存款总额的一定比例不得用于放贷，而是缴存给中央银行，称为存款准备金。国有银行破产，提不出钱来，这种事情发生的概率不大。再有就是银行抢劫，别说有荷枪实弹的保安押送，银行的钱大多数拿去贷款了，也不可能被抢光，大家多虑了。而存款真正的风险来自哪里呢？我们来看一则网民热议的案例。

（3）案例分析

厦门市民陈女士手中有一张存款时间为 1973 年的老存单，这张存单上面存有 1200 元，虽然已泛黄，但上面的手写字体清晰可辨，落款盖着“中国人民银行厦门市支行灌口营业所”的蓝色印章。2017 年 9 月，在中国人民银行厦门市中心支行的组织协调下，终于在农业银行厦门灌口支行找到了底单。最终经多方计算确认，陈女士成功提取本息合计 2684.04 元，其中利息 1484.04 元。

师： 请大家运用今天所学的《存款储蓄和商业银行》的知识对这则新闻进行分析，谈谈你对这则新闻的感受。

生 1： 存 44 年，才拿 1400 多元的利息，银行存款收益有点低，不过存这么多年还可以拿到本金和利息，也可以看出储蓄存款的安全性高。这是一种低风险、低收益的投资方式。

生 2： 我觉得这个事例充分说明了在纸币贬值时，储蓄存款的最大弊端就是实际收益减少。1973 年，我国普通职工工资每月 20 多元钱，这 1200 元，在当年堪称一笔“巨款”，如今，这 2600 多元只相当于一名基层工人一个月的收入。有网友戏称“过去一栋楼，现在一张床”，44 年的利息终究敌不过经济发展和收入增长。可见适当消费，提高生活水平，及时变现还是很有价值的。

生 3： 她的存折显示钱是存在中国人民银行的，现在却从农业银行取出来的，这说明中国人民银行的业务和职能发生了改变，可能农业银行就是从中国人民银行分离出来的，承接了它的部分商业职能，所以这个存折的凭证才会到这。中国人民银行现在作为中央银行、国家机构，不能直接兑付这张存折。

生 4： 我有个疑问，陈女士拿到的 1400 多元的利息是怎么计算出来的？

师： 这个计算的具体过程有点复杂，这中间至少有 16 次的利率调整，其中有阶段还有利息个人所得税的多次变化。从 1484.04 元这个数字看，银行一定是精确计算的。大家课后有兴趣的话，可以去网络上查查各年的利率，作为一个数学问题研究一下。

生 5：我爷爷要是知道 44 年贷款也只要这么多利息的话，贷款投资房地产，我都成富三代了。

师：好想法，其他同学觉得行吗？

生 6：银行贷款到期不还，银行早就找你了，还要收滞纳金罚款，即使不这样，贷款利率利滚利，也是一笔不小的数字了。由于长时间拖欠款，不仅个人的征信记录受损，还会影响以后的消费、贷款等。更何况，即使贷款投资了，还不一定成功呢。

生 7：我家要是有这样的存单，就不去提钱了，直接当作文物保存起来，价值肯定不止两千多。

师：这张存款单记录了中国老百姓收入的变化、生活的变化、投资的变化，也折射出中国银行金融业的发展、中国经济的发展。我们也可以从这则案例中感受到经济发展过程中带来纸币贬值、购买力下降的明显对比，这就是存款储蓄的风险弊端。当通货膨胀率高过银行存款利率，把钱存在银行里，虽然也有存款收益，但实际收益却缩水了，成了负数，这称为负利率。这也是选择银行存款储蓄时我们需要考虑的因素。

师（课堂小结）：这节课中，我们学习了商业银行和存款储蓄的相关知识，学会了储蓄存款利息的计算方法，理智地做出了储蓄存款的选择方案，并进一步分析了储蓄存款的利弊。伴随着国内国际经济形势的变化，特别是“互联网+”背景下的金融正在发生翻天覆地的变化，这会给我们的传统投资带来什么样的改变或冲击？我们普通投资者又该如何应对？更多精彩话题，下节课继续。

师（课后作业）：回家后和父母交流一下家庭的收入和理财情况，根据自家实际情况，运用所学知识，为家里的储蓄部分设计一个合理的方案。

（二）课时二内容

课堂定位：这部分是前一课时的延续，是对必修课程的深化和拓展，主要是选用一些和储蓄相关的社会热点问题，设置思辨性话题，学生讨论分析，引导学生关注社会、关注生活，理论对接实践，知识转化素养。

师（课堂导入）：上节课我们学习了储蓄存款的相关知识，这种便捷的投资因其方便、灵活、安全等优势成为我国居民最主要的投资理财方式。上节课结束的时候布置给大家一个家庭任务，了解家庭的储蓄情况并为家庭储蓄设计自己的优化方案，大家在家里完成得怎么样呢？有没有发现家庭理财不合理的地方，提出令家长惊喜的建设性意见？

（1）自由讨论

对我们的家庭和国家而言，储蓄存款越多越好吗？

学生答汇总：对家庭而言，储蓄存款多意味着收入增加，在提高家庭生活水平的基础上有了更多闲钱，但是收入一定的情况下，储蓄存款多可能是节衣缩食，反而会影响当下的生活质量，还会有负利率时代实际收益减少的风险；对国家而言，银行储蓄存款量的增加在某种程度上意味着经济的发展，人民生活水平的提高，但是可能是股票、债券等其他投资市场风险太大，收益率不高，居民缺乏其他投资理财的渠道导致投资方式单一化，或者也可能是居民消费意愿不强，显示了社会保障体系不够健全，百姓没有消费的安全感，更重要的如果消费意愿不强，则生产缺乏动力，反而会阻碍了经济的发展。

师（过渡）：在大家的精彩讨论发言中，我们可以看出储蓄也不是越多越好。我们目前面临的国内外经济形势的确也给我们的储蓄投资带来了很多变化和需要思考的问题。比如，我们上次课堂的主人公老王又遇到了新的问题需要我们帮忙了。

情境三：2018 年 8 月，老王看着房价猛涨，不能淡定了，想把自己这几年攒的 40 万元都取出来，买个 100 万元左右的房。在座的理财顾问能不能给他个建议呢？

生 1：如果老王家有房住的话，不建议买房，因为不仅要把所有的钱都拿出来，损失了利息，还要大部分贷款，假设 60 万贷款 10 年，每月还贷 6306 元，这 10 年中除本金外仅利息支出 16 万多元。他如果不买房，40 万元存 10 年可以得利息 14 万左右，再说买了房要装修，还要交物业费等其他开支都会增多，孩子马上要读大学了也需要用钱，生活压力太大，所以不建议他买房。

生 2：我觉得建议买房，因为房价上涨幅度很大，现在 100 万元的房子可能过两年就要 200 万元了，两年中上涨 100 万元，这些钱存银行能有这么多收益吗？比如说老王手里的 40 万元现在还能买个大客厅，过些时候可能连小卫生间都买不起了。所以，还是要及早下手，不然手里的钱都不值钱了。

生 3：刚才同学的建议很多道理，但是如果我听说其他国家和地区都有过这样的情况，金融危机时房价猛跌，甚至还贷的数额都超过了房价。即使房价上涨，现在 100 万元，10 年后涨到 150 万元，作为投资也是没有什么太大收益的。所以，还是考虑老王家自住的需要，不要有太大的经济负担，影响自己的日常生活为好。

师： 大家的建议太专业了，我总结一下大家的几种想法：一是贷款是要支付贷款利息的，而且贷款利息往往比存款利息高，这中间的差价就形成了银行的利润；二是银行存款在物价上涨时，纸币的购买力就会下降，导致储户的实际收益减少，这就是储蓄存款的最大弊端。所以，我们还要权衡储蓄利率和物价上涨的幅度，如果物价上涨快，通货膨胀率高于银行存款利率，这就使得储户的实际收益为负值，称为负利率。至于需不需要买房，还是要根据各自家庭的实际经济情况，量入为出，适度理性消费，不要盲目投资，成为“房奴”。

情境四： 老王综合考虑后，没有买房，但是又很担心，物价上涨，自己手里的钱贬值，想找一些好的收益高的理财渠道。在网络上经常看到一些广告，听说收益有 15%左右，他非常心动，想请理财顾问给他把把关。你们认为可以投资这些互联网金融吗?

生 1： 目前的互联网金融准入门槛低、监管弱、行业规范不标准，网络金融市场鱼龙混杂，很多网络金融平台都有诈骗的嫌疑，风险太大，不宜投资。

生 2： 我们现在有很多人都用支付宝和微信支付，外国人称为中国的“新四大发明”之一了，就是因为互联网金融的方便快捷。互联网金融是发展的一个趋势。现在许多银行都与互联网金融平台合作推出金融产品，安全信用度是有保障的。我们老百姓参与这些投资，不仅节约了去银行的时间和手续，还可以多些收益。

师： 无论哪种投资，我们首先需要考虑的还是安全性，在多方考察后谨慎投资。我们只要在投资前认真地分析投资平台和投资项目的合法性、可信性等，可以在网上或熟悉的人处多了解它的口碑，是可以适当投资的。不过不能只被高收益诱惑就盲目投资，而事实上那些过高收益的往往都是风险性极高的小平台，因此要提高警惕。刚才大家提到了微信支付、支付宝，的确让我们感受到无现金时代消费的快捷，安全和便捷本身也是一对矛盾，所以我们更要注意保护好自己的微信名、支付账号等重要个人信息，和大家分享一个防诈骗口诀，一起做心明眼亮的投资者和消费者。

网络购物便利多，支付流程要仔细；网上 QQ 要汇款，多方核实防被骗；
陌生电话勿轻信，银行客服问究竟；安全账户子虚有，大额汇款要三思；
个人信息顶重要，密码账号保管好；提防非法假网银，登录网址要记清；
大额支付用谨慎，现金最好少搬家；刷卡消费莫离眼，防止盗刷盯着点；
钱卡证件分开放，挂失要快莫等闲。

（2）感悟交流：储蓄与人生

师：人生之中会面临各种类型的储蓄，学习了储蓄的知识后，对人生发展有何感悟？

（学生交流）

师（总结）：储蓄存款这种理财方式，虽然简单便捷，但我们看到小投资中也有很多大学问，它的积少成多，教会了我们循序渐进的积累；它的方式选择，考验了我们的统筹规划能力；它的每一笔交易更是我们诚信的记录。在人生的银行里，需要储蓄的东西很多，总结起来只有两种——物质上的和精神上的。前者再多也不过在银行的存折上多几个零，我们更要学会储蓄人生中那些最宝贵、最难忘、最精致的部分，如友情、爱情、亲情；储蓄一切至真、至善、至美的东西，如学识修养、社会公德、尊重他人、善良和责任感等。如果说漫长而艰辛的储蓄过程是数量上的变化，那么精彩辉煌的人生就是储蓄之后的质变。相信我们都会凭着储蓄的智慧拥有幸福的人生。

五、活动效果

（1）金融常识的普及

本课的储蓄存款属于一种比较常见简单的投资方式，学生在生活中都有或多或少的接触，但其实仍然存在一些误区，在课堂教学活动中，我们主要发现的认识误区有：第一，存钱就是把钱存在银行里，情境一的活动就解决了这个问题，明晰了中央银行和商业银行的职能区别、银行和金融机构范畴的大小，明确了不是所有的银行都能存钱，不是存钱就一定是存在银行。第二，情境二的活动主要是进行利息收益的计算，从课堂学生计算的情况看，一年期都没有问题，但是在计算三年期特别是三个月期限的时候，第一次则有比较多的错误，其主要原因是银行公布利率表都为年利率，学生没有将年利率转成月利率。课堂中可以提供一种变式训练，如现在银行中的一些理财产品，是以天为单位，那就需要将利率转化成天利率。第三，一般说到储蓄存款的弊端，学生的第一反应往往是银行倒闭破产导致储蓄金受损，而其实在我国以国有商业银行为主体的金融体系下，这种事发生的概率不大，并不是储蓄的主要弊端。通过情境三中关于储蓄还是买房的投资权衡，不仅仅是为了考虑投资的收益率，主要是通过探究感受储蓄的弊端，再通过“44 年的存单”案例分析，对负利率这种经济术语产生直观的感受。

（2）核心素养的培养

本课对学生财经素养的培养采用主题型情境探究的方式，探究问题源于现实，基于高中生对储蓄存款的认知，但又直指误区，直面社会热点，这种略高于学生认知的探究，有思辨性、有思维含量更能激发学生的参与兴趣，学生在探究思辨中培养了联系的、发展的、全面的辩证思维和科学精神。课堂中最明显的就是情境二中储蓄模式的选择上，刚开始学生的建议还是比较感性的、出于生活经验的建议，但后来用计算过的数据来说明，更加精准、直观、更具说服力，这种对科学精神长期性、渐进性的培养，一定会对学生的学习品质、职业生涯发展产生潜移默化、深远持久的影响。

（3）“三观”的树立及情感的升华

一个人能积累起多少财富，取决于他如何看待财富。有人把财富看作是对金钱的占有，只知存不知用；还有人把钱看作享受的条件，刚存下“一点”就“及时”消费掉了或者是提前消费了。一个人对待金钱的态度是一个人“三观”的最好体现，所以我们对财经素养的培养是为了培养学生树立正确的“三观”，更加幸福的生活。课堂最后一个“储蓄与人生”的交流环节，学生感悟到了谈“钱”，谈财富的积累，并不是庸俗的、市侩的，当我们认识了财富积累的规律，看着财富一点一滴的聚沙成塔，积少成多，所能获得的一定比财富本身的价值更高。这样的财富值得拥有，这样的人生值得追求！

六、存在问题

这一部分《经济生活》（人教版）中的知识内容是比较浅显的，低于学生原有的认知，也远低于《普通高中思想政治课程标准》及各类考试的要求，课堂教学势必要求拓展。现实生活中，我国近年来金融行业也面临比较大的改革，同时货币政策又是我国经济重要的宏观调控内容，政策变动比较大，这也需要教师引导学生分析理解。这一引申就导致内容庞杂而且层次复杂，从课堂教学实效上看，对宏观问题的讨论如加息产生的影响、互联网金融发展的前景等，学生就显得力不从心了。其实教师的不专业性也会使问题的解释缺乏科学性，这就要求教师在设置探究问题时要尽可能以现实生活中的具体事例呈现出来，解决小切口的有现实意义的问题，同时教师要不断学习，接触更广泛的相关知识。

七、改进设想

本课教学设计创设了以银行为探究背景，但是局限于课堂教学，活动形式只能以讨论为主，缺乏直观的体验，如果能联系银行进行现场参观，带领学生进行职业体验，或者是让银行的专业工作人员来举办讲座，在更加真实的情境中，获得更直观的体验，这种实践性活动课程一定能取得更好的效果。

实践特征

常州市田家炳高级中学一直以香港实业家、慈善家田家炳先生敦品励学的精神为校园文化与德育课程资源的重要内容，孙蓉老师的团队也秉承了该校一以贯之的德育文化精神，将财经素养教育渗透在课堂教学中。该实践课例依托高中必修模块之一《经济生活》（人教版）中第六课第一节《储蓄投资与商业银行》的教学内容做了进一步的拓展，集中围绕“储蓄投资与选择”这一中心议题进行教学。从整个教学流程的设计与实施看，有以下几点值得借鉴与思考。

第一，课例的选材和课程解读比较合理到位。进行财经素养教育不必非得另起炉灶，另选一套教材。能够在现有课程和教材中挖掘出对应的资源，这是最合理也是最可持续性的选择，因为财经素养教育更多的不是专门的财经培训，而是帮助学生懂得财经与生活之间的联系，学会实践生活所必需的财经技能并能有助于形成社会主义核心价值观。实践课例从整体上把握得较为准确，既能紧密依据“五维三标”的框架要求，又能从现实生活中汲取真实的材料作为支撑与拓展。在目标的分类设计方面，将知识与事实、方法与技能、态度与观念三个方面做了较为系统的设定及阐述，在教学的过程中也基本达成了课前的预设。

第二，将课前准备变成教学过程的一部分。该课例中一个非常值得借鉴的环节就是教师事先布置学生对个人或家庭投资理财现状做一个基本的调查，在此基础上经过初步的统计用数字作为观点的重要支撑，增强了论点的说服力，也符合财经素养教育课程的基本特点。实践课例还增加了一个内容，那就是让学生单独或随家人一起去一次银行，实地了解和感受商业银行储蓄与信贷的流程，掌握大概的原理。这一系列的前期准备活动从某种意义上说就是教学过程最重要的组成部分，它是后面在课堂上进行有效集中教学不可或缺的部分。

第三，以知识和数字化事实作为支撑，提高教学的有效性。该实践课例中首先通过对不同银行的功能与业务分类做了分析，以帮助学生掌握理财的常见途径，为后面的选择打下知识基础。该课例还以 2016 年的银行利率表为基准，以老王的一次投资理财经历为线索，巧妙而准确地呈现了储蓄与投资的原理。最后用厦门某女士一张 44 年的存单为案例，非常精确地展现了银行储蓄中收益与风险的关系，让学生更加直观而理性地认识到了不同投资方式的综合选择原理。执教者用数字化的论证方法完成了整个教学过程，使得本课程实践既有明显的“量化财经味”，又有内在的“价值教育味”。

第四，向教材的深处追问有宏观意义的内涵。在完成一般原理掌握的基础上，教学并没有停止。案例通过银行加息和利率市场化的影响这两个命题，引导学生进一步讨论和分析了经济市场与市场经济之间必然的相互依存与相互制约的关系，有助于学生达成自觉遵守国家的金融制度，通过合理合法的投资选择，支援社会主义国家经济建设的爱国意识等价值观层面的目标。正如执教者在后面的反思性感言所说的，在人生的银行里，需要储蓄的东西很多，总结起来只有两种——物质上的和精神上的。

综上所述，这是一个内容和形式都较为完整的实践课例，设计思路清晰，观点明确，材料的支撑度高，教学的逻辑性和有效性都较强，在许多方面都值得借鉴。如果在教学的后半部分增加一些现实的、可思考与探索的经济问题或模拟作业，那么教学过程中所形成的知识与观念将能真正实现财经素养标准要求的“进教材、进课堂、进头脑”的效果。

附件 4

中学生理财调查问卷

首先感谢各位同学的协助，这是一个关于理财的调查问卷，目的在于了解中学生对理财的认识情况。对中学生的理财现状进行分析，谢谢你的配合！

一、选择题

1. 你的零花钱一般来自哪里？（　　）

A. 压岁钱　　B. 各种红包　　C. 父母给的

D. 自己赚的　　E.其他

2. 平时对于零花钱的使用有没有规划？（　　）

A. 没有，喜欢什么就买什么　　B. 没有，但是支配合理

C. 有，但是规划没实施　　D. 有，规划合理能得到实施

3. 你每月剩余的零花钱及其他属于个人可支配的资金（如压岁钱及红包等）有多少？（　　）

A. 3000 元以下　　B. 3000～5000 元

C. 5000～10000 元　　D. 10000 元以上

4. 剩余的零用钱，你一般会放到哪里？（　　）

A. 储钱罐　　B. 父母保存

C. 银行或余额宝　　D. 其他投资方式

5. 目前为止，您的家庭的理财方式有哪些[多选题]？（　　）

A. 银行各类存款　　B. 保险　　C. 房地产

D. 债券　　E. 基金　　F. 股票　　G. 外汇

H. 艺术品、收藏品　　I. 黄金　　J. 金融衍生品

6. 你认为家庭理财的目标是什么[多选题]？（　　）

A. 资产快速增值　　B. 抵御通货膨胀，资产保值

C. 合理安排收支　　D. 医疗、养老

E. 自身或子女教育　　F. 其他

7. 你认为影响家庭投资收益的因素有哪些[多选题]？（　　）

A. 相关政策的调整　　B. 理财观念及知识

C. 个人收入及投资比　　D. 家庭的影响与支持　　E. 其他

8. 你的家庭是否进行过理财规划？（　　）

A. 有，咨询了专业人士/机构　　B. 自己制定

C. 偶尔，没有坚持过　　D. 没有，但希望以后计划

E. 没有，不需要

9. 以下哪项描述最符合您的投资意向？（　　）

A. 厌恶风险，不希望本金损失，希望获得稳定回报

B. 保守投资，不希望本金损失，愿意承担一定幅度的收益波动

C. 寻求资金的较高收益和成长性，愿意为此承担有限本金损失

D. 希望赚取高回报，愿意为此承担较大本金损失

10. 你认为中学生要不要加入理财培训课？（　　）

A. 要　　B. 不要　　C. 无所谓

11. 你平时如何获得理财知识？（　　）

A. 课程学时　　B. 自主学习，通过报纸、杂志等

C. 家庭氛围的熏陶　　D. 不感兴趣

二、自主学习“经济生活”第六课第一框《储蓄存款与商业银行》的相关内容，为教学的开展做好知识储备。

三、与父母家人或朋友去一趟银行，了解银行的相关业务及流程，为教学的开展增加生活的直观体验。

第六节　“财经素养教育月”活动

实践叙事

“财经素养教育月”活动由厦门外国语学校石狮分校实施，该校建于 2016 年，秉承“进德修业”的校训，坚持“突出外语，文理并重，全面发展”的办学指导思想，全面实施素质教育，扎实推进课程改革，致力于培养“中国灵魂，世界胸怀”的高素质国际性复合型人才。

本实践活动的施教团队为学校财经素养研究团队，成员包括邱洪斌（副校长）、黄小莲、蔡安妮、涂壹龙、魏艳香、王棹、傅玉真老师及厦门外国语学校石狮分校财经社邱奕超、蒋鹏飞、吴劭文、蔡佳仪、朱楚凡等同学。施教对象为该校高一、高二、高三年级的学生，活动方式为校本选修课程，活动时间为每学年 5 月，通过校园电视台开展全员的财经素养知识提升教育。

本实践活动的典型意义是集中于中学生常见的财经议题，包括高中生财经素养教育五个维度中操作性比较强、学生兴趣比较浓厚的典型问题，通过校园电视台财经节目、财经节等活动式的形式提升学生的财经素养，促进学生从经济学的角度去思考和理解我们的经济生活（表 3-6）。

表 3-6　各维度对应节目话题

维度	财经节目的主要关注点	配套活动
收入与消费	职业选择与机会成本及其估算方法	生涯规划活动
	制作求职简历	模拟比赛
	电子商务及其对消费方式的影响	微商初体验
	通货膨胀与紧缩对消费的影响	专家解读
	财政收支平衡，财政盈余与财政赤字	专家解读
	解读《国务院政府工作报告》中有关财政收支的阐述	专家解读

续表

维度	财经节目的主要关注点	配套活动
储蓄与投资	认识汇率与对外贸易	银行专家进校园
	借贷信用的不良行为	银行专家进校园
	沉没成本与机会成本	朋辈教育
	六大会计要素与现金流量表	会计师进校讲座
	制作简单投资产品问卷调查，实施问卷统计分析	社区实践活动
	投资成本与收益简单估算	—
	公司如何筹集资金	校园大型活动赞助筹集
	公司组织架构	模拟设立校园财经公司
风险与保险	通过调查方法制作风险偏好与投资，选择矩阵表	—
	对家庭财务进行结构化，家庭的资金分配方案	案例 PK
	信用与风险，常见的金融诈骗	银行专家讲座
	4P 营销组合策略	—
制度与环境	中国银行业监督管理委员会、中国保险监督管理委员会、中国证券监督管理委员会等金融监管机构的职能	专家交流
	判断一国的国际贸易是顺差还是逆差，并用图表展示	专家交流
	了解美国联邦储备系统	—
	经济全球化对人力资源流动的影响	朋辈分享
	民法与商法简介	大学教授讲座
财富与人生	创造与管理财富过程是个人涵养美好德性的历程	—
	财富越多，责任越大	闽商故事分享

注：4P 指产品（Product）、价格（Price）、渠道（Place）、宣传（Promotion）组合策略。

一、实践活动一：“校园贷”莫成“校园害”

1. 活动目的

根据《中国财经素养教育标准框架》（2018 年版）中的五维度，本实践活动涉及“风险与保险”“制度与环境”两个维度。通过分析社会上一个个触目惊心的案例，引发学生思考如何正确认识校园贷，如何识别金融诈骗，指导学生形成正确的财富观。

2. 活动设计

（1）设计理念

以“五维三标”为依据，以提升学生财经素养为目的，以生活中的案例剖析、专家点评与辩论为形式，通过电视访谈类节目形式，体现课程开放性、实践性的特点。本次课约需一个小时。

（2）设计思路

1）第一环节——初见校园贷。

2）第二环节——了解校园贷。

3）第三环节——认识校园贷。以现场辩论的形式讨论：校园贷利大于弊/校园贷弊大于利这一话题。

4）第四环节——规范校园贷。播放“校园贷银监督在行动”视频，银行专家现场讲解如何规范校园贷市场。

5）第五环节——专家介绍当今金融诈骗的常见形式，号召学生回家向家长宣讲本次话题。

（3）活动重点

相关视频的制作、现场辩论及专家阐述。

3. 活动准备

在前一期节目最后环节事先预告本期节目的主题，布置学生收集关于校园贷的相关案例，招募演播厅现场进行校园贷利弊辩论会的学生，确定学生主持人一名、教师一名、银行专家嘉宾一名。节目制作团队剪辑《初见校园贷》《校园贷与你我他》《校园贷银监督在行动》等相关视频。

4. 活动情景

主持人介绍话题、来宾，以及现场观众。

（1）创设情境，引入话题

主持人：2017 年，大学校园贷新闻沸沸扬扬，趣分期、名校贷、借贷宝等针对学生贷款服务的网络平台成了众矢之的，北京大学岳昌君教授将 2017 年大学校园贷典型案例分成七类，轻信谎言，贷款不用还；校园贷只是表，高利贷才是里；裸条害人不浅；赌球炒股，贻误终身；休学停课，荒废学业；隐私泄露，诈骗盛行；网贷不良记录，危及个人征信。请看我们制作的视频《初见校园贷》。一时间对学生放信用贷款似乎就等同于不道德、不合法甚至是诈骗。校园贷是校园害吗？作为一名学生，我们应如何正确对待和使用校园贷？

（2）街头采访视频集锦

主持人：那么什么是校园贷呢？校园贷有哪些形式？我们有请今天的专家嘉宾带我们认识校园贷。

嘉宾：校园贷是指在校学生向各类借贷平台借钱的行为。

校园贷严格来说可以分为五类：①电商背景的电商平台，淘宝、京东等传统电商平台提供的信贷服务，如蚂蚁花呗、借呗、京东校园白条等；②消费金融公司，如趣分期、任分期等，部分还提供较低额度的现金提现；③P2P 贷款平台（网贷平台），用于学生助学和创业，如名校贷等。因国家监管要求，包括名校贷在内的大多数正规网贷平台均已暂停校园贷业务；④线下私贷，是指民间放贷机构和放贷人这类主体，俗称高利贷。高利贷通常会进行虚假宣传、线下签约、做非法中介、收取超高费率，同时存在暴力催收等问题，受害者通常会遭受巨大财产损失甚至威胁自身安全；⑤银行机构，是指银行面向学生提供的校园产品，如招商银行的“学生闪电贷”、中国建设银行的“金蜜蜂校园快贷”、青岛银行的“学 e 贷”等。

主持人：校园贷的形式还不少，我们前期也收集了一些关于校园贷市场现状的信息，我们一起来看一下。

根据网贷之家的数据统计，累计有 47 家平台退出了校园贷市场。从平台数量来看，从 2015 年高峰时的 108 家减少到 2017 年 2 月的 74 家。现存平台也开始多元化发展，只做校园贷的平台仅占 28%。从产品提供来看，仅提供消费分期的占比 28%，现金贷占比 35%，两者都提供的平台占比 37%（数据由中国首家权威 P2P 网贷行业门户网站提供）。

主持人：校园贷的产生背景有哪些？

嘉宾：针对学生群体的信贷市场发展大致经历了学生信用卡、线下高利贷和网贷平台三个发展阶段。学生信用卡的停发和网购的普及给校园贷平台带来了发展机遇，随后互联网消费金融的兴起进一步催化了校园贷市场的发展。

（3）结合调查，利弊明辨

主持人：校园贷是校园害吗？作为一名学生，我们应如何正确对待和使用校园贷？我们现场的学生已经跃跃欲试了，他们都是我们这期节目招募来的热心观众，他们已经分为两个阵营，现场有请他们展开关于校园贷的利弊辩论会，我们先有请反方陈述观点。

反方观点：校园贷弊大于利。

校园贷经历了劣币驱逐良币的过程。当校园贷市场涌入了数百家平台之后，一些问题开始暴露。一些不良的网络借贷平台利用学生的社会经验不足、金融知识缺乏，以及心理状态不成熟等弱点，通过虚假宣传、降低借款门槛、隐瞒真实费率等手段，将学生引入了高利贷的深渊，影响了整个行业的健康发展。

1）校园贷的产品信息透明度较低。尤其是在费率方面，收费名目繁多，除了利息之外，还包括服务费、手续费、咨询费、违约金、滞纳金等。低利息、高费率的现象十分普遍。移动金融智选平台融 360 贷款平台调研了 80 个校园贷平台，对贷款期限、贷款额度、分期费率、逾期费率等核心要素的信息透明度和水平做了统计。其中，分期费率的透明度最差，只有 21%的平台告知了明确的费率，调研显示 12 期的年化利率在 8.44%～25.5%。此外，校园贷逾期费非常高，在明确给出逾期费率的平台中，占比最高的费率水平是每天 1%，比例达到了58%，还有 11%的平台的费率甚至高达每天 3%。

2）校园贷平台的风险控制能力较弱。校园贷的审核要素主要集中在身份证、学生证和学籍登记信息上；此外，需要申请人提供的就是同学、家长和教师的联系方式，这也是催收的主要手段。大部分平台认为，能联系上家长，就能收回贷款，因而就放松了对借款人本人的审核。

3）学生的金融教育缺失，信用意识淡薄。一方面，学生对于借款的真实费率缺乏判断能力，由于借款金额较小，高费率不易察觉。另一方面，对于个人信息和信用记录的保护意识淡薄，出借身份证帮助同学借款的情况时有发生。

主持人：我们有请嘉宾结合反方的观点从财经教育的角度做个点评。

嘉宾：我想还是和大家分享下岳昌君教授的观点，他认为从 2017 年校园贷大学的典型案例中可以看出财经教育存在五个方面的缺位，即缺乏基本的经济学常识、扭曲了消费观、获取财富的不良方式、保护自己和别人隐私权的法律意识淡薄、没有诚信的理念。反方的同学收集的材料还是比较翔实的。

主持人：校园贷只有害处吗？显然不能“一刀切”，我们来听听正方的意见。

正方观点：校园贷利大于弊。

1）尽早学习金融知识。只有背负债务和利息，学生才能迅速明白资金是如何来的，资金的使用成本是如何计算的，自己凭什么可以借到钱，债权人对债务人有哪些约束，进而主动提升自己的金融知识，了解社会利用借贷平衡财务杠杆的道理。学好了金融这一节课，可以促使学生形成正确的消费观、投资观和提升商业洞察力。

2）用消费参与商业社会。一个人如果在大学期间没有独立做过一次重大的消费决策，并深度参与到买卖交易中，无疑是学生时代的重大遗憾。有求于父母的决策，由父母来买单，远不如自己独立决策，独立找钱买单，后者对人生成长有更为积极的影响。所以，不反对学生网络借贷，毕竟学生融资的渠道就这么一个。无论借款目的是为消费开支也好，还是做点小生意也罢，只要花钱的目的是正面积极的行为，都是值得鼓励的。所以，千万不要恐惧校园贷，要学会拥抱校园贷，接受积极的事物，学生时代的成长需要金钱支持，对校园贷应怀有感恩之心，切莫以漠视和消极看待。

3）学会用杠杆资金提前投资。学生借贷消费，只要初衷美好，本质上就可以视为一种投资。以往很多人把学生学习之外的消费，视为一种享乐，历数其弊端，如 2004 年前后关于购买电脑，2011 年关于购买智能手机，如今回头再看，这些已经成为学生的标配物件。如果现代的学生还没有这些，简直无法与课程同步，知识获取渠道也无法和他人同步。因此，花钱并不可怕，无知和墨守成规才可怕。不管买电子产品也好，还是参加培训、旅游，使用校园贷的初衷只要是美好的，有助于成长进步，其实本质上就是投资。大学时代通过额外追加投资，获取知识、开阔眼界和提升技能，几年后回顾来看，那时候的选择必然是明智的，无遗憾的。

4）债务责任加速心灵成长。大学时代敢于主动承担责任和风险，是心理成熟的表现，也为未来开展事业、合作创业打下了良好的基础。所以，大学时代不妨网络借贷，去完成自己的一个愿望，在不告诉父母的前提下，遵守承诺还款，可以省吃俭用逐步还清，也可以兼职赚钱偿还，让贷款成为自己走向成熟的催化剂。总而言之，学生时代的很多愿望，初衷都是美好的，大多必须靠资金支持才能实现，然而时间就是金钱，社会竞争如此激烈，提升自己本领的事情，不妨借钱早日实现，再分期还款，提高自己的目的性、提升自己的行动力，规划更长久的计划，然后以债务鞭策自己，让每笔钱都用于实现初衷。而不是想要什么就让父母买什么，成为毫无规划的“妈宝”，留下日后的遗憾。

主持人：校园贷并非洪水猛兽，如何规范校园贷市场，不让“校园贷”变成“校园害”才是王道？

（4）制度监管，规范校园贷市场

展示 2017 年 4 月出台的《中国银监会关于银行业风险防控工作的指导

意见》中指出要重点做好“校园网贷”“现金贷”的清理整顿工作，校园贷系列监管政策。

专家观点

1）校园贷监管政策。2016 年 4 月，校园贷的监管大幕拉开。中国保险监督管理委员会多次发文，上海、重庆、广州、深圳等地方监管部门陆续跟进，明确监管要求。

以重庆为例，提出了校园贷的“八个不得”：一是不得仅凭学生身份证、学生证等低门槛方式发放贷款；二是未取得家长、监护人等第二还款来源方书面同意不得向学生发放贷款；三是不得发放用于学生生活学习必需品以外的贷款或直接向学生提供现金；四是不得以手续费、滞纳金等各种名义变相发放高利贷；五是不得在校园内开展网贷营销宣传活动；六是不得在线上开展虚假片面营销宣传活动，误导学生借款行为；七是不得使用非法手段暴力催收；八是不得有泄漏、恶意曝光或非法使用学生个人信息的行为。其他地区提出的指导意见大致类似。

2）校园诚信和风险教育不可缺。变了味的“校园贷”，还不起的“青春债”。“校园贷”诈骗案中涉案学生风险意识和诚信意识的严重匮乏是十分惨痛的教训。校园客观上已不再是“只读圣贤书”的场所，加大诚信教育的力度，拓宽常识教育的广度，已成为新时代对高校思想政治教育工作者的要求。教书必先育人，成人方能成才，愿每一个学生耳边常有警示，健康进入社会。

3）学生自身也要培养理性的消费理念，增强金融素养和信用意识。

嘉宾：不太赞成学生为了提前消费或者做生意，甚至借钱炒股来贷款。这种贷款不但给自己增加压力，如果违约也很容易追溯，得不偿失。应加强对学生基础金融知识的教育，提高学生风险意识，培养学生的财经素养。学生只有掌握基本的金融知识、消除懵懂的借贷心理，才能理性借贷，不被一时的享乐冲昏头脑。

嘉宾：清理暴力催收、发放高利贷等问题平台的同时，也要关注到学生合理的消费信贷需求，不搞“一刀切”，培育更多稳健经营、风控技术完备的消费金融平台，为学生提供小额、适度的消费金融产品。

主持人（结语）：随着社会的发展、互联网技术的进步，贷款消费和投资成为一种常态，作为一名即将步入大学的中学生，要学会理性对待校园贷，树立正确的消费观念，增强自己的金融知识和素养，增强诚信意识和信用意识，切不可让“校园贷”变成“校园害”。

主持人：校园贷这个案例涉及财经素养教育哪些维度的知识，可以延伸哪些财经素养知识，在我们生活中有类似的案例吗？

嘉宾：“风险与保险”“制度与环境”这两个维度都有涉及，我想借这个案例向大家延伸介绍些目前常见的金融诈骗方式。我希望同学们不仅自己能懂得辨别，回去后还能给家里的老人传播一些防范金融诈骗的知识。现代生活离不开经济的眼光，很开心今天和大家一起分享财经知识。

二、实践活动二：生活中的经济问题

1. 活动目的

本实践活动涉及“收入与消费”“储蓄与投资”两个维度。通过分析生活中的案例，引发学生从经济学的角度去思考生活中的经济问题，了解经济学在日常生活中的应用。

2. 活动设计

（1）设计理念

以“五维三标”为依据，以提升学生财经素养为目的，通过案例剖析、专家点评的电视访谈类节目形式，体现出课程具有开放性、实践性的特点。

（2）设计思路

1）第一环节——为什么牛奶装在方盒子里卖，可乐却装在圆瓶子里？

2）第二环节——为什么硬币上的人像都是侧面像，纸币上的人像却是正面像？

3）第三环节——为什么很多酒吧喝水要钱，却又免费提供花生米？

4）第四环节——分析沉没成本和机会成本的区别。

（3）活动重点

相关视频的制作、现场辩论及专家阐述。

3. 活动准备

在前一期节目最后事先预告本期节目主题，招募演播厅现场参与的学生，确定学生主持人一名、教师一名、财经专业人士一名。节目制作团队剪辑相关视频。

4. 活动情景

主持人：有些人认为，经济学就是一堆密密麻麻的图表、符号和数学公式，是一些泛泛而谈的理论，而实际上经济学应用范围之广，远远超出了大众所认知的范围。今天我们从生活中常见的一些现象来聊聊生活中的经济问题。今天请到的嘉宾是我们政治老师和对外经贸大学的学长。

嘉宾一：我想跟大家聊一个有趣的话题：为什么牛奶装在方盒子里卖，可乐却装在圆瓶子里？

超市画面：几乎所有饮料的包装盒都是圆柱形的——而事实上，方形容器能更有效地利用空间，因为圆柱形容器与圆柱形容器之间会存在间隙。那为什么除了牛奶，其他饮料都是圆柱形的呢？

采访台下观众，并进行交流。

嘉宾一：其中的一个原因是，饮料大多是直接喝的，圆柱形的容器更称手，抵消了它的额外存储成本。而大多数人不会直接喝牛奶，有的人可能会把牛奶倒出来加热，也有人会把牛奶当作其他产品的原料等。还有一个原因是，因为大多数饮料都是放在开放式架子上的，开放式架子比较便宜。而牛奶需要保鲜，应放在冰柜里，而冰柜价格贵，运营成本高。因此，冰柜里面的存储空间十分宝贵，从而提高了经济效益。

主持人：那么这个案例体现了哪些经济学原理呢？

嘉宾一：为什么不同的产品有着不同的形状呢？如果不运用经济学上的成本效益原则分析，任何答案都是空话。因为商家的最根本目的就是赚钱，成本效益原则正是符合他们的利益。一般而言，生产商并没有什么动力去改进产品，除非所带来的收益大于成本。产品设计既要包含最符合消费者心意的功能，又要满足商家便于竞争的需求，因此产品设计需要在两者之间寻求平衡。

主持人：我也想到了一个案例大家一起来分析下，为什么硬币上的人像都是侧面像，纸币上的人像却是正面像？各国的硬币，出现在硬币的头像大多是侧面像，而在纸币上你却几乎找不到侧面像。为什么会形成这种差异呢？

现场采访，并进行交流。

嘉宾一：因为金属板雕难度较大，许多画家都无法在硬币上画出辨识度高的正面肖像，硬币上可供画画的空间不过 $4cm^2$，精细度的欠缺，画出一张让人能够轻易辨认的正面肖像极其困难。而画侧面象大大降低了难度，且更加容易辨认。而且，就算要在硬币上刻出精细的正面肖像，造价也十分昂贵，远远超出了硬币本身的价值。反之，纸币并不存在难易程度和造价的考虑，正面肖像的精细和复杂，正好强化了纸币的辨识度，更能够有效地防止制造假币。

主持人：前面我们从成本的角度分析了产品生产中蕴含的财经知识，接下来将从供求关系的角度来分析其他的案例。

嘉宾二：供给与需求是经济学中十分重要的概念，道理浅显易懂：供给曲线与需求曲线在图表上的交点，就是商品的平衡价格，在这时，愿意购买该产品的消费者与售卖该商品的消费者相当，平衡价格是市场上最有利的价格。（同时展示画面）我们一起来看一个案例：为什么很多酒吧喝水要钱，却又免费提供花生米？我们去很多大排档，他都会先送一盘花生米上桌。有些酒吧一杯清水 4 元钱，花生米却免费。花生米的生产成本肯定比水高，那为什么会出现这种情况呢？

现场讨论，并进行交流。

嘉宾二：理解这种做法的关键是——水和花生米对于酒精饮料的需求有什么影响。花生米与酒是互补的，客人吃的花生米越多，就会越口渴，从而会点更多的酒。花生米与酒相比更便宜，而酒能带来十分可观的利润，所以免费提供花生米能提高酒吧的利润。水与酒是替代品，水喝越多酒喝越少，所以说酒吧要给水定高价，让客人多消费酒。

主持人：今天的几个案例我们了解了关于成本的一些知识，请问张学长，在经济学中关于成本您还有什么专业的知识可以与我们分享的吗？

嘉宾二：我想和大家分享两个生活中常见的成本，沉没成本和机会成本。所谓沉没成本，是指由于过去的决策已经发生的，而不能由现在或将来的决策改变的成本。一般说来，资产的流动性、通用性、兼容性越强，其沉没的部分就越少。"现金为王"的观念也可以从这个角度去理解。我想再提一个问题：我国有些大型钢铁企业明明已经处于亏损的状态却仍要开工生产，为什么？

现场讨论，并进行交流。

嘉宾二：钢铁的生产需要投入大量的资金购买或租用厂房和机器设备，如果停止生产，厂房和机器设备无法立即变现，并且随着时间的推移会不断折旧，继续生产虽然仍要承担亏损，但相比于停产的损失，继续生产要小得多。

主持人：其实沉没成本经常出现在我们的日常生活中，上周末我们家去饭店吃饭，消费了 190 元觉得味道真不怎么样，这时服务生告诉我们店里正在做活动，消费满 200 元可以减 20 元，我们就又点了一份，结果一样的不合口味，弄得那个周末心情很差，学长你觉得我们要再点一份东西吗？

嘉宾二：哈哈，理性的做法是不应再点其他东西，已经消费的 200 元是你的沉没成本，再点份预期难吃的东西非但不能增加你的效用，反而会使你这顿饭的总效用降低。在沉没成本面前，我们最容易犯的错误就是对"沉没成本"的过分眷恋，继续原来的错误，造成更大的亏损。许多电信诈骗也正是利用了人们的这种心理，刚开始只需要交很少的一部分钱，等你交了钱之后，需要交的钱就越来越多，很多人都觉得，如果后面的不交，前面的钱就收不回来了，因此就心存侥幸，一再追加投入，反而越陷越深。

主持人：现在还有一个机会成本也是大家都很感兴趣的，学长您给我们介绍一下。

嘉宾二：机会成本是指企业为从事某项经营活动而放弃另一项经营活动的机会，或利用一定资源获得某种收入时所放弃的另一种收入。另一项经营活动应取得的收益或另一种收入即为正在从事的经营活动的机会成本。通过对机会成本的分析，要求企业在经营中正确选择经营项目，其依据是实际收益必须大于机会成本，从而使有限的资源得到最佳配置。

在生活中，有些机会成本可用货币来衡量。例如，农民在获得更多土地时，如果选择养猪就不能选择养鸡，养猪的机会成本就是放弃养鸡的收益。但有些机会成本往往无法用货币衡量，如在图书馆看书学习还是享受电视剧带来的快乐之间进行选择。而机会成本泛指一切在做出选择后其中一个最大的损失，机会成本会随付出的代价改变而做出改变，如被舍弃掉的选项之喜爱程度或价值做出改变时，得到的价值是不会令机会成本改变的。做出选择时，应该要选择最高价值的选项（机会成本最低的选项），而放弃选择机会成本最高的选项，即失去越少越明智。

主持人：机会成本有什么特点呢？

嘉宾二：机会是可选择的项目，机会成本所指的机会必须是决策者可选择的项目，若不是决策者可选择的项目便不属于决策者的机会。例如，某农民只会养猪和养鸡，那么养牛就不会是他的机会。

首先，机会成本是有收益。放弃的机会中收益最高的项目才是机会成本，即机会成本不是放弃项目的收益总和。例如，某农民只能在养猪、养鸡和养牛中择一从事，若三者的收益关系为养牛＞养猪＞养鸡，则养猪和养鸡的机会成本皆为养牛，而养牛的机会成本仅为养猪。

其次，机会成本与资源稀缺。在稀缺性的资源中选择一种东西意味着放弃其他东西。一项选择的机会成本，也就是所放弃的物品或劳务的价值。机会成本是指在资源有限的条件下，当把一定资源用于某种产品生产时所放弃的用于其他可能得到的最大收益。使用机会成本的概念可以比较准确地反映从社会观点看把有限的资源用于某项经济活动的代价，从而促使人们比较合理地分配和使用资源。但是，机会成本的概念没有说明成本或费用的本质是什么，而且由于被放弃的活动可以是多种的，确定机会成本时往往有主观任意性，容易引起争议。

嘉宾二： 农民在获得更多土地时，如果选择养猪就不能选择饲养其他家禽，养猪的机会成本就是放弃养鸡或养鸭等的收益。假设养猪可以获得9万元，养鸡可以获得7万元，养鸭可以获得8万元，那么养猪的机会成本是8万元，养鸡的机会成本为9万元，养鸭的机会成本也为9万元。

在图书馆看书学习还是享受电视剧带来的快乐之间进行选择。那么，在图书馆看书学习的机会成本是少享受电视剧带来的快乐，享受电视剧的机会成本是失去了在图书馆看书学习所得到的东西。

假若一人拥有一所房子，他选择自住的机会成本就是把房子租给他人所能获得的收入。因为此时机会成本并不牵涉实际金钱交易，所以也可成为隐含成本。

主持人： 我们今天的话题涉及储蓄与投资这个维度，我们尝试着从经济学家的视角考虑成本的问题，财经知识的学习教会我们如何做出一个有效率的经济决策，如何去思考生活中的一些经济问题，教会我们更好地认识和改进我们的生活。

5. 活动效果

1）形式新颖，夺人眼球。本实践活动的学习采用制作电视节目的形式，吸引学生的眼球，通过辩论等形式也能鼓励学生参与。

2）辐射广泛，通识培训。通过现场直播的方式让整个学年段的学生在班级可以同时观看到节目，而且校园电视台可以点播回看。

3）财商精进，服务人生。学校财经素养教育的开展，提升了施教团队的课程设计能力，挖掘出了一批未来志在报考财经专业的同学，也提升了同学们用经济学的思维方式去思考生活中经济问题的能力。

6. 存在问题

1）专业能力有待提高。学校没有财经专业毕业的师资队伍，对每个案例话题的深度辨析都需要借助许多的社会资源。

2）实践展开的场地、时间受限。

实践特征

厦门外国语学校石狮分校教学团队选取了两个不同的主题作为教学课例，分别是《“校园贷”莫成“校园害”》和《生活中的经济问题》。该课例的切入点非常好，校园贷的问题比较聚焦，生活中的财经问题比较容易引起学生的共鸣，因而其可操作性较大，效果容易观测。

第一，在系列活动中选取的片段具有检验课程标准的针对性。该校立足于高中财经素养教育的“五维三标”框架，分别落实了对应的教学内容，这样的设计非常有益于当前促进课程标准通过课程与教学检验的需求。一方面探讨课程具体内容的界定与可操作性，另一方面验证课程标准的合理性与适度性，应该说从实践的维度上给出了一些可资借鉴的答案。

第二，运用正反结合的两个课例促进学生的全面认知。该实践课例的内容性质从正反两个方面做了对比性的展示，校园贷呈现的是一个令人痛心的反面教材，生活中的经济问题则主要是从正面帮助学生认识了生活与经济之间的密切关系，进而加深学生对具体的经济活动中的规则和风险做出深入的理性评判。

第三，聚焦切入拓深内涵。从这两个课例中可以看出，问题的切入点都很小、很具体，但随着教学流程的延展和深入，大知识、大理论、大道理的知识都逐渐浮出水面。第一个课例通过对小额贷形式的利与弊让学生做正反两方面的辩论，明晰其中的道理，正确地看待小额贷款与生活的关系，这一环节的设计有利于培养学生的批判性思维和形成全面的财经观。第二个课例从生活中饮料的包装盒开始讨论，一直到机会成本的深入讨论，无不体现了小中见大。大中有小的生活哲理。课程的设计具有层次感，教学路径也有明线与暗线、主线与辅线之分，非常巧妙地利用“产婆术”帮助学生自主产生知识与判断。

第四，教学形式有助于教学内容的展开与目标的达成。两个课例中都有财经专业的嘉宾作为点评人或教学过程的参与人，这种形式不仅提高了教学的有效度，而且保证了教学内容的专业性和科学性。第一个课例中嘉宾在课中小结时除了对“风险与保险”“制度与环境”这两个维度给予原理上的解释，还借助课中案例向大家延伸介绍一些目前常见的一些金融诈骗方式，这就大大增强了教学的现实效果。

综上所述，厦门外国语学校石狮分校的这两个相关联的课例能起到相互印证和相互补充的作用，其形式更加能帮助学生愿意接近财经素养这一熟悉的陌生领域，有助于学生在体验和思考中逐步形成财经素养，这些都是可取的。当然，就实践课例设计的方式而言，尚需要在整体设计和具体流程等方面做规范化的创作。校园贷的课程实践和实际发生大多在高校，如何能贴近中学生的生活，也需要做一定的引导，如可以在贷款的程序上增加一些具体的介绍。

第七节 中国改革开放40年的GDP数据

实践叙事

“中国改革开放40年的GDP数据”实践活动由广东实验中学实施，该校是直属广东省教育厅领导的省级重点中学，广东省首批国家级示范性高中，是一所百年名校。该校在体育、艺术、科技竞赛等方面成绩突出，是广东省素质教育的一面旗帜。

本实践活动的施教教师是古景春，施教对象为该校高一年级金融社团学生，共计39人。活动形式为选修课，活动课时为1课时。

本实践活动的中心议题是探索财经素养教育与高中思想政治核心素养教育整合的途径，使财经素养教育能更好地与高中思想政治教育相结合，相互促进。它包含一个典型问题即财经素养教育与高中思想政治核心素养教育整合的原则，尝试探索从财经素养出发提高学生思想政治核心素养，以及理论与实践相结合的途径。

一、活动目的

1）通过教学活动，教会学生了解简单的宏观和微观经济学知识，使学生理解GDP，懂得GDP是衡量一国经济发展水平的重要指标。

2）解读经济数据，提升政治认同。通过对中国宏观经济数据GDP的横向和纵向对比分析，理解我国社会财富增长背后的制度逻辑，从而理解我国改革开放的艰难险阻，增强对社会主义道路和制度的认同与自信。

3）通过教学活动，丰富学生的经济学知识，提高学生的财经素养和解读宏观经济的能力，通过GDP横向和纵向对比，引导学生思考我国经济保持40年高速增长的政治逻辑和制度背景，提高学生思想政治的核心素养，探索整合财经素养教育与高中思想政治核心素养教育的方法与途径。

4）通过后续的社会实践调查活动，模拟政协活动，让学生深入社会生活，更客观、全面地理解社会生活，懂得经济与政治密不可分，懂得改变社会、改变世界需要经济、政治、文化协同发力，需要每个社会个体的实践参与，使学生在公共实践参与的过程中提升思想政治核心素养。

二、活动设计

本次活动分为课前准备、课堂教学、课后社会调查实践三部分。课前主要让学生关注新闻热点，了解两会动态，搜集国家重大政治活动的第一手资料，为课堂教学做好准备；课堂教学以两会热点问题作为切入点，着重讲解 GDP 的概念，并对我国改革开放 40 年 GDP 的总量和增量的变化进行解读；课后开展社会调查实践活动，作为这次系列教学活动的延伸。

三、活动准备

2018 年 3 月 5 日至 21 日，我国两会召开，两会在中国的政治生活中地位不言而喻。抓住这个时事热点进行“政治生活”教学基本上是每个高中政治教师的必备项目。对高中学生而言，他们往往觉得经济生活近而政治生活远，“政治生活”难教、教学效果不理想是很多政治教师的直观感受。抓住时事热点，从学生感兴趣的热点问题切入来解读我国的经济制度和政治逻辑，提升学生的政治认同。课前布置任务，要求学生关注时事热点，了解两会进程及完成的主要议题。

四、活动情景

展示两会的重大政治新闻：审议通过《中华人民共和国民法总则（草案）》以及国务院政府工作报告，2017 年 GDP 增长率为 6.9%，2012～2017 年居民消费价格指数年均上涨 1.9%。

引导学生讨论：如何评价近几年 GDP 增速。学生看法不一，有褒有贬。

教师适时引导：评价 GDP 增速前，首先要了解什么是 GDP，这个经济数据包含的意义是什么。其次，评价 GDP 增速，应在中国当下特定的经济发展条件下，从时间和空间两个维度进行宏观解读，才能比较客观地进行评价。

基于这种考量，教师先给学生讲解 GDP 的概念及统计方法，GDP 反映什么问题，GDP 如何计算，名义 GDP 和真实 GDP，GDP 平减指数等知识，让学生懂得 GDP 是如何计算出来的。

接下来，向学生展示图 3-8 与图 3-9，让学生读取图中的信息，了解我国改革开放以来 GDP 总量的变化及增长速度，从时间维度上对我国经济发展速度进行纵向分析与解读。

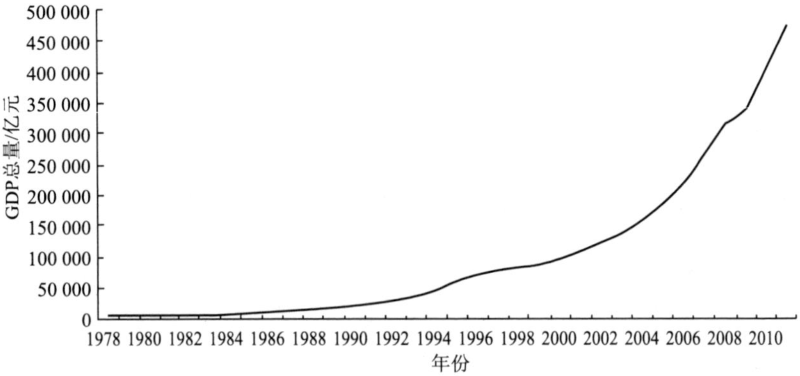

图 3-8 1978—2010 年中国 GDP 总量随时间变化统计图

资料来源：国家统计局

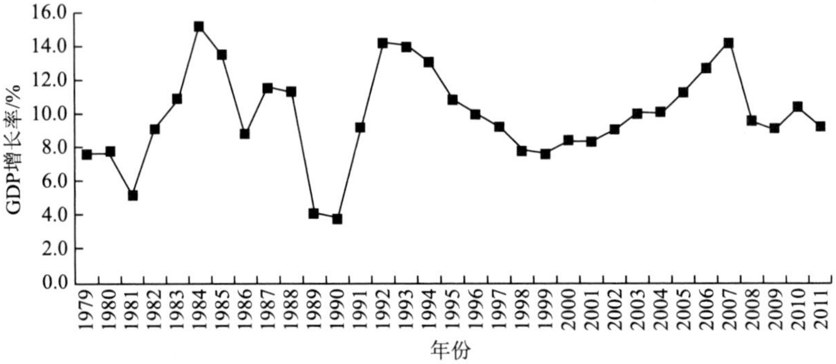

图 3-9 1979—2011 年中国 GDP 增长率随时间变化统计图

资料来源：国家统计局

然后，引导学生进一步阅读教师收集的图 3-10、图 3-11，引导学生从

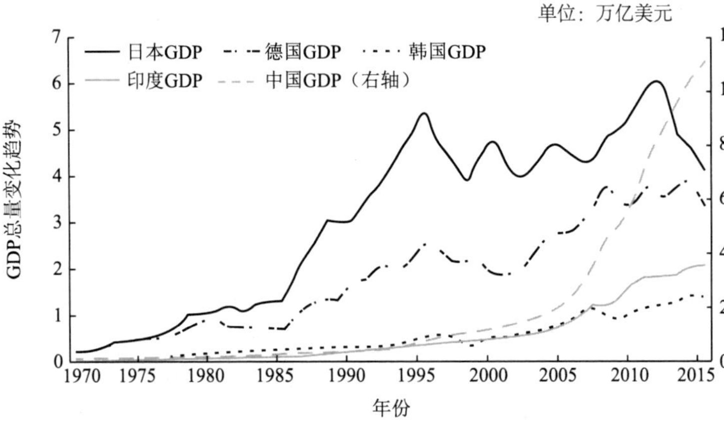

图 3-10 1970—2015 年主要经济体 GDP 总量的变化

资料来源：李迅雷《中国经济会不会出现负增长？》

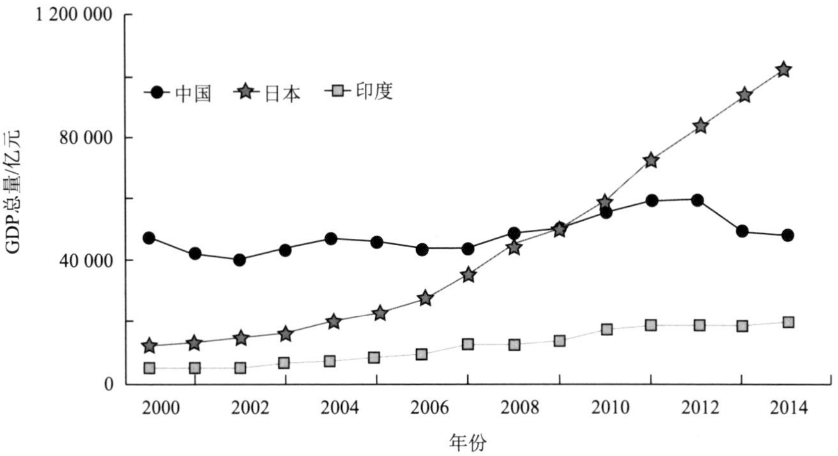

图 3-11 2000—2014 年中国、日本、印度三国 GDP 总量比较

空间角度，把我国 GDP40 年增长的幅度放置于世界坐标系中，与世界上其他国家、地区进行横向对比分析。

当学生把中国改革开放以来 GDP 总量与亚洲主要国家（日本、印度）对比，与世界经济发达国家（如美国、德国、英国等）对比，与世界主要经济体（如欧洲联盟）对比，学生的国家荣誉感、民族自豪感油然而生。

这些统计图表中，代表中国的这一条条曲线 40 年来昂首向上，宛如一条龙在腾飞。这时，教师适时引导学生展开思考与讨论：支撑这一条条曲线腾飞的逻辑有哪些？

课堂讨论摘录

师：中国改革开放以来 GDP 取得今天的成就，容易吗？

生 1：改革是前无古人的实验，到底该怎么改，谁也不知道。这让当时的改革派承担了相当大的政治风险：改得好，别人不一定称好，可能还会说这是走资本主义道路；改得不好有失误，别人更会说三道四唱反调。所以，改革需要极大的勇气和担当。

所以，邓小平作为中国改革开放的总设计师是非常不容易的，一方面要有极高的政治智慧把握改革的大方向，另一方面要承担改革开放带来的风险和失误，如果没有对党和国家前途命运的深刻思考与责任担当，是做不到这一点的。

师：嗯，有没有同学知道我国从社会主义计划经济发展到今天的社会主义市场经济，中间还经过哪些过程？

学生们：不知道。

老师：中间还提过，计划经济为主，市场经济为辅，有计划的市场经济，到1992年邓小平南方谈话提出社会主义市场经济。从我国经济体制提法的变化中你看出了什么？

生 2：总的方向是从计划经济走向市场经济，但不是一步到位，而是经过了中间两步的过渡和摸索。

生 3：所以有句话叫摸着石头过河，步履维艰但又步步为营。

师：容易吗？

学生们：不容易。

师：我们做对了什么？

生 4：改革开放，这40年我们一直不停地在改革开放。

师：能不能具体举一些例子？

生 5：计划经济时期我国所有制方面全部实行公有制，没有商品经济，后来慢慢有了个体经济、私营经济、外资经济等非公有制经济，也从没有商品交换慢慢发展到市场经济。

生 6：我觉得加入WTO对我国来说是一项非常成功的举措，我国有今天这种经济成就，很多都跟加入WTO有关。

师：这些都是经济制度或者体制方面的改革，有没有政治制度或者政治体制的改革来适应经济制度方面的变化？

生 7：设立国家监察委员会算不算？

生 8：当然算，还有国务院机构改革，实际上都是为了对接我国经济发展方式的转变。

生 9：我觉得政治制度改革体现在很多方面，如我们党的执政方式、国务院机构改革、建设服务型政府等。

师：以上说的都是改革的例子。有没有开放的例子呢？

生 10：加入WTO，让中国融入世界经济一体化的进程。

生 11："一带一路"倡议，构建人类命运共同体。

生 12：我国一直在改革开放，但是在改革开放的过程中，我国一直坚持一个基本原则：独立自主，自力更生，这让我们在融入世界的过程中不会受制于人。

生 13：我想今天中国成为世界工厂，还得益于我们建立了完整的工业体系，这让我国在各行各业都有完整的产业链，在参与国际经济竞争的过程中就掌握了主动权，不会受制于他国。

生 14：我觉得最根本的还是我们既学习了西方的经济文明，又立足于我们的国情，探索出了一条独一无二的道路：中国特色社会主义道路。而且这条道路通过改革开放不断地焕发新的生机和活力，使中国的国际影响力和国际地位日益提升。

学生们：掌声。

师（总结）：大家说得都很好！以前我们看到中国 GDP 的数据和它的增长率时，没有什么感觉，今天当我们了解了 GDP 的内涵和它的经济学意义，并把它放在历史和国际范围内进行比较之后，我们才知道一些简单的经济学数据，包含了深刻的经济和政治内涵，懂得了支撑这条曲线昂首向上的政治逻辑和历史成因，有助于让大家更深刻地了解国情，理解国策，理解两会上的许多政治议程都是围绕着经济建设来的，经济和政治一体两面，你中有我，我中有你。

师：课后请同学们思考如下问题。

1）刚刚在上课的过程中，有同学提到这 40 年我们一直坚持改革开放，改革和开放有没有内在的关联？

2）我们可不可以进一步思考：我们改革的依据与标准是什么？40 年 GDP 的增长是造成改革开放的原因？还是说是改革开放造就了 GDP 增长这个结果？

3）40 年 GDP 的快速增长，给我们的国家、社会、个人带来了什么影响？

五、活动效果

无论是理论课还是从理论课延伸来的社会实践课，总的看来都获得了不错的效果。

从财经角度来解读政治热点有很多值得肯定的优点：首先，它根植于鲜活的社会生活，具有时效性，能够吸引学生的眼球，引起学生的学习兴趣。其次，它是社会矛盾汇集的地方，可以多角度全方位来解读，提高学生的辩证思维能力和逻辑思维能力。最后，因为它真实，所以极具说服力，教育效果好。同时，对学生思想政治核心素养的提高起到很好的作用。

有个事例可以说明这个活动的教育效果：在课后的社会调查环节，某组同学来办公室找到老师，于是有如下对话。

生：老师，我们觉得设立公司是在解决社会需求，但公司的目的是营利，公司为了营利可能会出现很多新的问题。

师：唔？比如呢？

生：比如，现在满街的共享单车，是大大方便了市民出行，但是我们最近在调查的时候真的是触目惊心：乱停放，挤占公共空间，还有刻意损毁，我们今天绕着校园转了一圈，看见9辆自行车“身首异处”。

生：还有现在快递公司的快递员，以及那些送外卖的小哥，满街飞驰，造成了太多的交通隐患。

师：那你们的意思是社会不用开公司了？

生：开公司是为了满足社会需要解决社会问题，但是它会引发新的社会问题。我们想从另一个角度尝试解决开公司产生的社会问题。

师：能不能说得更细致些？

生：现在有模拟政协活动。模拟政协委员进行社会调查发现社会问题形成政协提案，提案做好了可以参加全国中学生模拟政协比赛，成绩突出的政协提案还可以通过相关的途径提交两会。

师：好哇，有没有选好要调查的方向？

生：还没有。

近来，杭州保姆案这个社会热点事件触发这一组学生调查广州的家政市场，调查过程中发现家政行业存在一些问题：如保姆身份信息造假，不让用户了解保姆的真实信息，保姆流动过快无法有效管理，甚至缺乏监管主体和规范的法律。于是，学生更深入地开展社会调查与走访，派发调查问卷2000多份，调查问卷也做了近十次修改，最后形成《关于家政服务中介公司的规范化建议》的模拟政协议案，参加全国中学生模拟政协比赛活动获得一等奖，2018年3月通过全国政协委员中国致公党委员陈怡霓提交两会，中学生提案上两会也被中央电视台新闻频道《新闻 1+1》给予了报道。学生的政治参与政治表达通过规范的途径上升为国家意志，实现了他们“让世界因为我的行动改变一点点”的愿望。

施教教师很高兴看到学生在社会实践调查过程中自然生成的模拟政协活动，什么是核心素养，它在学生身上有怎样的体现，核心素养不外乎体现在学生的思维方式和具体行为方面，以及思维和实践所指向的世界观、人生观与价值观。当他们在十五六岁的年龄通过自己的行动和努力，让自己的劳动成果上升为国家意志来改造社会，让世界变得更美好一点，这对高中学生思想政治核心素养的培养是一种很好的阐释，而核心素养的养成对学生今后成长的促进作用无法估量。

六、活动总结

整合财经素养教育和思想政治核心素养教育，必须坚持以下几个重要的原则。

1）热点渗透原则。社会生活复杂多样，生活中蕴含着丰富的经济政治文化信息，学生的时间精力有限，必须选取社会生活中重大的时事热点问题，并选取适当的角度，引导学生加以解读才能达到事半功倍的效果。例如，2017 年的杭州“保姆纵火案”，对整个社会产生的影响很大，不同的人解读它的角度会存在很大差异且会得出不同的结论。起初我们引导学生思考调查广州市的家政市场以更深地了解这种社会现象背后的经济原因，但随着调查的深入，学生认识到经济现象背后总有它存在的制度逻辑和文化背景，于是我们引导学生将调查的重点转向广州市家政市场的制度规范和行业监管与市场行为之间的关系，寻找解决问题的可行性途径。学生在该过程中的收获很多。

2）学生主体性原则。教师是主导，问题的提出、课题的切入这些方面当然应该由教师来主导，但必须以学生为核心。教师需要了解学生的需要，对学情有深入全面的掌握，才能对症下药或者因材施教。例如，引导学生关注两会是每个高中思想政治教师必做的功课。资历深的教师都有体会教“经济生活”和“政治生活”两门课程学生的热情是有差异的，其深层的原因是经济生活离学生近而政治生活离他们远，学习兴趣就难以激发出来，政治认同的素养又从何谈起？如果教师从学生的角度出发，从学生关注的经济角度出发进行政治解读，学生也很容易理解并认同中国社会取得的经济成就背后的社会道路选择、政治制度、政党初心等宏观的政治话题。解读经济数据，提高政治认同系列课程角度的选取，以及我们后来开展的学生社会调查、模拟政协活动等都是以学生为中心来开展的，因为学生的思维活动或实践参与才是思想政治核心素养教育取得效果的前提条件，因此学生的主体性能不能得到充分发挥，是教师整合财经素养与思想政治核心素养教育方法和途径的首要考量。

3）实践性原则。实践性原则是整合财经素养与思想政治核心素养教育的重要原则。如何让学生走出课本、走进生活是当下课程改革非常关注的课题。除了课程资源的选材来自当下鲜活的生活，让学生自己置身于生活中参与真实的生活实践活动。以学生的模拟政协活动为例，如果学生不走进家政公司进行实地调查，不在人来人往的街头对普通市民进行访问调查，他们怎么可能获得市场的第一手资料？如何知道真实的家政市场现状及市场的缺失？怎么可能体会到街头调查时被警惕性高的街坊看作骗子的感受，以及被家政公司的工作人员从公司赶出来的窘境，更不要说提出解决家政问题的方案。好多学生做模拟政协的过程中都说“真难”，但是面对“真难”的窘境他们坚持下来走到最后形成研究报告，从而理解了全国政协委员的提案进入国家决策层面产生宏观的社会效应。用自己的心血和行动改变社会，这对学生核心素养的夯实和提升，对学生能力和价值观的影响，甚至对他们今后人生道路的选择，都会产生不可估量的影响。引导学生走进生活，进入真实的生活情境，在真实生活情境中理解生活，理解政治经济文化之间的关系，才是培养学生财经素养和思想政治核心素养的重要途径。离开生活及社会实践来探索财经素养和思想政治核心素养的整合，自然是无源之水无本之木。

4）历史性原则。培养高中学生的核心素养，还要坚持历史性原则。无论是从宏观的经济发展脉络，还是从微观的企业经营活动或个人投资理财活动，把它们放在历史的长廊里进行对比，可以很直观地展示中国特色社会主义道路探寻的艰难曲折，历史成就也一直隐含着政党的初心和定力，以及把马克思主义作为指导思想的可贵。在解读经济数据、提升政治认同的系列课程中，把我国的 GDP 数据放在改革开放 40 年的历史进程中、放到世界主要的国家中进行解读，通过时空两个维度的对比，让学生思考我国经济创造世界奇迹的原因。大家谈“我们做对了什么？”学生从不同的角度谈论了自己的理解，教师引导学生对经济奇迹背后的政治逻辑进行深入剖析，从而增强学生的辩证思维能力，提升政治认同和坚定“四个自信”，树立正确的价值观。

培养学生的核心素养，用好课程教材所提供的现有教学资源是一方面，另外还要用心去开发新的教学资源来为教学服务。把财经素养教育作为培养学生思想政治核心素养的教育教学资源，或者把政治、文化作为财经素养的教育教学资源都是可行的。本活动通过合适的途径，调动学生学习的热情和参与社会实践的积极性，引导学生走向广阔的社会大课堂，进一步拓展生活面，从中汲取生活的养料，从正在发生的、活生生的实践中检验和丰富所学的财经知识，引导学生提升政治认同，增强“四个自信”，构建正确的世界观、人生观和价值观。

七、存在问题

课堂教学活动没有现成的课本和教学资源，需要教师依据社会热点问题寻找切入点，把财经素养与高中思想政治核心素养教育结合起来，但对这个结合点的把握和解读是一个难点。财经素养教育与高中思想政治核心素养教育有相通和重叠的区域，但更多的是各有特点和要求，在当前高考制度不可能把财经素养教育作为必考科目的条件下，财经素养教学如何才能更好地服务于高中学生思想政治核心素养，并无成章可循，具体做起来，效果难以保证，更无评价标准。作为一种探索和尝试，本次实践课例虽然属于一个系列教学活动，但与财经素养教育标准框架相对照，实属一鳞半爪，且缺乏系统性，对学生财经素养的提高能够起到多大作用，还是未知数。

八、改进设想

本次教学课例涉及《中国财经素养教育标准框架》（2018 年版）高中学段部分的收入与消费维度的“政府收入与支出”，以及制度与环境维度的“经济制度与体制”。内容涉及高中思想政治教学“经济生活”中的基本经济制度和分配制度，以及社会主义市场经济等内容，同时也关联到“政治生活”中的公民与国家、我国的政治制度等内容，对帮助学生理解经济制度与政治制度之间的关系是有很大帮助的。课程选取的视角是由经济到政治，通过经济数据的变化来透视我国的经济制度和政治制度。由个案的探索可以拓宽今后的思想政治教学思路，即更好更宽地把财经素养教育渗透在高中思想政治教学活动过程中，选取社会热点，可以多视角解读社会事件：由财经而政治。由政治而财经，由财经而文化，由文化而财经，这样课堂教学才能有源头活水，促进高中学生财经素养和思想政治核心素养教学效果的提升。

实践特征

本实践活动虽然是面向选修财经素养选修课的学生开展的，但实践内容和教学方法适用于全体高中学生。

第一，恰当选取财经素养教育和思想政治教育的结合点，自然达成融合教育。

高中思想政治课程涉及新时代中国特色社会主义经济、政治、法律、文化、社会和生态文明等多方面内容，其中经济部分占据重要地位：《普通高中思想政治课程标准》（2017 年版）共设计必修模块“经济与社会”、选择性必修模块“当代国际政治与经济”、选修模块“财经与生活”三大部分作为载体，来反映新时代中国特色社会主义理论和建设的新成就，这些内容都可以成为财经素养教育与思想政治教育的有效结合点。

《中国财经素养教育标准框架》（2018 年版）高中学段在“收入与消费”“制度与环境”“风险与保险”“财富与人生”四个维度均明确

列出经济与政治内容的学习要求，如了解衡量一国经济发展水平的重要指标、运用指标对比分析法综合理解国家经济发展状况、解读《2017年国务院政府工作报告》中关于财政收支的阐述、创造富足安康的社会是国家和公民的责任等，这也为选择财经素养教育与思想政治教育的有效结合提供了方向指引。

本实践活动选取衡量国家宏观经济发展水平的重要观测指标之一GDP（另外还有收入类指标、物价指标、贸易类指标、就业指标、货币指标等）作为财经素养教育与思想政治教育的结合点，既自然生动又真实科学，具有很强的说服力。

第二，解读不同时空维度的GDP综合理解中国经济政治改革，强化价值观引领。

自1978年实施改革开放以来，我国的经济、政治、文化和社会发生了巨大变化，40年来的国力增强、人民富足可以从多个维度去认识和体现。

本实践活动从解读《2017年国务院政府工作报告》入手，选取了衡量一国综合国力的重要经济指标GDP，将中国放置在自身40年的纵向发展历程中，放置在经济发达国家、主要经济体、亚洲大国等世界坐标系中，收集、展现丰富的统计图表，以GDP总量、GDP增长率作为评估指标，引导学生在全球视野下直观感知、观察我国的改革开放，真切感受中华民族从站起来、富起来到强起来的伟大飞跃，深入理解中国特色社会主义道路、理论、制度、文化的来之不易，并深刻认识到国家政治与经济建设的相互依存、密不可分，经济政治改革开放的同时必须坚持独立自主、自力更生。通过学习，学生进一步认识到：我国的成功实践拓展了发展中国家走向现代化的途径，为解决人类问题贡献了中国智慧和中国方案，也增强了中国特色社会主义道路自信、理论自信、制度自信和文化自信。

第三，知行合一，通过实践活动提升学生的社会责任感、锻炼学生的综合实践能力。

本实践活动在理论授课阶段，立足于当今国际化、信息化、社会化等学习特点，正面引导学生感受国家改革开放取得巨大成就的同时，也引导学生直面社会各种不同思想文化的交互影响与渗透，并激励学生勇于社会担当、增强他们的参政议政意识。我们欣喜地看到：学生不仅发现了很多社会问题，而且理性面对这些社会问题，并加以重点选择进行实地调研、模拟政协提案，通过规范途径发出了自己的声音，最终获得了社会认可，为像家政服务中介公司规范化等类似制度建设的不断完善做出了贡献。

高中生不仅思想上具有独立性、活跃性、思辨性，而且勇于实践、乐于实践。财经素养教育和思想政治教育均具有很强的综合性，只有积极引导高中生参与社会实践，在实践活动中亲历自主辨识、分析探索的过程，让理论认识和生活经验有机结合、自主做出价值判断，才能真正实现知行合一，落实责任担当。

第四，总体意见与建议。对高中生而言，仅用 GDP 一项指标来综合理解国家的宏观经济发展状况，参考目标有些单一。课堂教学时可以仅以 GDP 为例，剖析如何运用 GDP 来分析国家的经济发展形势；课后则可以让学生分组探索如何用收入类指标、物价指标、贸易类指标、就业指标、货币指标等来解读国家的宏观经济形势，并比较不同指标的主要作用，再分组汇报、分享研究成果。

第八节 “学生公司”的探索

实践叙事

“‘学生公司’的探索”实践活动由四川省成都市树德中学实施。四川省成都市树德中学简称成都九中，是四川省首批“省级重点中学”、首批“国家级示范性普通高中”，获北京大学“中学校长实名制推荐学校”，为清华大学“领军计划”学校、四川省首批探索拔尖人才创新人才培养试点学校。

本实践活动的施教老师为何海燕，施教对象为选修该校“学生公司”校本选修课程的学生，共计 40 人。活动形式为校本选修课程，活动时长为 1 学年（共 20 节课，每节 100 分钟）。本次实践活动以“ILight 学生公司”为例，该公司由高一年级 8 名学生组建。

本次实践活动的典型意义是集中于创办学生公司的中心议题，包含如何在大众创业万众创新的开放复杂的社会环境下发现商机，通过创办公司提供产品来解决社会需要的典型问题，尝试探索了 STEAM[科学（science）、技术（technology）、工程（engineering）、艺术（arts）、数学（maths）]教育中基于商业社会创业创新实践的项目式学习方式。

一、活动目的

1. 知识和技能

学生能初步掌握并实际运用在市场经济条件下创办一家公司所需要的经济学知识，包括产权、公司法人治理结构、消费者行为、企业管理、企业的生产和经营、盈亏平衡点、利润和经济效益、人力资源管理、工资分配方案、企业的社会责任等。

学生能综合分析价格、供求、竞争等市场信号，根据价值规律，灵活运用相关经济知识进行资源的优化配置，比较深入地理解市场规律对微观主体的重大影响作用，从而创新性地解决社会生活问题，实现价值的创造。

2. 过程与方法

本实践活动采用任务驱动型的项目式学习方式。通过四个阶段的任务：公司的成立—公司产品的开发与生产—产品营销—成果展示与公司清算解散，培养学生跨学科分析问题、参与经济生活的实践能力，在真实的商业模拟体验中自主探究与合作、创新性解决社会问题的能力，在团队创业中发挥自身比较优势彰显价值，善于沟通与协调共同创造价值的能力。

3. 情感、态度、价值观

学生能在学生公司的项目式学习中认识自我，发现优势，增强自信。能在团队创业的过程中学会理解他人、合作共赢。更重要的是，学生能在真实的商业模拟体验中明白在社会分工之下，做一个心怀天下、担当责任的社会栋梁。

二、活动设计

上学期主要完成前两个阶段的学习任务，即公司的成立和产品的生产，共分为五个环节实施，即学生公司的成立—产品市场调研—产品原型制作与迭代—联系供应商—新品发布会，以下是这五个部分的活动设计。

1. 学生公司的成立

教师引导和提供咨询：公司法人治理结构、公司的组织架构、产权理论。

学生活动：“无领导小组”讨论。

首先，学生公司的创业团队以“无领导小组”讨论方式确定公司的组织架构，产权清晰、权责明确、运行高效、管理科学。

其次，不同学生根据自身的兴趣和优势选择不同的角色，包括首席执行官、首席财务官、首席技术官、首席运营官等，进行不同的职业体验。创业团队的人需要认购一定的股份，作为公司运营的初始资金。

最后，确定公司的经营理念，产品的研发方向、目标消费群体等重大决策。

活动重点：确定学生公司的组织架构和人员分工；明确公司理念和产品大致方向；公司初始资金到位。

2. 产品市场调研

教师引导和提供咨询：消费者行为理论；根据“社会痛点”，分析产品创新方向；产品原型草图的设计；掌握市场调研的基本方法，即定性及定量。

学生活动：行动中研究，研究中行动。

首先，深入消费者中，寻找“社会痛点”，画出思维导图，确定产品的创新方向。

其次，学生综合运用已有的物理、化学、生物、计算机等其他学科知识，进行产品创新，画出产品原型草图，进行样品手工制作。

最后，进行市场调研，归纳分析调查结果，运用 SWOT[优势（strength）、弱势（weakness）、机会（opportunity）、威胁（threat）]分析法进行展示。

活动重点：产品原型设计和样品制作；市场调研与定性分析。

3. 产品原型制作与迭代

教师引导和提供咨询：专利的重要性和专利申请、样品跟踪与反馈、商业可行性分析、盈亏平衡点、产品核心价值的提炼。

学生活动：将跨学科知识的整合与创新，变为具有实用性的专利产品。

首先，对样品进行跟踪和反馈，从产品的创新性、商业可行性、盈亏平衡点、消费者喜好等方面提出改进意见。

其次，样品迭代制作，突出创新性，申请专利。

最后，根据样品的功能和特点，提炼产品的核心价值。

活动重点：样品迭代的实践操作，专利的申请，产品核心价值的提炼。

4. 联系供应商

教师引导和提供咨询：波特的五力分析模型；如何寻找合适的供应商；

如何进行谈判。

学生活动：实际操作商业沟通和订立合同。

首先，根据波特的五力分析模型，广泛调查供应商的供应能力、购买者的购买能力、潜在竞争者进入的能力、替代品的替代能力、行业内竞争者现在的竞争能力。

其次，寻找并联系合适的供应商。

最后，与供应商订立合同，生产样品。

活动重点：寻找供应商和订立合同。

5. 新品发布会

教师引导和提供咨询：项目管理与时间管理，项目展示的技巧与方法、预售、投资说明书等。

学生活动：公开进行项目展示和新品发布。

首先，练习项目展示和新品发布技巧，以便充分展示公司及产品特色，赢得消费者信任和投资者青睐。

其次，举行新品发布会。

最后，新品发布会结束之后，接受消费者预订，进行预售；发放投资说明书，以筹集更多的资金发展公司。

活动重点：新品发布会，预售，募股集资。

下学期主要完成后两个阶段的学习任务，即产品的销售和公司成果展示，共分为五个环节，即营销策略与实际销售—销售反馈与改进—公司承担的社会责任—学生公司成果展示—学生公司的财务清算与解散。

（1）营销策略与实际销售

教师引导和提供咨询：营销创意和营销模式、营销推广的渠道、FABE[特征（features）、优势（advantages）、好处（benefits）、佐证（evidence）]销售法则，卖场布置。

学生活动：制作营销计划书，与客户面对面销售产品，线上销售产品。

首先，完成营销计划书，提炼产品核心价值；找准公司的产品卖点，以此宣传和打广告；根据实际情况确定营销模式。

其次，进行线上线下的营销推广，用优秀的文案和广告扩大产品的影响力。

最后，布置卖场或展台，运用 FABE 销售法则，现场进行产品销售。同时，线上销售可以同步进行。

活动重点：布置卖场，初步进行产品销售。

（2）销售反馈与改进

教师引导和提供咨询：现金流、利润、经济效益等知识，运营监控分析，财务管理，会计学入门知识。

学生活动：根据财务报告，有效调节销售行为。

首先，如实记录销售的流水账，根据销售数据和用户反馈对销售渠道与销售方式进行优化；继续进行产品销售，增加业绩和利润总量。

其次，可以根据销售情况生产新一代产品，并且在新产品问市之前进行宣传和预售。

最后，综合分析产品销售成果，对公司进一步的发展提出战略思考。

活动重点：扩大销售，壮大学生公司规模。

（3）公司承担的社会责任

教师引导和提供咨询：企业承担社会责任的重要性，企业承担社会责任的表现，企业家精神。

学生活动：公益活动、共同关切。

首先，具备对于关系人类命运重大问题的合理关切，积极寻找学生公司可以做到的行为。

其次，将公司利润的一部分回报社会，做公益或者慈善。

最后，弘扬企业家精神。

活动重点：学生公司的社会责任和公益活动。

（4）学生公司成果展示

教师引导和提供咨询：公司年报的撰写；视频和 PPT 制作的技巧；演讲培训；商业展会的布置。

学生活动：参加学生公司大赛。

将学生公司从成立到运营的整个项目展示出来，并接受评委的提问，争取能在学生公司大赛的竞争中脱颖而出。

活动重点：学生公司的项目展示。

（5）学生公司的财务清算与解散

教师引导和提供咨询：资产负债表、现金流量表、毛利率、工资分配方案、股票分红方案、股东大会。

学生活动：财务清算、分配方案和分配行为。

首先，核算清楚公司的总产值、净利润、成本等各项经济数据。

其次，制订合理的工资分配方案，发放工资。

再次，公布公司的财务报表，召开股东大会，对股票进行分红。

最后，宣布公司解散。

活动重点：清算和分配公司的人、财、物，最后解散公司。

三、活动准备

1）相关社会机构提供给学生公司课程的教材及教学建议；树德中学教师的课堂教案和 PPT 制作。

2）电脑网络——以便查找资料。

3）提供学生公司新品发布会、项目展示、成果展示的公开场地。

4）提供学生公司校内销售的场地，校外销售则提供相关的社会实践活动证明材料。

5）开放空间的安全预案（包括学生外出市场调查、销售产品等）。

6）寻找供应商的方法指南。

7）学生公司进行公益慈善等的相关支持。

8）召开学生公司创业团队成员的家长会。

9）提供相关法律法规的链接。

四、活动情景

（1）ILight 是一家什么样的学生公司

"谁愿意与我一起成立一家科技公司？"

第一次上"学生公司"的选修课，李洋同学就发出了邀请。他戴着厚眼镜，有着厚嘴唇和儒雅温和的声音。有七个学生积极回应他，与他围坐在一起。

八位同学围坐在一起，进行无领导小组讨论，主题是公司的组织形式和公司理念。何老师进行旁听。经讨论交流之后，大家确定了公司的组织架构，人人主动担责，彼此沟通协调，共同创造价值。

根据自己的兴趣和优势，李洋担任首席执行官和技术总监，张颖担任首席运营官和生产部经理，张程担任市场部经理，颜如担任创意设计总监，唐嫣担任策划部经理，马濛担任人力资源主管，陆璐担任首席财务官，文悦担任营销部经理。一个创业团队就这样形成了。

经过群策群力，大家公认公司的发展方向是生产太阳能产品的科技公司，将公司命名为 ILight（图 3-12）。公司的理念是——与光同行：采撷自然之光，解决生活之需；开启心灵之光，共同创造和追求。

图 3-12　ILight 公司的 Logo[①]

公司决定，作为创业团队成员，每人认购至少 1000 元股份作为公司的初始资金，回家后与家长商量。课后的任务是每个同学深入消费者中（学生、家长、朋友等），发现“生活中的痛点”，寻找公司太阳能产品的研发方向。

（2）ILight 学生公司的产品是怎样产生的

研发：三代创新——每一代都是未来。

学生们在课后调查的过程中带回了各种各样的故事，ILight 学生公司在李洋同学的召集下开会，大家依据各种“生活痛点”画出以太阳能产品为核心主题的思维导图，一起研究产品的创新方向。李洋提出的假设是：学生寝室晚上熄灯断电之后缺乏照明给生活带来很多不便，何不设计一款太阳能便携灯？这种灯也可以解决老年人以及户外露营者夜间的需要。学生们拍手称好，于是由首席执行官兼技术总监的他负责设计研发。

选修课上，李洋画出了 ILight 公司产品的原型设计，一款太阳能便携灯。那是一个小灯笼，顶端安装一块太阳能板。该产品超出了很多同学的想象，大家好奇地竞相奔告：李洋要搞发明了。公司的其他成员开始设计市场调查问卷，如是否有消费意愿、价格区间等方面。

在这期间，首席执行官李洋运用了物理学的知识、材料学的知识等，在网上购买原材料，自己进行组装，花费了很多心血。在分析问卷和听取大家意见反馈的基础上，首席执行官李洋进行了样品迭代，三代创新，最终以第三代产品申请了国家专利。

研发产品是 ILight 创业团队遇到的第一大困难，如何才能把创意变成现实，如何把已学的物理、化学、计算机等学科知识综合起来用来解决实际问题，如何把 DIY 的样品变成盈利产品，首席执行官李洋遇到了极大的挑战，公司成员也在沟通中陷入了急躁不妥协的僵局，但最终都一一克服了，看到样品一次比一次更富有新意，大家都觉得非常欣慰。

唐嫣说：“公司刚成立时，成员相互缺乏沟通交流。公司成员分散于各班彼此不熟，校内少有时间见面。课余时间各自安排不同，QQ 上也很

① 本节图片由成都市树德中学提供。

难集中讨论，以致出现了成员心理上的不平衡，产生了一些矛盾。团队中，有人做得多有人做得少，团队讨论时，积极提议的同学总觉得和默默做了大量工作的同学之间有一道厚厚的屏障，一旦观点不同，就倍感阴云，互不信任而激化矛盾。但是，在促进公司发展的共同愿景下，同学们相互之间开始主动地选择倾听与理解，以达成共识。彼此学会了换位思考，加强沟通和补台。大家一起完善公司制度，权责明确，积极制订可行方案，承担各自的义务。另外，公司奖惩分明，公平合理，不执行公司制度的同学将经集体投票后除名，使公司更有组织凝聚力。”这番话如实地体现了活动期间同学们在矛盾中成长。

一个初创的团队怎样才能有责任感和凝聚力呢？有共同的愿景，有彼此赋予团队的意义和身份认同，有大家共同分享一起创新所遇到的困难和快乐，一个团队就这样在不知不觉成长起来了。

（3）ILight 的产品类型

ILight 的产品类型有如下两种。A 款：ILight 太阳能便携灯，具有防水功能的同时，兼有强光、弱光、频闪、SOS 警戒光四种照明模式，对外界自动感光，可旋转式折叠打开，轻巧便携。B 款：ILight 太阳能便携充电灯，有便携式电力（相当于充电宝，可为电子设备充电）的同时，兼有强光、弱光、频闪、SOS 警戒光四种照明模式，对外界自动感光，旋转式折叠打开，轻巧便携。

从样品到产品，需要寻找合适的供应商。以上两款产品，皆由供应商生产。与供应商打交道的过程，对学生而言也是一次全新的挑战，其间的辛苦，颜如同学是这样记录的："与供应商打交道的过程是同学们经历的最大考验。挑选供应商犹如大海捞针。可能是因为资金量小而令对方不屑一顾，可能是因为沟通中过于大意而上当受骗，可能是因为成本、技术、时间、公司不正规等谈不成合作，总之当时屡屡受挫。在老师指导下，张洋带领我们 ILight 公司所有成员开会，总结成本、时间、公司不正规等客观因素造成的影响及对策，对于技术困难问题进行产品设计的调整与功能的取舍，讨论出双线并行的紧急生产策略，即一方面继续挖掘亲友方面的相关资源，联络以组装为主的、生产成本低而生产速度快的小型代工工厂，解决因大厂家开模、生产流水线长、审核严格带来的上万元的高昂成本费用，以及时间跨度长等主要问题；另一方面人力资源部开始招募工人进行样品的手工生产，同时作为未找到合适供应商的预备方案，准备采用手工生产产品。"

最终，学生们联系到了福建的一家供应商负责生产 ILight 学生公司的产品。可是问题来了：按照 ILight 学生公司的专利生产产品，开模费高达几十万元，小小的学生公司根本承受不起，大家还有繁重的高考学业压力，不可能有更多的精力去寻找风险投资，怎么办？

何老师进行了协调：鉴于学生公司主要是课程体验，为了体验开办公司的全部流程，暂时先利用供应商的流水线，以贴牌的方式生产小批量产品，以便后来的市场营销等阶段学习正常进行。

事实上，ILight 学生公司在市场上销售的其实并不是 ILight 的专利产品，这也为 ILight 学生公司后来的发展留下了遗憾。

（4）ILight 的营销推广怎样做

推广：迈出的每一步都是与光同行的邀请。

在供应商生产 ILight 产品时，大家开始准备《ILight 学生公司营销计划书》。根据《ILight 学生公司营销计划书》，学生主要通过四个渠道进行产品的营销推广：校内校外投放宣传资料；微信公众号文章推广；接受成都商报和新浪微博等媒体的采访；成立提灯者社区进行线上线下的交流活动推广产品。

ILight 新品发布会即将举办，ILight 学生公司的学生们一边进行营销推广，一边练习项目展示和新品发布的技巧，以便充分展示公司和产品风采，以及赢得消费者信任和投资者青睐。ILight 校内新品发布会取得圆满成功，现场开始接受消费者预订，进行预售。恰逢学校家长会召开，ILight 的成员分别到不同的班级给家长们做了项目展示，第一批产品几乎全部预售完毕。在预售火爆的同时，ILight 公司还发放投资说明书，以筹集更多资金发展公司。股东人数增加至 36 人，内外投资总额为 18 420 元。

（5）ILight 的产品是怎样销售的

ILight 销售渠道：三路出击。

一是线下推广销售，主要是：①主题活动销售，如宽窄巷子体验式销售、社团嘉年华、状元签名限量版；②日常销售。二是线上推广销售，主要是淘宝网店、公众号文章推送、官网日常更新。三是代理销售，主要是渠道商销售，微型代理，即推出财富微创造——微型代理活动。

当供应商如期交货，学生们看到自己公司产品的时候，非常激动。大家的内心充满了自豪感。销售 A 款产品时，学生们感受到在盈亏平衡点之上所做的定价利润太少，但是 A 款产品一售而空，带来了现金流，ILight 又进行了第二批产品的生产和销售。每一次销售，首席财务官陆璐都会如实记录销售的流水账，首席运营官张颖则根据销售数据和用户反馈对销售渠道与销售方式进行优化，并且让供应商生产了 B 款产品——ILight 太阳能便携充电灯。B 款产品合理定价之后，盈利空间较大，业绩和利润总量持续增加。截至参加相关社会机构举办的学生公司大赛之前，包括 A 款和 B 款产品在内，ILight 公司实现盈利（含渠道订购及预售）为 25 475 元，净利率为 43%。

在整个市场推广和销售过程中，ILight 学生公司的学生们真正体会到团队的重要性：没有完美的个人，只有完美的团队。每个人都有不同的特质，不同的禀赋和能力分担不同的任务，整合在一起能形成强大的力量。张程同学说："从个体销售到线上推广，从地区赛到总决赛，我们不断重复这句话：'我们是 ILight 学生公司'，它的分量在心中愈来愈重。团队的力量能有多强？这不是能从经验管理鸡汤书中感知到的。当自己亲身成为团队的一分子，当整个团队成为彼此心中的依靠，竟能发现一个团队能斩竹、能破荆，能克服九九八十一难。而团队的形成自然是离不开队员之间的鼓励协作、教师的引领，也只有在队员的热情、领导者的沉稳、教师的不断解惑中，一个学生公司才会凝固得更深。"

（6）ILight 怎样承担社会责任

财经素养教育不是赚钱教育，"学生公司" 校本课程是通过开展创办公司的社会实践体验活动，为培养出有利于社会发展的有责任担当的人才奠基；提升对财经有兴趣学生的视野、眼光、胸襟、才华，为其实现有价值的人生奠基。在中国梦的实现征程上，要培养学生的社会责任感，"心怀天下，责任担当"。

ILight 学生公司从三大方面承担社会责任：一是环保方面，产品采用 TPU 清洁材料，太阳能高效转换；二是公益方面，如义卖，为津巴布韦儿童提供爱心午餐，又如将产品可用于灾区救援、贫困地区照明；三是人文方面，如成立提灯者社区主题为"我是你的提灯者，你是我的摆渡人"，又如开展"与光同行"系列活动，扩大中学生的社会参与。

学生是如何体会社会责任的承担呢？ILight 公司的马濛同学说："最初，我们将企业社会责任笼统地浓缩为两个字——捐钱，但是我们理解错了。企业社会责任，不是一个企业为了塑造自己口碑或者博得他人关注的手段，也不仅仅是说我将利润的百分之多少捐给了聋哑儿童、自闭症儿童还有流浪动物等，它更是一种企业的情怀。后来，我们举办了义卖活动，为津巴布韦的儿童捐献爱心午餐；我们开始思索，怎样以更环保的方式来处理废弃产品；我们已经建立了官方网站，正在构想建造青少年交流平台，让那些对我们有益的资源能够最大化共享。总之，我们懂得了，不是每一个人都能成为国之栋梁，不是每一个人都能一鸣惊人，不是每一个人都能在历史舞台上留下浓墨重彩的一笔。但是，无论人为何名，身在何处，我们在心里永远要问一问自己——我，能为这个社会做点什么。"

（7）ILight 学生公司的项目式学习中渗透了怎样的价值引领

财经素养教育本质上是教育，教育的本质是培养有主动发展的意识和能力的人。在开展学生公司的教学中，何老师从以下三个维度进行价值引领。第一维度：认识自我，发现优势（人与自我）；第二维度：理解他人，合作共赢（人与他人）；第三维度：心怀天下，责任担当（人与社会）。价值引领是生成性的、渗透式的，所以何老师以学生公司的生产经营为载体，采取“四环节”方法进行价值引领：价值判断环节，教师引导观念，学生自我判断；价值选择环节，教师提供咨询，学生自主担当；价值反思环节，教师组织总结，学生自省得失；价值发现环节，教师个别谈心，学生自悟成长（表 3-7、表 3-8）。

表 3-7　价值引领的“四环节”

四环节	教师作用	学生行为	工具/方法	效果
价值判断	明确价值引领的目标；全面准确了解活动信息，创设可能性的情境，供学生参考	了解情况，形成自我观点；组织讨论，评估各种观点，充分沟通；形成共识	SWOT 分析	自判 学生自己判断，权衡利弊。有效发挥了主体作用
价值选择	做前期的可行性、安全性评估，以便给学生提供咨询，充当活动咨询分析者角色；征求学校领导意见、征集家长建议，了解学生个体的想法。整合各种观点，做到心中有数；教师充当引导者、陪伴者、方法点拨者	做方案，按 SMART 原则列出计划安排；全体动员，执行计划，承担后果；管控风险，制订应急预案；过程记录	SMART 原则	自主 学生及其团队自主安排，权责明确，执行有力
价值反思	教师作为组织者，召开总结会；创设情境，做好服务，营造良好的反思氛围；个别谈话，做学生行为的激励者	文字反思；口头反思；分享心得	GROW 成长模型	自省 学生自我激励，自我鞭策，在反思中成长
价值升级	教师作为品格发现者，欣赏并促进学生内在品格的成长；润物无声，做学生境界提升的点拨者	内省升华养成习惯	冰山模型	自悟 学生能自我觉悟，自我调节，成为更好的自己

表 3-8　价值引领“四环节”中的教师角色

事件	价值判断	价值选择	价值反思	价值升级
环球中心义卖，为津巴布韦儿童捐献爱心午餐	价值引领目标：社会责任、爱心奉献	检查团队的计划，尤其关注环球中义卖的安全保障细节；陪伴学生前往，观察并提供咨询帮助	义卖结束后及时进行现场总结；表扬义卖所得进行捐献的无私奉献精神、吃苦耐劳精神、团队合作精神	心中有大爱，世界向你展开；鼓励李洋、张颖等同学提升领导力，增强岗位胜任力

续表

事件	价值判断	价值选择	价值反思	价值升级
提灯者社区线下交流会	价值引领目标：传递、沟通、共享“创业者精神”	邀请来自美国康奈尔大学、北京大学、上海财经大学的校友做分享；全程参与，激励大家	在新老树德人中建立链接，启发学生见贤思齐，向榜样学习；引导学生公司成员与消费者进行良好沟通，进一步改进学生公司的产品	与颜如、文悦个别交流，挖掘亮点，促进成长；今日是桃李芬芳，明天是国家的栋梁
宽窄巷子当街销售	价值引领目标：服务他人，实现价值	到学校办公室开《社会实践外出体验活动的公函》以便与街道办事处进行对接；请家长资源帮助联系宽窄巷子的“见山书院”提供场地；陪伴	总结团队外出的计划及执行情况，进一步提高学生公司的组织力、凝聚力；要求相关个体做书面总结	表扬陆璐、唐嫣富有亲和力，大方自然，沟通能力强；表扬张程勇于担当，严谨务实

五、活动效果

2017 年 7 月 14—16 日，相关社会机构举办的学生公司大赛暨社会创新挑战赛在上海复旦大学举行，成都市树德中学的 ILight 学生公司获得全国唯一的“年度学生公司”大奖，同时获得“未来企业家选择奖”，并获 5000 元奖金。

2018 年 4 月 1—3 日，相关社会机构在北京举行的亚太区比赛中，ILight 学生公司与来自亚太 15 个国家和地区的学生公司同台竞技，获得优秀奖。

ILight 学生公司的李洋说：“我们从一张白纸开始，从一无所有走向成功。一边进行产品的迭代研发一边寻找代工厂，在工厂生产的同时展开我们产品的宣传和预售。产品问世后利用各种营销渠道进行销售：校内销售、社团嘉年华销售、宽窄巷子销售、互联网上销售、代理销售等，拼尽全力，不断创新。勇气、魄力和担当使我们胸怀更大：为津巴布韦儿童进行义卖活动、创立提灯者社区、组织线上线下的交流会，我们说做就做，果敢大气。在公司运营过程当中，尽管遇到各种艰难，但是永不言弃的决心使我们的意志越来越坚定，能经风雨。”

当 ILight 学生公司在上海获得相关社会机构举办的 2017“未来企业家选择奖”后，张颖同学说：“木心说，我们穷，只此一身青春。这句话，非常适合用来描述我在 ILight 学生公司的成长。未来有人说我‘too young too simple（太年轻，太单纯）’的时候，我可以想我能失去的成本少，但我对外投资空间大；有人问我年轻时做过最愚蠢的事是什么，我可以说我办了一家学生公司；问我做过最骄傲的是什么，我说我办了一家学生公司；有人问我成功了吗，我说没有，失败了吗，我也说没有。最后，我还可以云淡风轻地补上一句，我不在乎。这就是属于我们青春的理直气壮，不计后果，不问得失，唯有成长。”

六、存在问题

1）专利创新转化为产品需要支付开模、上流水线等高额费用，学生公司难以承担。

2）学生公司耗费的时间成本较大，容易对高考的课内学习造成一定影响，导致有的学生中途退出。

3）学生公司课程需要企业管理、财务管理等专业知识的理论支撑，对授课教师的挑战较大。

七、改进设想

1）针对第一个问题，可以引入风险投资，让中学生的创意与社会的需要对接。

2）针对第二个问题，一方面可以引导学生做高效能人士的时间管理，另一方面顺其自然，因为学生公司的课程确实有利于领袖力的培养，但并非人人都能承受该挑战。

3）针对第三个问题，一方面需要提升教师自身的专业水平，另一方面可以寻找适合的社会资源进行合作，协同并进，方能成功。

实践特征

本实践活动从学生公司入手，在普通高中率先尝试开展拔尖人才的创业教育，这在我国基础教育领域是一个了不起的进步。

第一，创业教育是商业思维与商业文化的教育，需要从小抓起。

创业文化是中国现代文化建设的重要组成部分，创业教育本质上是商业思维与商业文化的教育。建设现代商业文明、普及商业文化、传播商业意识，不仅需要政府、社会、企业、行业的广泛宣传与大力建设，更需要在基础教育、家庭教育中从小抓起，自然渗透商业文化。

由于历史与文化等种种原因，“60后”“70后”“80后”甚至“90后”的人们在中小学没有机会学习如何创业、如何理财与投资，而现在的“00后”，只要对创业、理财、投资等感兴趣，在像树德中学这类率先开展创业教育的普通高中，就可能有机会在一批专业人士与志愿者指导下，体验创业、理财、投资等全过程，这是中国商业文明建设的重大进步。

第二，任务驱动型学习方式有助于创业人才自主学习、主动成长。

《中国财经素养教育标准框架》（2018年版）在高中学段“储蓄与投资”维度设计了创业教育内容，建议每位高中生了解创业基本条件、能够协同他人共同撰写一份简单的创业计划书、了解创业成功需要有一定的内外部条件支持。

创业即开创事业，是面向未来的思考、推理、判断与决策，是一个发现并捕获机会及由此创造出产品或服务以实现其潜在价值的过程。创业所需要的有效知识、经验、智慧几乎只能从实战中获得，因此需要为创业人才提供实战机会让其自主学习、主动成长。在普通高中为潜在的创业人才开设“学生公司”校本选修课程，是一种有益尝试。

采用任务驱动型学习方式辅助学生创办一个学生公司，让学生亲身经历组建公司、产品研发与生产、产品营销与展示、财务清算与公司解散等完整过程，学生在商业实践中学习商业运行方式、了解市场经济体系结构，在商业实战中学会把握机会、团队合作技能，并正确认识企业家应承担的社会责任。本实践活动说明，一旦给学生提供了这样一个机会，创业人才将凝聚在共同愿景、身份认同的团队中在制度约束与体制规范下锤炼学习能力、交流合作能力，实现共同成长。

第三，创业文化的有序建设急需联合和调配多方力量与资源。

在中小学有序开展创业文化建设，仅仅依靠学校自身和家长资源是远远不够的。树德中学成功借力相关社会机构的“学生公司”课程资源和学生公司年度大赛平台，在“学生公司”校本课程开设第一年就取得优异成绩引起了社会各界瞩目，这说明普通高中创业文化建设尤其需要专业人员的支持。

现在，很多社会机构举办财经素养大赛、金融理财知识大赛和金融理财夏令营等活动，这可以输送专业知识、专业技能，而且搭建了展示平台，促进了实践交流与分享。为了团结更多力量做好财经素养教育，学校需要与这些愿意帮助我们的力量精诚合作，营造各方共赢的合作环境。

第四，总体意见与建议。

本次实践活动“ILight”学生公司研发出的产品，即太阳能便携灯、太阳能便携式充电灯，李洋担任首席执行官和技术总监，在创业团队中起主导作用，这使得人们难以分清公司其他 7 人的核心竞争力，可能导致人们难以正确评估学生公司课程在培养学生财经素养中的价值，也对学生公司能否持续研发出良好产品表示担忧。事实上，树德中学第二届学生公司选修课程中，没有学生公司能进入相关社会机构举办的 2018 年度学生公司大赛，这也从一定程度上说明学校在指导学生公司研发产品时，需要拓展指导思路。建议学校可以尝试以《国民经济行业分类》《国际标准产业分类》对照表作为参照，帮助学生科学寻找创业灵感；另外，产品不一定就是实物，也可以是虚拟产品，如软件、金融产品、电子产品、音频、视频等。

第九节　模拟贸易实践

实践叙事

“模拟贸易实践”活动由重庆市巴蜀中学校实施，该校创办于 1993 年，是重庆市教育委员会直属重点中学。该校按照《中国财经素养教育标准框架》（2018 年版）的指引，不断创新财经素养教育的内容，开展形式多样的实践活动，走出了一条富有特色的校本教育之路，为中学财经素养教育做了有益的探索与实践。“模拟贸易实践”是该校财经素养教育校本化的实践课程，从 2011 年开始，每年一届，已成为该校特色的品牌活动。

本次实践活动的施教团队由夏义勇、胡勤涌、张升、赵文平及各班班主任组成。施教对象为高一年级 40 个班的学生，共计 2200 人。活动形式为综合活动，活动时间为 120 分钟。

本次实践活动的典型意义是集中于“如何培养中学生的财经素养”这一中心议题，包含学生如何将财经知识与技能不断升华为财富观、财经意识并转化为管理财富、规划人生财富行为的典型问题，尝试探索打破原来统一思想、统一标准、统一模式的现状，充分发挥学生的主体性，让学生在实践与活动中既能“走得进”，也能“走得出”，着重培养学生分析问题解决问题的能力，让学生在活动中体验，在活动中进步，在活动中领悟，进而达到自我教育和自我提升的目的。

一、活动目的

1. 总体目标

《面向未来：21 世纪核心素养教育的全球经验》报告显示，财经素养作为三项新兴领域素养之一，受到各国的广泛关注和认可。随着我国社会主要矛盾的变化，提高公民的财经素养更具有划时代的重要性，中国财经素养教育协同创新中心积极组织制定《中国财经素养教育标准框架》，为中学积极开展财经素养教育指明了方向，提供了规范化指南，提供了可操作性参照。财经素养教育的培养，要结合中学生的年龄特点和心理素质，着眼于学生的思想道德素质与实践能力的需要，尊重学生主体发展的需要，营造开放的教学氛围，让每一个学生感受到自我价值，要通过系列财经素养教育实践活动让学生的财经素养外化为经济行为，形成规划人生财富、管理财富的行为能力。财富也将是中学生人生中所必须面对的主题之一。模拟贸易实践活动是财经素养教育校本化的一种实践形态，让学生总结并掌握一些财经知识和技巧，同时在活动中锻炼学生的团结协作能力、实际操作能力，提升他们的理财能力，培养他们良好的品德。

2. 具体目标

培养学生的诚信意识。诚信是做人的基本要求，是商业成功的重要前提。在模拟贸易实践活动中，帮助学生懂得挣钱应遵循一定的道理，培养诚信意识，引发学生诚信觉醒，塑造学生诚信品质，将内化的诚信修养外化为诚信实践。知行统一，自觉地用道德原则规范自己的行为。

培养学生学会感恩、分享财富的品质。在模拟贸易实践活动中，学生组织爱心拍卖活动，为敬老院送去拍卖善款，为边远山区学校送去拍卖善款购买的书刊，培养了学生理解慈善、分享财富、回报社会的优良品质。

培养节俭的良好品质。节约是中华民族的传统美德，中学生要从节约入手提高自己的思想道德素质。发展循环经济，把自己闲置不用的物品以低价或交换的形式转给有需要的同学，各取所需，为建设节约型社会贡献自己的一份力量。

引领学生树立正确的人生观、价值观和财富观。财经素养教育校本化课程以领悟金钱、引导消费、明晰创富、分享财富为标准设置单元体系，引导学生认识财富、积累财富、管理财富，在其中能够给学生思想加入和强化诚信、节俭、分享、慈善等元素，加之开展实践活动，引导学生树立正确的人生观、价值观和财富观。

二、活动设计

1. 基本思路

本次实践活动的基本思路概括起来是“三阶段、六环节”，即理论研究—调研分析—活动建构—活动实施—活动检验与优化—活动推广及应用。

第一阶段：理论研究。搜集资料，制订方案，成立活动执行组，由分管校长牵头，年级领导、课题组核心成员、班主任和部分学生家长组成，同时也会邀请校外专家指导，对活动进行可行性论证。为确保活动有序而高效的开展，而不流于形式，在活动开展前开设3～4节课的理论教学做铺垫，课程内容可根据学生的不同学段做相应的调整。

第二阶段：调研分析。对学生的财经素养基础进行实际情况调查分析，找出学生在目前阶段存在的具体问题，找出相应对策，确保活动设计与实施的实效性和可推广性。

第三阶段：活动建构、实施、检验与优化。

（1）前期宣传

9月19—27日为整个活动的宣传期，主要通过如下形式实施。①年级宣传，主要有海报宣传、广播宣传、横幅宣传、网络宣传。其中，海报宣传：设计活动宣传海报，可将海报张贴在学校宣传栏、教学区宣传栏、食堂、宿舍公告栏；广播宣传：编辑活动宣传广播稿，在学校范围内多时段的进行报道，扩大本次活动的校内影响力；横幅宣传：在校园内的梧桐大道、景观大道挂宣传主题横幅，扩大宣传效果；网络宣传：利用学校的校园网进行网上宣传。②班级宣传，以班级为单位，各班根据自身销售商品的特征和班级特征设计具有新意的特色广告，吸引消费者。广告的形式可以像艺术节那样，在各个班级的楼道间进行海报宣传，让顾客产生购买的欲望，突出本班最有特色的商品，并先让气氛热烈起来。例如，“亲，你还在为打篮球找不到朋友而发愁吗？请关注6班的柜台，我们的服务一定让您满意而归”！

（2）现场活动流程（详见活动情景）

（3）现场活动要求

1）凡是有潜在危险的商品一律不准销售，如仿真枪、刀具、氢气球等。

2）学生在买卖的过程中应该做文明的消费者和经营者，不得恶意贬低或者使用脏话进行辱骂攻击。

3）在销售中应该极力展现高超的推销能力，随时掌控市场的价格波动并及时对价格进行调整。最后，要有成本收益的核算，做到心中有数。

4）合理公平竞争，不得恶意破坏竞争对手的商品交易。

（4）评奖、总结

1）根据活动现场表现评出最佳销售奖、金牌服务奖、最佳创意奖、金牌团队奖等奖项。

2）每班提交三份活动论文，不少于1000字（可附照片），优秀者给予奖励。

2. 活动重点

1）前期的组织策划。虽有往年的经验可供借鉴参考，但每年的主体都在发生变化，学生生活的环境也在不断变化，这就要求组织者从变化的实际情况出发，调研分析学生的偏好，学生的承受能力及家庭情况等多方面因素，尽可能在活动开展前做好预案。

2）设计每个班级人员分工。每次活动参与班级较多，学生较多，为保证活动的有序进行，建议各班对人员进行分工。①各班可根据交易商品的品种或数量设置售货员若干人，尽量挑选熟悉销售技巧、善于与人沟通且有亲和力的学生担任，否则交易可能遭遇惨痛的失败。②安保人员，选择眼明心细的学生担任，防止商品在买卖过程中被损坏或者丢失。③价格巡视员，商品买卖难免会有竞争对手，由价格巡视员在各班之间进行价格的比较，收集市场信息，以便及时做出正确的商业决策。④会计员，准备专门的记账本，注明班级，对本班出售的商品进行成本登记和销售记录。针对销售清单上的商品进行登记，多件同类商品卖出一件，单一商品则标明售价。最后，根据销售情况进行汇总统计。⑤服务人员，负责设置柜台、迎宾等事项。

3）制定二手商品的指导价格标准。为保证模拟贸易实践活动的良性运作，维护学生之间的切身利益，针对不同类的二手商品制定一个标准的价格范围，参照普遍的价格和纸币贬值的情况来测算，规定价格的浮动率，保证买卖双方的共同利益。

三、活动准备

1. 年级层面

9月17—21日需要进行的主要活动有，准备好活动主题标语、展牌等；印刷、发放“致家长书”。

9月24—27日需要进行的活动主要有：①悬挂标语、横幅于景观大道，并将展牌放置于校门口，宣传此项活动；②提前与学校保安工作人员沟通好，保证活动当天学生的安全问题；③安排年级部分领导、教师参与活动当天的巡查及评分工作。

9月28日进行的准备活动是，上午在操场内准备好各班展销会卖场位置及展销台。

2. 班主任层面

9月17—18日进行的准备活动主要有以下几个方面。①大力宣传本次活动的意义并鼓励学生积极参加，同时各班成立自己的班级公司，并自定班级公司展销会具有特色的标语、名字（体现班级特色或者商品特色，如活力运动装备城、时尚居家汇、实惠杂货铺、美美大时代等）。②根据本班商品展销需要，划分小组和人员分工。例如，总经理、副总经理、卖场布置员、宣传员、卖场售货员、会计员、市场推销员、记录员、协调员等（建议每个小组两套同样分工人员便于轮换）。③各班主任（班级公司董事长）考虑活动各个环节和细节，督促和指导学生（员工们）认真做好准备活动（活动设计的要领可参考课程内容——《我是买卖小行家》）。

9月19—21日进行的准备活动主要有以下几个方面。①制作、张贴本班公司商品展销的宣传海报，提前激发顾客们的兴趣。②各班公司确定自身的销售方案、策略，以及柜台的装饰、布置等事项（柜台可以进行简单的装饰，如垫上彩色的桌布，设置隔物架等，柜台旁边可以用展架或者横幅打出自己班级的广告）。③各班主任通过家校通告知家长举办此次活动，请家长给予一定的配合，9月21日发放"致家长书"，住读班班主任通知学生9月23日晚带来要参加交易的商品。

9月22—23日进行的准备活动主要有以下几个方面。①各班学生商品准备，并根据实际情况定出自己出售商品的价格（每人至少准备一种商品）。可以在家长的带领下到批发市场选购对学生有吸引力的小商品。例如，各种小饰品、学习用品、生活用品等，以及自制的各种手工艺品、绘画、雕塑、编织、绣品等。各种尚有使用价值的旧物品，如学习用具、玩具、电子产品等。也可以出租自己的劳动，如教授他人绘画、打篮球、打乒乓球等各种技巧，并收取合理的劳务费。②班级相关工作人员还应准备好本班公司的商品登记清单、买卖清单等单据。

9月24—26日进行的准备活动主要有以下几个方面。①各班相关工作人员（细心、负责的）提前做好相关登记（所有人员、成本等）和统计（种类、数量）。②统一发放商品标签（可设固定价格，也可设议价价格），自己还可增设创意标签。③统计完毕后于9月26日将本班公司商品登记清单详情上交班主任处（董事长），便于事后统计。

9 月 27 日进行的准备活动主要有以下两个方面。①各班公司为展销会做最后的准备：销售现场各工作人员的分工和落实，布置现场的材料和物品的制作与准备，反复思考本班公司的销售各环节工作以查漏补缺，以及应对突发状况的解决办法与措施等。②班主任提前在家校通发布通知，告知家长学生 9 月 28 日中午将留校。

3. 注意事项

1）不允许销售有毒、有害、违禁违法或者不利于青少年健康的物品，否则取消参展资格并严肃处理。

2）学生带来参加买卖的商品必须经过家长的同意并有家长的签字。每个班应该事先统计好商品的数量、名称及所有人。同时，也鼓励学生自己制作商品的说明书或者妥善地对商品进行适当包装处理。

3）注意买卖的风险控制，进货量不宜过大，一定要有对市场购买力的充分估计，对于消费需求也要尽量能够体现智慧与创新。

四、活动情景

1. 活动发展的重要节点

1）9 月 28 日 12：00 以前年级负责放置好各班所在位置的 10 张课桌作为展销柜台。

2）9 月 28 日中午 12：00—12：30 活动场地内各班布置场地人员就位，并布置、装饰好本班卖场及柜台。

3）9 月 28 日中午 12：30—13：00 各班展销人员摆放好物品做好销售准备。

4）9 月 28 日中午 13：00—13：15 本次活动开幕式。

5）9 月 28 日中午 13：15—14：40 活动正式开始，部分领导、教师巡查，在给予指导、评分的同时也可解决现场突发的相关问题。

6）9 月 28 日中午 14：40—15：00 各班进行收尾工作，并整理物品及做好本班卖场清洁、返回教室。

2. 实际情境描述

团队做好活动策划，各班在班主任（董事长）的指导下开展活动，前期的宣传海报中，他们还打出了各自的宣传口号，从“派送打折券”到“现场有奖竞猜”等。这一切都为接下来的商品展销会打下了坚实的基础。各公司把精心准备的货物摆上货摊，忙而不乱，井然有序，为了更快更好的推销产品，他们绞尽脑汁想尽一切办法：你班有新颖别致的店铺名称，我班就有丰富多彩的宣传表演，你班高歌，我班斗舞，学生们使出浑身解数，只有想不到，没有做不到，烧烤摊、凉面铺、精品店、奶茶吧、手工坊……从学习用品到电子产品，从休闲百货到各色美食，可谓应有尽有，无所不有，学生们的叫卖声、呐喊声、嬉笑声、欢呼声，似一曲交响曲在校园上空回荡。还有一位女生背着吉他，为学生们弹奏歌曲，收到了 20 多元劳务费。学生们脸上流露着兴奋与喜悦，仿佛迫不及待地想告诉大家：他们所具备的不仅仅是课堂上的妙语连珠，舞台上的华美绽放，走出课堂走下舞台的他们，同样可以凭借所学的财经知识吸引众人的眼光。

以下内容摘自 11 班学生刘沁怡同学的活动感悟《机会转瞬即逝》：

快来看、快来买！这里有你意想不到的精彩……买二送一，买二送一啦……操场上此刻人声鼎沸。各公司的销售人员热情卖力地大声吆喝着，而顾客们却不紧不慢地慢慢挑选着。好一派热闹非凡的交易景象！

中午，偌大的操场上便摆满了用桌子围成的圈。每班各占一方。桌上摆满了各具特色的商品，让人眼花缭乱。很快，活动开始了。各班都举出了自己的招牌。有红色的横幅、巨大的广告、可爱的宣传单……整个操场瞬间变成了拥挤的商场！我和同伴激动地逛着、选着。常常因为人潮拥挤，只能在摊位外围张望。不过，看看那些设计独特的宣传报也是不错的。忽的，一个摊位上的小东西吸引了我，那是一个精巧别致的小闹钟。我从来没看到过如此精致的闹钟。费力挤过人群，我缓缓接近我的目标。这是一个银色如同珍珠般精致的小玩意。做工精细的黑盘上，秒针一点点轻轻移动。我似乎第一眼就喜欢上了。“同学，请问闹钟多少钱？”“三十五元。”“有点贵了吧！便宜点嘛！”我小声说道，还是爱不释手地把玩着。“不行啊，这是成本价了！”我皱了皱眉头，不禁有些纠结。我好喜欢这个闹钟，而且家里正缺一个小闹钟呢！可是，价格……一番思考后，我还是决定要买。

五、活动效果

1. 成效总结

各班为配合“模拟贸易实践活动”的开展成立公司，按公司模式模拟运行。公司从成立到定名，从进货到定价，从宣传到展销，完全模拟商品交易的全过程。众“商家”们铆足了干劲，可谓八仙过海，各显神通，通过特价、优惠、礼品、奖品等活动方式吸引顾客，最具有吸引力的当属美食专卖和发型现编，学生们在快乐购物中体验市场运行机制，初步体验独自与金钱打道的感受和成功贸易金钱的来之不易。

现场参观的一位家长不由感叹道：

也许是我们平时没有重视对孩子们的财经素质培养，今天的活动，让我们也看到了孩子们优秀的另一面，希望以后多举办一些像这样有意义、有价值的活动。孩子们乐在其中，也学在其中。

活动结束后，年级评审团将根据各班的现场表现、上交销售业绩报表和总结材料的情况等，综合评选出若干奖项，但评审团觉得各班公司店铺各有千秋，难分伯仲。

通过此次活动，旨在培养青少年学生的财经素养，进一步适应当今市场经济快速发展的时代背景。同时，这次活动不仅是对理财技巧的培养，更重要的是通过个人理财培养出健康向上的价值观、人生观和财富观，推动了学校素质教育的实施。

2. 典型话语或情节摘录

（1）学生不仅学会进货，还学会换位思考

13 班共有 55 个人，24 名同学卖商品，其他同学负责后勤。说到活动收获，文艺委员李真好告诉记者，她不仅学会了进货之道，还学会了换位思考。“因为分钱的问题，我和另外一位同学产生了矛盾，当时甚至想分开干。”李真好说，后来在进货过程中，两人互相帮助，坦诚聊了一次才和好。通过这次活动，我觉得做任何事情都不能冲动，要学会换位思考。

（2）“6 班奥特莱斯”的“生意经”

“我们的目标客户是——住读生!”

现场的商品基本上是应有尽有，如麻辣鸡翅、自制小饼干、月饼、棒棒糖、文具、打底裤、文化衫……

有些公司经过“专业”市场分析后，制定了相关的营销策略，比如，“6 班奥特莱斯”主营的一些零食很受同学们的追捧。该公司总经理兼销售组组长刘诗逸说，他们从采购到售卖，所有环节跟正规的商贸公司一样，全班学生被分成销售、后勤、会计等几个小组，此外公司还配备了几名价格巡视员，在现场对比价格。

来看看他们是如何制定公司的 SWOT（一种企业战略分析方法，即根据企业自身的既定内在条件进行分析，找出企业的优势、劣势及核心竞争力之所在）分析的。其中，strengths（优势）：“我们的商品主要的目标客户是——住读生，根据住读生的需要采购，而且价钱便宜又很实用!”刘诗逸对公司的货物销售信心十足。weaknesses（劣势）：一些公司也在卖相同的商品。opportunities（机遇）：除了零食，他们还出售一些小饰品和电子产品。threats（威胁）：“同样的东西，我们在保证赚取利润的同时，价格不宜太高，否则生意会被抢走，买卖将遭遇惨痛的失败。”刘诗逸分析说。

（3）12 种韩式发型受追捧

在满足基本的物质需要的同时，有的学生根据女生爱美的特点，推出了盘头发的服务。20 班的学生们特推“尖叫发式”，就连评委老师王若语也经不住诱惑，让学生给她盘了一个。王单娇、郑晓岚、刘璟瑞等 5 名女生根据在网上自学的 12 种韩式发型，现场为女生编头发，还制作了一个发式样图供客人选择，根据发式的复杂程度，收费 5～10 元不等。同时，展会上还有同学弹吉他唱歌，现场提供点歌服务。

“我本来打算在展会上弹吉他唱歌，但是想到现场可能比较吵，于是选择了帮同学编发型。”成员之一的学生刘璟瑞说，不过已经过声乐十级的她也同时提供点歌服务。其他公司的价格巡视员在感叹，确实技术含量越高生意越好，人气越旺越能赚钱!

六、存在问题

这次模拟贸易实践活动最大的特色是各个公司都最大限度地整合资源，不断用专业的水准为顾客优化服务。在取得发展的同时，在活动中也存在诸多问题，给相关利益主体带来一定的影响。例如，部分公司诚信服务意识缺乏，售后服务有待完善和提高，二手商品的指导价格标准的制定等。

七、改进设想

模拟贸易实践活动经过几年的发展和改进，较之最初的简单的商品买卖已有实质性的变化，但每次活动都难免有些遗憾，希望下届活动能继续完善。

（1）尝试线上线下同步交易

由于中学生的学业压力，加之传统摊位交易的局限性，可先行试点网络市场交易，发挥网络市场时效性强、影响范围广等优势，可以几个校区同时进行。当然还要充分考虑手机、平板等给学生学业和生活带来的负面影响。

（2）完善售后服务

为保障学生的利益，商家要对商品质量等提供一定时期的售后服务。

参照国家售后服务标准，针对不同商品提供不同的服务。售后服务人员可由学校一些有责任、有兴趣的学生担任，经一定培训后上岗。商家选择符合自己商品的售后服务人员。

（3）增加摊位竞投

摊位竞投是指商家运用专项融资资金，对现场交易环节所需要的理想摊位进行竞投。竞投环节完全公开化，也力争真实，底价按照由高到低的顺序，叫价最高的商家获胜。模拟贸易实践活动所需摊位是根据每个班的实际需要设定的，主要目的是调动每个班级、每个学生的积极性。这次活动增加了三个黄金摊位竞投，效果还是比较明显的，这三个摊位所在的班级的销售业绩是比较突出的。以后的活动可继续增加摊位竞投，使商家真实地参与到竞投中来，熟悉其操作流程，同时也考察了商家的运用资金等各方面的能力，在活动中体验商业博弈，让商业博弈更趋实战化。

（4）引入商业策划书撰写与评选

参照中学生商业模拟大赛的要求，紧追创业融资新形势，紧扣财经知识，引入商业策划书撰写与评选环节。商业策划书撰写与评选要求以班级为创业团队，提交一份较为完整的中文版和英文版的商业策划书，其中从书面表达反映学生们对专业知识的运用占 50%，考查学生们的英语写作能力占 30%，商业策划书的可行性方面占 20%。这个比例根据学生的实际情况可做调整，由学校评委教师和高校财经教师共同打分评选出 8 支优秀的创业团队。

实践特征

重庆市巴蜀中学校具有非常好的开展财经素养教育的基础，从课程实践内容看，该校多年来一直注重对高中生进行财经知识和经济生活实践教育活动，并取得了良好的效果和产生了一定的社会影响。该课程实践活动是以市场机制为基础，以小商品贸易为主要内容，以商品零售为主要业务形式，以班级为单位面向全体学生进行的模拟交易。通过开展这样大规模的活动，让学生在模拟情景下体验商品交换与利润获取的基本原理，并在活动中逐步学会一些商品贸易知识和成本核算的方法，形成正确的贸易知识与财富观。

第一，课程的隐性准备非常充分。该校不仅有着丰富的开展财经素养教育的活动经验，而且有一批富有开展教育活动经验的教师。他们首先组织教师团队就有关财经素养教育的理论知识进行学习和探讨，这是一个非常重要的准备环节。活动准备不仅要见人见物(如商品、场地等)，还要见到文化和价值观的预设，应该说这个实践活动在这些方面做得都比较到位。他们的准备思路很清晰，就是沿着“理论研究—调研分析—活动建构—活动实施—活动检验与优化—活动推广及应用”的设计逻辑进行的。其中，在准备阶段花了一定的时间进行理论研究和调研分析，保证了活动开展的方向性、可行性与操作性。

第二，通过宣传强化学生的安全规则意识。此次实践活动没有只注重活动过程氛围的营造，而是从宣传开始就比较注重学生的商品意识与财经素养观念的渗透。在对各班进行商品准备时就要强调：“凡是有潜在危险的商品一律不准销售，如仿真枪、刀具、氢气球等。学生在买卖的过程中应该做文明的消费者和经营者，不得恶意贬低或者使用脏话进行辱骂攻击。”还告诉学生要“注意买卖的风险控制，进货量不宜过大，一定要有对市场购买力的充分估计，对于消费需求也要尽量能够体现智慧与创新”。这些规定都非常明确，防止了自由市场中不良或不符合规范的商品交易，并间接地告诉学生商品贸易中应有的公共安全规则和贸易风险意识。

第三，通过多种角色分配建构市场情景。在这个实践活动中，由于活动所涉及的班级、人数都较多，因此更有利于营造贸易市场的氛围。例如在活动前，班级层面根据本班商品展销需要，划分小组和人员分工，包括总经理、副经理、卖场布置员、宣传员、卖场售货员、会计员、市场推销员、记录员、协调员等。另外，市场还设立了价格巡视员、保安人员、会计员和服务人员等，确保了模拟贸易市场的正常运作，也让学生有了特定的岗位分工和角色体验。通过这些岗位的设置，既增强了市场情景的真实感，又强化了财经素养教育活动的效果。

第四，活动的内涵延伸到了家庭领域。通过告家长书，让家长知晓学校举办这种活动的目的和意义，也争取了家庭的积极配合。正如现场的一位家长所言“也许是我们平时没有重视对孩子们的财经素质培养，今天的活动，让我们也看到了孩子们优秀的另一面”。其实，学生中开展的财经素养教育是不可能完全脱离家庭而进行的，因为学生只有在家庭的支持下才能真正参与财经活动，并在这些活动中体验到劳动、财富和人生的关系。

综观这个实践课例，应该是做得比较成熟的，这样的活动对学生的全面成长具有一定的积极影响，对学校的特色办学也具有积极的推进作用。本次活动实践准备非常周到、细致，也比较注重价值观的引导，这些都是值得肯定的地方。同时，如何将商品贸易的形式转换为一种高中财经素养教育课程并且能结合现代交易平台，这些方面有待做更进一步的探索。

第十节　模拟商品交易会“黄金摊位众筹大赛”活动

实践叙事

“模拟商品交易会‘黄金摊位众筹大赛’”活动由广州市第十六中学实施，该校于1934年建校，原名为广州培桂中学，由知名教育家马君武任首任校长。该校于2003年开始每年举办模拟商品交易会，整个流程都是模拟真实的经营场景，并于2018年推出黄金摊位众筹大赛活动，为学生提供了一个良好的学以致用的平台。该校在此实践活动的基础上研发校本金融特色课程，成为广州市高中特色课程重点项目精品内容之一。

本实践活动的施教团队由黄卫红、潘旭照、罗艳莉、周雅莉组成，施教对象为高一、高二年级学生，共计200人左右。活动形式为实践活动，活动时间为半个月（活动准备至众筹发布会结束）。

一、活动目的

1）通过模拟股权众筹等经济活动，引导学生体验储蓄和投资收益的区别，创业团队在选择创业项目中了解投资的风险和收益，并做出正确的选择。

2）让学生与他人合作通过市场调研、网络探究等完成创业方案规划，从中了解实业投资与金融投资的区别，了解成本核算、创业的基本条件等知识，树立风险自担的意识和勇气，与此同时也了解国家经济发展动向，懂得财富也是伦理价值选择，可以利己、利他、利社会、利国家。

3）通过开展创业项目的众筹展示会活动，锻炼学生的协作、表达沟通、随机应变的能力。

二、活动设计

1. 总体思路

本次活动的总体思路为：制订方案—宣传报名—前期筹备—展示活

动—后期小结。

2. 过程逻辑

1）教师组织发动，学生自行组成创业团队报名参加学校模拟商品交易会黄金摊位众筹大赛活动。

2）学生创业团队选好创业项目，教师和学生做好展示会的前期准备。

评委：物色三位众筹活动的评委，对创业活动、经营流程、方案设计、提问点评，有一定经验的社会人士、大学生创业者、社团活动负责人等优先考虑。

创业团队：原则上由同班同学构成，人数 5 人以内；成员之间沟通能力强，有一定的协调和应变能力；组员需要较强的个人表达能力、多媒体整合能力进行众筹展示；每个团队选一个负责人作为日常事务的联系人和召集人。

众筹团观众：在高一、高二年级公开募集众筹团的观众，每人入场费 30 元，可作为股权入股创业团队的股份。每班最多 4 人参与，总人数为 96 人，参与学生创业团队的成员不能参加。众筹团的观众，在展示互动中有一次 30 元的“投票权”进行投票，观众可以选择投给一个创业团队，也可以选择不投票给任何团队。众筹团的观众，可以在现场自愿“加码”投票量，以 30 元为倍数（30 元、60 元或者 90 元，加码价钱等于投票权），每人最多可购买 3 次。参加众筹团投票、并且创业团队成功获得前 6 名的观众，有机会成为创业团队的监视员，监督团队的经营行为。参加众筹团投票、并且创业团队成功获得前 6 名的观众，有机会按比例分享创业团队摊位经营的利润分成。

3. 活动重点

创业团队通过向评委及众筹团的观众展示自己经营方案，吸引众筹团的募股集资，并竞争黄金摊位。

展示：每个创业团队有 3 分钟的介绍时间，创业团队要在有限的时间内向评委和观众展示自己创业项目的思路、亮点、创意点或者利润的“卖点”，吸引众筹团的“投票”。创业团队的展示一般安排一名团队成员上台即可。团队上台展示的顺序，由现场抽签确定，前期筹备工作的编号不作为上场的顺序号。作为商业秘密保密需要，创业团队上台展示时，其他团队在场外候场，相互不了解对方的经营方式。

点评：每个团队展示结束，三位评委分别进行点评和提问，同时给众筹团的观众一些投票的提示和建议。

投票：所有创业团队展示结束后，安排众筹团的观众进行投票、现场点票并正式公布投票结果。奖励名次安排前六名，如果名次出现票数相同的，处理原则是：由三名评委投票，确定名次的归属，如第一名票数相同的有两队，则由评委投票确定谁是第一名，另一队则是第二名。如果第一名票数相同有三队，则由评委投票确定谁是第一名，谁是第二名，另一队为第三名，以此类推。

公布结果：获奖的创业团队获得商品交易会中“黄金摊位”的免费使用权，以及相关创业基金。

4. 活动反馈

及时公布众筹创业大赛的赛果和宣传图片，扩大活动影响力；各年级收集创业团队、众筹团观众的活动感想，升华活动体验；通过设立创业团队经营监视员，监控团队的经营行为，确定利润分享计划。

三、活动准备

（1）完善众筹活动奖项设置，细化规则

一等、二等、三等奖：在商品交易会现场，奖励“黄金摊位”的使用权，以及展示活动中本团队筹集的投资基金。

纪念奖：为了充分体现优胜劣汰原则，参加众筹展示而没有获得前六名的学生团队，只发纪念证书，不设任何奖励。

（2）加强宣传

政治课堂：高一、高二年级利用政治课进行宣传，加深学生对活动的了解，进而招募创业团队和众筹团观众。

宣传板、微信公众号：由学生会安排宣传骨干负责完成。

（3）物色评委

充分发动学校、家长和社会的力量。

（4）组织创业团队和众筹团队报名

经过宣传之后，通过年级政治教师安排学生报名，创业团队以团队为单位报名，观众以班为单位报名，由年级备课组筛选相关名单。创业团队的筛选，主要靠团队报名表中“创业方案简述”部分发现是否有亮点。

众筹团观众，一般原则是先到先得，存在与创业团队明显利益关系的原则上不予报名。提醒观众团投资有风险，理性对待投资收益，不轻信高收益低风险的宣传。

（5）做好创业团队展示的准备工作，对标《中国财经素养教育标准框

架》（2018年版）维度二结构三的要求

1）知识和能力培训：组织学生观看社会上关于创业的综艺节目，进行网络探究，重点是团队介绍部分，指导学生思考3分钟的展示时间的安排；了解维度二“储蓄与投资”中投资与收益的知识目标，了解实业投资与金融投资的区别。

2）项目策划培训：指导教师在课余时间提前与各创业团队沟通，指导做好市场调研和网络探究的工作，保证创业团队项目的质量和效果；引导学生了解自己创立的企业类型及企业管理的基本内容，初步了解财务报表、会计恒等式，以及成本核算方法。

（6）知识准备和礼仪培训

邀请银行专家对各团队进行专业知识指导；展示内容清晰、主次分明；能够及时应对评委的提问和质疑；达成维度二“储蓄与投资”中投资与收益技能目标，初步了解财务报表、会计恒等式，以及成本核算方法。

确定展示内容：摊位经营的亮点、市场（客户）的分析、预计成本售价销售量利润、获得众筹之后的资金利用、宣传方式、给予投资者的承诺、有效接受监督等，明确投资活动需要做好市场调研、成本核算、收益预测，增强风险自担的意识。

（7）确定获奖团队的监事员

展示活动中，让评委分别抽取前六名创业团队投票箱中的选票，每团队各2人，作为本团队后续众筹经营的监督员。监督员不参与团队实际经营，但是有权了解团队内部经营运作，尤其是盈亏情况。通过监督员的工作，确保创业团队经营的业绩的“真实性”，为团队后续的众筹分红奠定基础。

（8）落实场地和摄影

各参赛团队众筹展示会场地选在学校礼堂。为了把本次比赛案例记录得很完整，学校邀请了广州市教育信息中心专业教育拍摄团队前来进行双机拍摄，并在比赛后在施教老师的合作下完成视频剪辑工作。最终生成一份完整的教学视频案例。

（9）主持人和工作人员

主持人和工作人员均由学生干部担任，由施教老师团队组织培训。

（10）准备其他物资

各奖项的证书，一、二等奖的奖杯，评委嘉宾的纪念品、饮用水，参赛队伍纪念证书，众筹团观众的投票，投票箱，展示活动的场地等。

（11）后期工作准备

视频照片的筛选剪辑；创业团队的利润和分配；展示活动前六名的创

业团队，经营利润需要按照众筹投资比例或者事先约定的协议进行分配。活动结束后，收集每个创业团队的心得体会。

四、活动情景

1. 活动产生

该活动的产生主要来自学生和市场的需求。鉴于一部分同学不想摆摊但又想参与商品交易，这一部分的同学可以通过众筹的方式参与。经历了16年的十六中模拟商品交易也需要创新以达到更好的效果。经过宣传和动员，高一年级学生参与积极性高涨。报名参加商交会的14个团队中，有8个报名参加黄金摊位的众筹活动。而在观众报名方面，各年级的报名情况也是相当顺利的。

2. 发展历程

活动当天流程主要有以下环节。

1）暖场音乐，需要额外购“投票权”的观众完成登记和购买。

2）开场白——预计3分钟。

3）评委介绍——预计5分钟。

4）创业团队逐个展示——12个团队，预计60分钟。主要有创业团队自我展示、评委点评、团队的回应。

5）团队代表重新上台，主持人回顾各组，方便众筹团观众的投票——12分钟。

6）众筹团观众投票——预计5分钟。

7）领导发言。同时，后台工作人员统计票数。

8）颁奖——预计15分钟，主要流程为优先颁布纪念奖，颁布三等奖、二等奖，最后颁布一等奖。

9）评委分别抽取前六名创业团队的经营监督员——预计6分钟。

10）结束语——预计2分钟。

11）当天活动小结。一是调整规则，本着调动学生积极性的活动目的，大赛最后调整了活动规则，即所有众筹队伍都获得观众投票的资金，但是也要求团队按照入股情况在商交会结束后给予“股东”返本及分红。二是壮大了阵容，邀请了知名企业家和工商银行的专家到现场做评委。三是锻炼了学生，学生们带着精心准备的ppt课件，在台上侃侃而谈，介绍自己的项目。学生在小结中表示，创业不单是依靠一腔热血，成功需要内外部条件的支持。通过专家和教师点评引导学生懂得创造富足安康的社会是国家和公民的责任。

3. 实际情景描述

学生姚某的团队在展示活动中为了赢得观众的青睐，晒出了自己团队已经接到的订单，并且在大会上向观众们公开承诺，众筹入股资金回报率超过 140%。这样的公开承诺在众筹展示的现场，无疑像一个“深水炸弹”一样紧紧抓住了观众们的眼球。另外，针对评委对自身商品成本利润率的质疑，以及回答如何利用公众号宣传并提高其关注量的提问时，团队的成员冒着“泄露商业秘密”的风险，大胆地分享了团队成员们的操作秘诀，并承诺可以实现摊位经营明细对股东的公开。他们的率真和自信，深深打动了在场的评委和观众。通过活动可以看出，学生初步了解财务报表、会计恒等式，以及成本核算方法。形成投资活动需要做好市场调研、成本核算、收益预测，以及风险自担的意识和勇气。

观众团队中话最多的人——高一（9）班张某同学，“我的资金投资给你之后，回收周期有多长？”“你们摊位经营账目的公开程度如何？”“你们之前说有福同享，有难我们当，那么如果项目亏本了，我们投资的钱什么时候能够归还？”在不同团队展示结束之后，张同学都会根据自己理解的情况，代表“投资人”的利益及时提问。张同学说，“别人说谈钱就俗了，但是在今天这个场合我可不是按照谁跟我关系好就投给谁，我是希望能够实现利益最大化”。学生们能理性对待投资收益，不轻信高收益低风险的宣传。

五、活动效果

1. 提高了学生的参与度和目标达成度

学生参与活动的广度和深度大幅提高，激发了学生的学习兴趣，提高了学生的核心素养。学生的参与又称学生的介入，是反映学生在与学业有关的活动中投入生理和心理能量的状态变量。参与意味着介入、投入、卷入、浸入的状态之中，是主体对活动的能动性作用过程，是能力和倾向的统一。

在本次活动中，学习的过程是一个主动建构的过程。学生根据教师的指引，运用所学知识在网络上探究众筹、投资收益等新问题，并进行市场调研确立创业项目。在此过程中，成员各司其职，为实现小组的共同目标而合作制作并展示创业规划，学生了解投资与收益的知识目标，了解实业投资与金融投资的区别。学校在学生的评价反馈中发现，100%的学生参与了活动，他们各司其职，从网络查询知识、制定问卷调查、实地考察到发布等环节都积极投入。学生们全身心的投入，使这次探究活动得以顺利地完成。

本次活动强化学生的实践与探究学习，使原来只是秉持观望心态的同学也积极参与，并且通过行使投票权的方式让自己更深入了解实体和融资的区别。参加众筹的观众都获得了公司的分红，收益率都超过 10%，也加深了对融资知识的认知。在团队活动心得中，不同团队的学生不约而同地提到，通过参加这次众筹活动，自己摆脱了模拟商交会就是“学生跳蚤市场”的简单看法，对于商业活动中经营创意、资金筹集、成本控制等环节都有了更加深刻的认识和体会。本次活动更注重主体参与，肯定学生已有的发展成就，增强学生的自信心，激发学生的活动兴趣，起到强化学生学习行为的作用。

2. 彰显了师生生命价值

教育活动关注的是人的潜力如何最大限度地调动起来并得以实现，以及人的灵性与可能性如何充分生成，简言之，教育是人的灵魂的教育，而非理智知识的堆积。活动是师生生命共同经历的成长过程。从生命的高度看，本次活动是不可重复的激情与智慧的综合生成过程。完成众筹活动规划对学生来说是一项挑战，需要学生充满热情去完成。

在活动中，人本精神首先体现为准备阶段教师对学生认知准备和情感准备的理解，学校在审阅学生们选取的项目时，师生通过充分的讨论研究确定，这是对学生的一种尊重；展示过程呈现出一种自然、和谐的氛围，也体现出对生命的尊重。在展示过程中评委热情鼓励、友善指正，学生积极参与、主动探究，这是互相尊重、共同促进的生命过程。在通过市场调查确定销售品种时，学生们感触颇多，体验了被拒绝、遭白眼的滋味，也接触了社会上形形色色的人，有的热情、有的冷漠、有的博学、有的无知、有的通情达理、有的不可理喻……这看起来与研究性学习的内容无关，却是十分难得的真实的社会生活体验，学生普遍反映现在成熟多了，更了解市场的动向和国家经济发展的趋势，更具备风险自担的意识和勇气。这也体现了学生的经历成长过程，在树立正确义利观的同时，也逐步向维度五“财富与人生”中的财富与生命自然靠拢，懂得财富也是伦理价值选择，可以利己、利他、利社会、利国家，懂得创造富足安康的社会是国家和公民的共同责任。

3. 整合了学校教学资源，改进了教育方式

一是明确了财经教育实践活动的方向。项目探究式学习引入财经素养教育中，以众筹为背景的财经知识展示既有趣味性又有知识性，对财经实

践活动和学生实现学习目标起到了导向作用。

二是丰富了教学资源，搭建了更广阔的财经素养实践平台。学校财经素养教育将这一活动融入学校的系列教育资源中，组建了丰富的教育实践基地，加强与中国工商银行、华南师范大学等知名机构的合作。

六、存在问题

1）方案的可复制性有待进一步提高。在中学生开展众筹活动暂时没有可以有效借鉴的模式，需要系统地记录和总结教师对活动原则的理解与学生对活动体验的反馈，只有去伪存真、由表及里才能形成一份可行性较高的活动方案，才能够在以后的新年级、新学生、新教师中重复开展。

2）学生的成长需要一个过程。众筹活动是筹集学生商品交易会摊位运营的资金，摊位运营资金需要的总额不大（一个摊位大概是 800～900 元），况且众筹摊位运营资金还需要与别人分享利益成果，这导致很多学生觉得不需要众筹来解决资金问题，参与众筹仅抱着“试一试吧，反正就玩一玩”的态度，只顾眼前的利己观，而没有从长远来看问题，更不用说国家观和大局观。

3）把故事讲好。一个故事应该有开头、过程、高潮和结尾，一次活动也是如此。但是，因为学校工作的特殊性，众筹活动的故事高潮点是在众筹展示观众投票的当天，之后的资金到位、经营监管，以及最后的本金分红由于学校事务原因，没有安排足够的时间和精力做到位，有点虎头蛇尾的感觉。

七、改进设想

1）通过再组织 1～2 次校内众筹活动，完善活动方案，并使其成为校园文化建设、校本课程建设的重要部分，成为学校年度固定活动之一。

2）借助家长和社会力量，在活动组织和活动细节中进行专业知识的培训与包装，提升学生众筹活动的专业性和规范性。

3）加强活动指导和反馈，让学生和教师在活动中更能彰显生命价值。

实践特征

广州市第十六中学多年来开设与举办了诸如人文素养、财经素养、科学素养等系列课程和特色活动，其中每年都举办的模拟商品交易会非常具有财经素养教育的意义。由潘旭照、周雅莉和黄卫红教师组成的教学团队借助学校的“君武特色课程”平台，设计了一次模拟真实情境的综合性财经素养教育活动。

第一，教学实践形成的背景基础丰富。该校经过16年的实践探索，学校的财经素养教育活动已经初步具有课程化、专业化和社团化的特点，尤其是通过一批以中国工商银行广州分行为代表的实践基地的建立，为该项活动提供实践与体验平台，弥补了许多财经实践教学环节中过度虚拟假设的不足，增强了现场感。金融专业人士的加入，使得教学流程中学生创业团队竞标这一环节显得更有真实性，并且如实践活动中所说的，在这一环节中学生转变了自己的观念，投入的程度也逐步加深。

第二，活动整合了学生多方面的核心素养教育目标。将众筹、投资、股权等重要的财经元素引入教学案例的设计，用真实的方式为学生了解市场经济探索创新的方式。实践活动通过模拟股权众筹这一特定的校园经济活动，让学生与他人合作通过市场调研等完成创业方案规划，从中了解实业投资与金融投资的区别，掌握创业的基本知识。课程实践整合了融资、创业、教育等多方面的社会实践资源，活动过程也涉及金融市场、商品经济、市场道德、交易规则、数学运算等多个学科，在活动目标中很好地体现了多重意义。

第三，活动实践的设计充分发挥学生的自主能动性。在整个活动过程中，除了事先的活动框架和程序规则的设定，具体的活动环节中为学生的设计创意和自主选择提供了很大的空间。例如，学生自行组成创业团队报名参加学校模拟商品交易会“黄金摊位”的众筹大赛活动由学生自主决定；学生创业团队通过向评委及众筹团的观众展示自己摊位经营方案的方式，吸引众筹团的募股集资并依靠自己的能力竞争“黄金摊位”；众筹团的观众在展示互动中有一次30元的“投票权”进行投票，也可以在现场自愿“加码”投票量。从活动结束后的效果看，学生正是在这样的自主活动中才深刻地体会财经活动带来的意外收获，就如高二（1）班彭小斐团队正是在众筹展示过程中才懂得了尊重市场、尊重比赛、尊重观众的市场原理。

第四，实践活动选点既适合财经知识又适合高中生发展水平。毋庸讳言，有些学生开展的财经素养教学内容依然是一种说理性的道德说服教育，一些财经知识和财经价值观远远落后于高中学生的认知发展水平与实践能力。该课程实践的实施过程和结果看，非常切合维果茨基“最近发展区”的教学理论。通过众筹创业是非常有难度的，因为是真实的货币流通与商品交换，而且关涉成本核算和利润分红等诸多实际问题，所以整个过程的技术性操作和责任风险还是相当大的。也正是因为有这样的难度与真实性程度，才能让学生真心投入其中，这样的活动才能真正发挥培养意义。

总之，该课程实践以创意学习为主，将众筹创业引入财经素养教育活动中，其内容和形式对学生都具有较强的吸引力。整个活动既有趣味性又有知识性，避免了形式主义的教学，对中小学财经实践活动和课程建构起到了很好的示范导向作用。类似的实践活动非常值得进一步研究和探索，如果教学团队能有不同学科的教师加入，那么活动的设计将会更加科学合理，例如，可引用数学建模的方式将数学学习与财经素养实践活动结合起来，也可以将艺术活动、语文学习与产品的创作结合起来，这样将更加有益于学生综合实践能力的形成。

第十一节 贫困家庭财经素养教育现状入户调查

实践叙事

“贫困家庭财经素养教育现状入户调查”活动由广西财经学院实施，该校为广西唯一独立设置的财经类普通本科高校，是广西壮族自治区人民政府重点建设高校。该校于 2012 年成为外交部和教育部授牌的“中国—东盟金融与财税人才培训中心”，2013 年成为广西特色高校立项建设单位，2016 年获教育部应用型本科高校建设立项、“经济与管理实验教学中心”获批国家级实验教学示范中心，2017 年成为教育部全国首批深化创新创业教育改革示范高校。

本实践活动的施教团队包括广西财经学院副研究员、中国财经素养教育协同创新中心广西分中心副主任刘红宇，广西财经学院副研究员、发展规划与教育评估中心副主任陈林，广西财经学院信息与统计学院统计学专任教师赵西超及广西财经学院百色市靖西县魁圩乡驻队第一书记祝凡。施教对象为该校大一至大三年级的学生，共计 17 人。活动形式为入户调查，活动时间为 7 天。

通过本次入户调查活动，青年学生不仅更深入地了解了群众的生活状态，而且较为充分地掌握了广西典型农村贫困家庭财经素养现状的第一手资料。根据财经素养教育现状，为贫困地区推进财经素养教育找准切入点与起点。

一、活动目的

党的十九大报告提出发展素质教育的任务，财经素养是素质教育的重要内容之一，对于个人发展、家庭幸福、社会稳定等都有非常重要的意义。2018 年 1 月 23 日，中国财经素养教育协同创新中心首次正式发布了从幼儿园到大学学段的《中国财经素养教育标准框架》。为了能够更切合广西的实际情况实施财经素养教育，广西财经学院财经素养教育中心组织了“贫困家庭财经素养教育现状入户调查”活动，此次入户调查作为一次大学生社会实践活动，目的有如下几个方面。

1）通过亲身体验的实践过程，让青年学生群体真正了解财经素养的内涵。在这次实践过程中，学生通过了解财经素养的相关知识、设计财经素养问卷、入户调查及分析数据，使学生真正了解财经素养的内涵。

2）通过调查让学生了解广西典型农村贫困户家庭的财经素养基本情况。通过此次实践活动，让学生了解广西典型农村贫困户家庭的财经素养基本情况，分析贫困家庭财经素养水平落后的原因，并明确财经素养及开设财经素养“扶智班”的重要性。

3）推动财经素养“扶智班”的发展。借助此次实践活动，推动财经素养“扶智班”的发展，为推动广西财经素养教育的发展，加快农村贫困家庭财经素养教育的进程，并为广西培育更具财经素养的下一代奠定基础。

4）通过实践活动锻炼学生的能力。实践活动的效果着重于学生的收获，通过此次入户调查实践活动，磨炼了团队成员的意志，提高了团队成员的沟通能力、抗压能力，同时也提升了团队成员财经素养的专业水平。

二、活动设计

本次实践活动，采用学生自愿报名参与的形式。前期课题组发布招募调查员信息，感兴趣的学生自愿报名；报名通过后，课题组的教师组织学生进行财经素养的相关培训；培训后，学生根据授课内容与搜集到的财经素养相关资料设计问卷，并根据问卷展开调查；本次调查活动采用田野调查法，以抽样调查为主，以广西壮族自治区百色市靖西县魁圩乡 1000 户贫困家庭为调查对象，对百色市靖西县魁圩乡 1000 户贫困家庭进行入户访问、问卷调查等，深入了解贫困家庭的财经素养现状、财经素养教育现状及其影响因素。

本次调查的问卷参照《中国财经素养教育标准框架》（2018 年版）的

"五维三标"来设计，把财经素养分为收入与消费、储蓄与投资、风险与保险、制度与环境、财富与人生五个维度，维度内涵的素养分为认知、技能与态度三类目标。调查问卷见本节附件。调查通过代填式与一问一答式填写问卷，运用问卷了解贫困户的财经素养的现状及影响因素，并对其进行分析。

三、活动准备

1）前期培训工作。入户调查前期，调查组教师组织调查员开展入户培训工作，对调查员进行财经素养相关知识培训，并针对问卷解读、调查方法介绍、调查员入户时的礼貌问题以及问卷问题口语化、方言问题，如何与村民拉近距离等问题进行培训。

2）与村干部、第一书记进行沟通。入户调查前，团队负责人积极与村干部、第一书记进行接洽，了解魁圩乡的基本情况，为入户工作的顺利开展做好准备。

3）物资准备。入户调查前，提前购置好应急药品、文具、答谢村民的小糖果等物品。

4）入户前召开动员大会。入户调查前，调查组召开全体动员大会，为下乡入户进行最后的准备。

四、活动情景

在学校当地驻队第一书记祝凡老师的帮助下，本次入户调研进展顺利。

1）现场调研分组情况。到达魁圩乡后，根据实际情况进行调研分组。入户调查组由当地村第一书记、当地村干部和14名调查员组成，每个调查组包括1名第一书记或村干部和2名调查员，由村干部带领调查员入户调查。

2）魁圩乡区域分布情况。魁圩乡农林牧业协调发展，农作物主要种植玉米、水稻、黄豆、红薯；畜牧业主要是饲养生猪、牛、山羊、马：经济作物主要有八角、桑蚕、油茶、油桐、山楂果和各种中草药材等，是靖西县茴油的主产地。地表及地下蕴藏着丰富的矿产资源，其中铝矿资源最丰富。近年来，魁圩乡从实际出发，发挥优势，按照"稳粮食、强林桑、兴畜牧、活流通、导输出"的工作思路发展农村经济。魁圩乡是国家级贫困县，群众经济来源主要靠劳务输出，全乡未解决温饱贫困家庭共400余户，故此次入户调查选择了魁圩乡。

3）学生调查日记摘录。

日记一 拥有提升财经素养的愿望，但缺乏相关途径

在调查过程中，有两位爷爷让我印象深刻。第一位爷爷，他看到我们来调查，主动要求自己看问卷。当我听说他学历只有小学时，我和我的小伙伴都惊呆了。调查差不多几十户了，大多数都是小学初中就不读了。但是被调查的村民中，即使是读完初中的，也没有这位爷爷如此有学识，不仅能说一口流利的普通话，还能和我们对问卷进行探讨。爷爷还戴着一副眼镜，整个人看起来特别儒雅。爷爷说他虽然只读了小学，但是学到了一些基本知识，后来家里没钱供自己上学，他就自己看书、看报纸、看新闻。第二位爷爷，他家还是木头瓦砖房，屋内黑漆漆的。他孙女给我们开的门，屋里只有一扇小窗口采光，窗口对着的桌子上放满了毛笔字画。女孩告诉我们，她已经大一了，这些毛笔字有些是她写的，但更多的是她爷爷写的。细看纸张，确实不同，清新娟秀的应是女孩写的，苍劲有力的必定是爷爷写的。完成问卷的时候，爷爷下来了，头发花白，但是精神矍铄。我说："爷爷您写的毛笔字真好看。"爷爷连连摆手说没有没有，表示还差得远呢，要活到老学到老才行。这两位爷爷给人的气质与其他人不一样，追其原因，是他们有一直读书的习惯，学无止境。可见，读书可以改变一个人的气质。调查员在此户发现，部分贫困人员有提升财经素养的愿望，但缺乏相关途径。

日记二 大山深处中精神的贫瘠与财经素养资讯获取渠道的闭塞

在采访过程中遇到的一个困难就是很难从他们口中知晓事实。他们心中有一种意识，就是来调查关于贫困方面一定要说自己的情况很悲惨才能够得到一笔钱。所以，有时候我们的调查很难问出我们想要的真实答案，甚至一些已经致富的家庭也如此回答。

这些都是精神贫穷的表现，精神贫穷带来的是一代又一代的贫穷和国家难以真正实现脱贫，也导致扶贫工作难以推进。而怎样让他们的精神富有？我想需要打开一扇窗，让他们看到外面的世界，知道外面社会的模样，走出去看看这个世界，才会明白孩子读书的重要性，从而将孩子的读书情况重视起来，不再用狭隘的思想对待扶贫工作。而说到这里我想用另一种视角看待空巢老人的社会现象。

在和村干部的交流中发现基层工作存在的一些不足，村干部说，其实我知道他们的情况，每年都是这样的。这表明村干部对这些贫困户也很无奈。

以上是这次入户调查的感触，真切地认识到思想的重要性，大山深处，有精神贫瘠的哀号，也有曲折中的进步。希望走出去的人们的思想能够给山中带来福音，也希望国家的扶贫政策能够真正福泽百姓。

4）典型话语摘录。

话语摘录一　真正的贫穷是财经观念的贫穷

通过这几天的入户调查，我认为真正的贫穷是思想贫穷，有什么样的思想就会拥有什么样的人生。假如一个人内心藏着一个甘愿做穷人的灵魂，一心想着依赖政府扶持，无论他的出身是不是穷人，他终究会变成真正的穷人，很多人都是被自己贫穷的思想束缚住了。我们应该重视对贫困家庭的思想教育，首先需要从村干部开始学习，这样才能进一步传达给村民。贫穷本身并不可怕，可怕的正是贫穷的思想，以及认为自己命定贫穷、必老死于贫穷的错误观念。一旦处于贫穷的境地，就认为自己命定贫困，这实在是个大错误。贫困户大部分都得到了建房的资助补贴，在我看来下一步真的应该从思想上入手了，让大家真正脱贫。

——入户调查员 16 级经济统计学专业唐紫瑶

话语摘录二　做好基层的财经素养教育，有助于农民脱贫致富

早年间因贫困许多农民上不起学，大部分的农民缺乏最基本的生活常识，思维模式固定，很难摆脱贫穷。因此，对于他们的子辈，无法让他们树立正确的目标，受教育的观念不强，只有少数上过学或者家庭稍微宽裕的家长会极力地鼓励自己的小孩上学，而绝大多数的家长并没有意识到基础义务教育或者说学习知识的重要性，因此导致很多跟笔者同龄的青年早早就出去打工了或者有了自己的小孩。当然笔者并没有责怪农民的意思，毕竟在那个年代，上学对于绝大多数的人来说是一件很奢侈的事情。就像民国的陶行知先生、晏阳初先生，他们一生都致力于平民教育，开启民智。他们认为不在基层做好文化启蒙的教育，就很难改变现状。因此，笔者觉得开启民智，做好基层的教育，才是农民脱贫致富之本。

——入户调查员 15 级法学专业黄成

话语摘录三　教育的贫穷比物质贫穷更加可怕

这次的入户调查最深刻的一点是教育资源的贫穷比物质贫穷更加可怕。大山里的农户大多已经脱贫，他们在家里干农活，日出而作，日落而息。没有知识，也不看外面的世界。看似最简单的农家生活，虽有着质朴的民风，但也隐藏着各种精神贫穷。贫困地区的孩子的未来受着怎样的影响？我想，会有如下原因：①学校里老师没有关心孩子对高中教育和大学教育的认知，以及对孩子填报高考志愿的引导；②来自家庭的隐形压迫，在采访中问到希望孩子读到哪个知识程度时，大多数农民都觉得是孩子能读到哪就读到哪，这表明孩子在选择时是孤立无援、没有得到支持的；③人们不知晓各种贫困地区的教育优惠政策。这些都表明，贫困地区的孩子走向外面社会的路仍然是很窄的，机会也很小。

——入户调查员 17 级工商管理专业赵敏丹

五、活动效果

1）本次实践活动使学生了解了财经素养的含义，使大学生群体更深入了解了群众的生活现状，也较为充分地掌握了广西典型农村贫困户家庭对于财经素养了解现状的第一手资料。

2）学生对收集回来的资料进行分析后，了解了贫困家庭财经素养水平落后的原因，本次实践活动让大学生群体明白财经素养教育的重要性，并根据财经素养教育现状为贫困地区推进财经素养教育找准切入点。

3）通过此次入户调查活动，调查员深入农村宣传财经素养教育，让农村贫困人员了解了财经素养的基本知识，使财经素养教育普及面更广。

4）通过此次入户调查活动，团队成员收获颇丰。在入户调查期间，团队成员的沟通能力、抗压能力，以及财经素养专业水平都得到了很好的提升。

5）通过分析发现，影响贫困家庭财经素养水平的主要因素有：地区自身的约束、教育水平的影响、教育资源短缺与干部精准扶贫的程度等。排除环境因素的影响，第一书记与村干部在贫困户脱贫中发挥着重要作用，因此村干部与第一书记财经素养水平的提升工作尤为重要，村干部与第一书记财经素养水平提升可带动贫困家庭财经素养教育，同时开设财经素养“扶智班”有着重要意义。

六、存在问题

此次实践活动在多方的协助下圆满的落下帷幕，但在实践过程中还存在一些不足，其中主要的不足点如下。

1）与当地沟通协调方面的不足。此次实践活动，调查组前期与魁圩乡沟通还存在不足的方面，因此次调查关系到贫困户的事实资料，和县政府、乡政府沟通与协调存在着一定的难度。故此次实践活动中没有得到政府的支持，此次实践活动仅为学术活动，调查组到达当地后实践活动的展开也遇到了一些困难。

2）语言交流上存在的问题。魁圩乡当地人的语言属于壮话的分支，很多当地人不太会说普通话。在入户调查的过程中，调查员说的是普通话，故与当地贫困户的沟通存在一定的困难。调查员提问，需要当地村干部的翻译，其中可能存在贫困户对题目理解不到位的情况，影响了问卷的结果。

3）经费不足的问题。因经费不足，此次实践活动仅历时 7 天左右，调查组未能真正密切接触到贫困家庭，与当地贫困家庭交流时间不充足，收集回来的数据可能不能全面完整地反映贫困家庭的财经素养教育现状。

七、关于贫困家庭财经素养教育的思考启示

首先，贫困家庭财经素养教育可以针对贫困户出版一本财经素养的学习手册，通过统一开设财经素养公开课，先对扶贫干部进行培训。扶贫干部可用相同的方式，将知识授予贫困户。

其次，在学校的课堂教育中，也应开设财经素养的相关课程，让下一代提前接触，防止其成年以后再陷入其父母辈的尴尬境地，在考试科目里也可增加关于财经素养水平考查的考试。

最后，可以在农闲时间举办乡村财经素养大赛，增强财经素养学习趣味性的同时也能促进财经素养教育的推广，让更多的人关注和重视自身的财经素养。

八、改进设想

首先，实践活动的前期，要做好与当地政府的沟通工作，争取得到当地政府的支持。并且需要与当地村干部、第一书记保持良好沟通，与多方做好协调工作，保证届时学生团队到达当地可以顺利开展实践工作。

其次，要做好经费预算工作，使经费合理运用到实践活动中，保证实践活动顺利展开，并且实现预设的实践效果。做好充足的经费预算，保证学生在实践活动中的伙食与安全问题。

最后，提前做好多套应急方案，随队教师需做好充分准备工作，有效应对实践活动中会出现的突发情况，保证实践活动的顺利展开。

实践特征

广西财经学院在《中国财经素养教育标准框架》（2018 年版）大学段的指导下开展大学生社会实践活动，加深了大学生对贫困地区经济活动的认识、理解与体验，既体现了财经素养教育的活动意义，又为推进广西贫困地区财经素养教育发挥了实际作用。“贫困家庭财经素养教育现状入户调查”实践活动在内容上将区域特色与精准扶贫相结合，促使学生学会采用调查方法来观察经济状况和人群的财经素养状况。在这一财经素养教育主题活动中，学生获取了广西典型农村贫困家庭财经素养现状的第一手资料，同时为贫困地区推进财经素养教育提供了可操作的建议。

第一，调查内容依循《中国财经素养教育标准框架》（2018 年版）。《中国财经素养教育标准框架》（2018 年版）将财经素养划分为收入与消费、储蓄与投资、风险与保险、制度与环境、财富与人生五个维度，并演绎出以认知、技能和态度为目标的质量标准框架。本实践活动参照《中国财经素养教育标准框架》（2018 年版），将入户调查内容覆盖“五维三标”，以此来全面了解贫困家庭的财经素养状况。参与此次入户调查的大学生的财经素养得到较大提升。一方面对应《中国财经素养教育标准框架》（2018 年版），大学生通过调查了解贫困家庭的财经素养现状，分析了贫困家庭财经素养水平落后的原因。另一方面他们的调查不仅为贫困地区推进财经素养教育找到了切入点，也为贫困家庭财经素养教育的政策制定和实施措施提供了可供参考的建议。

第二，学生基于财经素养内容学会了问卷调查方法。采用问卷调查的方法开展大学生财经素养社会实践活动，既丰富了课堂教学方式，又调动了学生的积极性和参与度。“贫困家庭财经素养教育现状入户调查”活动，从调查前的财经素养培训、财经素养问卷设计、入户调查、数据分析及调查报告的呈现，学生都积极参与整个过程，并在教师的指导下独立完成问卷的研制与实施。这不仅丰富了学生的财经理论知识，也提高了学生针对某一特定目标和内容来设计问卷、实施调查、统计数据、撰写调查报告等方面的技能，还提升了学生将理论和实践相结合的意识与能力。本次实践活动取得了良好的效果，这说明财经素养教育选择任务驱动式学习方式比单纯课堂理论教学的形式更有效果。

第三，将财经素养教育与精准扶贫相结合，突出区域财经素养教育的特色。财经素养教育需要根据地区实际情况，尤其是地区经济情况因地制宜地开展，形成有区域特色的财经素养教育样式。“贫困家庭财经素养教育现状入户调查”活动，以广西最为贫困地区的家庭为调查对象，将学生财经素养的培养与地区现状和需求结合起来，既让学生了解了广西典型农村贫困家庭的财经素养基本情况，同时又在贫困地区宣传了财经素养教育。尤其是借助中国财经素养教育协同创新中心广西分中心财经素养“扶智班”的发展，加快推动广西农村贫困家庭财经素养教育的发展，实现财经素养教育与国家“精准脱贫”战略相结合，为贫困地区开展财经素养教育提供了良好的范例。

第四，总体意见与建议。广西财经学院开展的大学生入户调查社会实践活动有很强的社会意义，可操作性和学习参考性也很强。作为一项完整的入户调查还可以进一步完善和持续推进。首先，入户调查前的准备工作还可以更加充分，包括与当地政府和有关人员的交流、协调与沟通都应该纳入调查准备范畴。其次，调查范围和调查对象都可以有所扩大。可以此次开展调查活动的百色市魁圩乡为试点，逐步向广西其他地区的贫困家庭推广，进而使调查结果更具代表性，为广西地区乃至全国贫困家庭财经素养教育的开展提供经验参考。再次，调查对象可以更加丰富。例如，调查不仅针对贫困地区的家庭开展，还应该包括当地的扶贫干部及企业人士，只有加大这类人群的财经素养教育和培训，才有可能有效实施对贫困家庭的财经素养教育，实现以智扶贫。最后，针对贫困家庭的财经素养教育手册编写，要充分考虑不同群体文化程度的差异。可将财经素养普及材料制作成文本、视频及漫画等不同形式的资料，并借助高校、企业、政府和金融机构合力推进财经素养教育，使其惠及更多贫困家庭，促进贫困地区人群的财经素养逐步提升。

附件 5

广西贫困家庭财经素养现状入户调查问卷

您好！我是广西财经学院的一名学生，为了更好地服务广西精准扶贫工作，为贫困家庭早日脱贫提供智力支持的依据，我们想了解您家财经素养的基本情况。我们确保信息仅用于研究，不会以任何形式向第三方透露。感谢您的宝贵支持！

基础信息

1. 您家在百色市魁圩乡________村（屯）__________贵姓__________
2. 您的性别：①男　　　　②女
3. 您的年龄：_________

4. 您的学历：①本科及以上 ②大专、高职 ③高中、中职
④初中 ⑤小学及以下

5. 您家脱贫了吗？①已脱贫（转第 6 题） ②未脱贫（转第 7 题）

6. 您家脱贫主要靠（可多选）哪些途径？
①政府扶持养殖或种植 ②低保或五保户 ③好心人或企业捐助
④自己或家人外出打工 ⑤孩子找到工作
⑥其他________________

7. 您未脱贫的主要困难是（可多选）
①缺乏劳动力 ②找不到工作
③疾病或意外 ④债务
⑤小孩读书负担 ⑥其他________________

8. 您是否有孩子辍学？①是（有____个孩子辍学） ②否

（一）知识

9. 您家里人是否购买了养老保险？①是 ②否

10. 您认为最赚钱的方式是什么？
①种地或养殖（种________或养________） ②外出务工
③农村合作社 ④出租土地 ⑤其他________

11. 您认为最需要的扶贫项目是什么？
①建房补贴 ②扶贫信贷 ③扶贫助学
④合作养殖 ⑤其他________

（二）技能

12. 您认为炒股或者做金融理财可以赚钱吗？
①不懂 ②相信（转到第 13 题）
③不相信（转到第 14 题）

13. 您认为金融理财可以赚钱的原因？
①周围有人炒股或者买基金等产品赚了
②我买过赚了
③电视、新闻说赚了

14. 您不认为金融理财可以赚钱的原因是什么？
①周围没人买过 ②我没买过
③电视、新闻说赔钱了 ④都是骗人的

15. 请问您有记账的习惯吗？①有 ②没有

16. 请问您有储蓄的习惯吗？①有　　②没有

17. 您觉得存钱在银行有利于脱贫吗？①有　　②没有

18. 如果您想养鸡，需要 5000 元，您知道怎么贷款吗？

①农信社贷款　　②扶贫办帮联系贷款

③村干部帮联系贷款　　④不懂，不敢贷款

⑤太穷了，我不会得到贷款　　⑥信用贷款

19. 如果您上集市卖农产品时遇到了销售问题，你会选择以下哪个渠道继续销售？

①自己或托人去联系更大的商家

②联系媒体进行宣传，让更多社会人士前来购买

③自己学习知识，开一家网店进行网上销售

④仍在集市上摆卖　　⑤其他 ___________

20. 您用手机买过东西吗？①经常用　　②偶尔用　　③没有

21. 您没有用手机买过东西的原因？

①没有智能手机　　②没什么可买的

③网上贵　　④快递寄不到

（三）态度

22. 如果您的孩子交不起学费，您最可能会通过哪个方法筹集资金？

①出售或抵押自有资产（如土地、牲口）　　②向亲朋好友借钱

③向银行贷款或申请助学贷款　　④打工挣学费

⑤找政府帮免学费　　⑥让孩子放弃上学

23. 您认为孩子上学到哪个程度有利于“跳出穷坑”？

①小学　　②初中　　③高中　　④大学及以上

⑤不读，去打工　　⑥“看命了”

24. 如果您脱贫以后，您最担心什么会导致再次贫困？

①因病致贫　　②找不到工作　　③小孩读书没钱

④种植或养殖市场价格不稳定

⑤天灾或其他意外　　⑥其他 _______________

25. 如果您有 3 万元钱，您会将它用于哪些方面？

①送孩子读书　　②投资种植或养殖

③建房　　④存银行　　⑤其他______________

26. 您认为 2020 年以后还会有贫困吗？①有　　②没有　　③说不清

附录一 金融知识普及教育的教学示范基地案例

本实践活动由中国金融教育发展基金会提供，中国金融教育发展基金会成立于 1992 年，是经中国人民银行批准成立、在民政部登记注册、具有公开募捐资格的基金会。中国金融教育发展基金会的宗旨是：遵守法律、法规和国家政策，为提高金融从业者素质和向民众普及金融知识，依靠社会各界尤其是金融系统的支持捐助，发挥公益组织优势，大力开展与金融教育相关的公益活动，以此推动金融教育事业的发展。

隰县作为中国金融教育发展基金会"金惠工程"实施县， 从 2016 年开展"金融知识普及教育进校园"活动以来，始终秉承"金融教育、与你同行、改变自己、成就梦想"的理念，逐步将《金融与诚信》读本纳入全县 13 所小学的五年级德育课堂。为确保由点及面、全面推进，中国金融教育发展基金会确定隰县第一小学、隰县龙泉小学和隰县黄土小学为"校园宣传阵地"示范点，对标杆示范点的工作进行定期指导和规范，确保示范点各项工作有序运作、精准实施。同时，以各示范点为模板，以点带面统筹推进县辖"校园宣传阵地"整体提质增效。

本实践活动施教团队由隰县每所小学五年级教研组的德育教师组成，施教对象为在校五年级学生，共计 24 个班级、1200 余人。活动以选修课的形式开展"金融 e 课堂"，每两周讲授一堂《金融与诚信》读本，一学年共 18 个课时将该读本的 14 节课和附录全部学习和掌握。

"助推金融知识普及教育纳入国民教育体系"教学示范基地的建立，为隰县青少年开展金融知识普及教育"出智、出力、出资"，倾力打造"金融 e 课堂"，实现青少年在义务教育阶段循序渐进地学习金融课程，系统培育金融认知能力，树立风险、诚信意识，弘扬契约精神，增强对非法金融活动、网信诈骗等欺诈信息的辨识能力，预防非法金融活动在中小学校园渗透，为提升青少年金融素养营造一个安全、绿色、常态化的金融教育环境。更希望隰县通过实践探索，走出一个可复制、可推广、操作性强的金融知识纳入国民教育教学模式，将基地建设取得的经验在全国进行推广交流。

一、活动目的

1）活动主题。隰县把"普惠金融教育"嵌入"校园教育阵地"，由当地政府、人民银行和教育系统携手将《金融与诚信》读本纳入全县中小学学生课堂，作为常态化教学内容，通过不断探索和实践，建立"金融 e 课堂”教学模式，建立金融普及教育新机制，帮助学生在关键发展阶段及早教授金融概念，从小接触、了解基本金融知识；熟悉生活中经常遇到的金融现象，树立诚信意识、风险意识及金融消费、理财观念，并通过中小学生传递影响其家庭成员，以点带面，辐射全社会。

2）活动预计实现的目标。通过“金融知识普及教育进校园”活动的持续、深入推进，旨在打造“助推金融知识普及教育纳入国民教育体系”教学示范基地的实施，提升隰县中小学学生的金融意识、金融素养和金融工具的应用能力，改善现代农村金融环境，探索建立多层次、低成本、全覆盖的基础金融教育体系。力争用三年时间，把隰县建成全国“助推金融知识普及教育纳入国民教育体系”示范县、农村金融知识宣传普及先进县、金融诚信及农村金融生态建设典型县，并通过对建设“隰县教学示范基地”不断总结经验，完善机制，打造样板，辐射引领带动周边县市助推金融知识纳入国民教育体系。

二、活动设计

（1）活动设计思路

随着经济社会的快速发展，金融对消费者的渗透力与影响力日益增大，金融与每个人的生活息息相关，而社会公众在掌握金融必备知识、金融风险防范能力、金融维权意识方面，以及当前社会诚信体系建设方面都存在明显的缺失与不足。加快金融知识普及、提升公民金融素养、建设和谐金融环境是人民银行致力于金融服务的重要内容，更是推进普惠金融发展的重要举措。基于这一思路，由人民银行牵头，县委、县政府及教育部门支持，将隰县五年级小学纳入《金融与诚信》读本普及教育范畴，推进金融知识纳入国民教育体系，并通过对学生的诚信教育，以阻断贫困代际传递，让学生尽早接触和掌握金融知识及技能、养成良好金融行为、学会使用金融工具。这些是摆脱贫困最为直接的方式。

（2）活动过程逻辑

将《金融与诚信》读本纳入五年级课程，经历了较为艰难的过程。首先，要得到县委、县政府和教育部门的支持，人民银行在推动这项工作中，也遇到过学校不支持的情况，学校认为五年级学生的学习负担已经很重，挤不出时间安排《金融与诚信》读本进课堂。然而，在政府、教育部门的合力推动下，《金融与诚信》读本得以逐步走进全县五年级学生的德育课堂。《金融与诚信》读本图文并茂和生动有趣特点，让学生爱不释手，学校也逐步认识到金融与诚信教育对成长期的青少年的重要意义，目前这一活动已得到学校的欢迎和好评。

（3）活动重点

全面规划、科学安排“金融知识普及教育进校园”活动，确保金融知识普及教育实施计划的落实保障。隰县通过两年来的“金融知识普及教育进校园”活动的提质增效，2018 年 4 月以隰县第一小学为试点，2018 年 9 月以隰县龙泉小学为试点，以建立“助推金融知识普及纳入国民教育体系”教学示范基地为宗旨，整合和优化教育教学资源，倾力打造“金融 e 课堂”教学模式，改变学校金融知识普及教育“散打”模式，实现金融知识普及的规范且可持续性的教育模式。同时，开展了多次对骨干教师的金融知识培训活动，提升“助推金融知识普及教育纳入国民教育体系”项目师资水平。将金融知识纳入地方教学课程，通过探索中小学金融知识普及教育的方式方法，建立中小学金融知识普及长效机制，初步搭建起“小手拉大手”的金融知识宣传桥梁，达到教育一个孩子、辐射一个家庭、造福全社会的良好效果。

三、活动准备

（1）材料准备

为将隰县打造成“金融知识普及教育进校园”教学示范基地，隰县两所试点小学坚持“金融教育、与你同行、改变自己、成就梦想”理念，抓住“立德树人、核心素养”主线，本着“立足课堂、多措并举、实践体验、全面发展”的原则，把“金融与诚信”教育与学校发展内涵相结合、与课堂教学相融合、与德育教育相糅合，持续推动金融知识普及教育纳入国民教育体系建设，让学生从小树立金融与诚信理念，做新时代的诚信好少年。两所试点小学为示范基地的打造在金融与诚信实践活动展板的设计上、“金融 e 课堂”教学上、诚信手抄报及漫画的制作上、演讲比赛和讲诚信故事的开展中、经验材料的撰写上，做了充足的准备和实践，共设计金融与诚信实践活动展板 40 余块，在“金融 e 课堂”开展教学实践活动 20 余次，展示学生的诚信手抄报、诚信漫画 500 余幅，组织开展金融与诚信演讲比赛和讲诚信故事 10 余次。

（2）信息沟通

隰县当地中国人民银行积极采取措施，切实加强与教育部门、金融服务（工作）办公室的协调、联动，在信息共享、充分沟通的基础上，推动

“金融与诚信”知识主题教育活动向纵深迈进。金融机构与学校对接、读本发放、课堂教学、课外实践活动、效果评估等各项工作扎实有序推进，学校积极与教育部门、金融机构沟通，获得更多的支持和帮助，多次邀请志愿者来学校开展诚信宣讲，让授课教师和学生了解更多的金融知识。

四、活动情景

1. 活动产生、发展的历程

1）萌芽阶段。“金融知识普及教育进校园”活动始于 2016 年，隰县由当地中国人民银行牵头抓总，在县委、县政府、教育部门的支持下，2016 年 5 月以隰县第二小学为试点举办了《金融与诚信》读本赠书仪式，继而于同年 9 月在全县全面推广《金融与诚信》读本进校园活动。

2）发展阶段。2017 年 3 月，隰县被中国金融教育发展基金会确定为吕梁山片区“金惠工程”实施试点后，中国人民银行隰县支行充分发挥隰县农村金融教育协调领导小组办公室牵头抓总作用，统筹谋划、统一推进，组织各金融机构进一步深化金融知识普及宣传教育的深度和广度，有效彰显了普惠金融和“金惠工程”的叠加效应。

3）壮大阶段。2018 年 4 月，隰县成功承办了“助推金融知识纳入国民教育体系”项目启动暨捐赠仪式，6 月 29 日，隰县作为全国 8 家交流单位之一，在“金惠工程”志愿者经验交流会上进行了现场经验交流，9 月 18 日，成功承办中国金融教育基金会在隰县举办的全国“助推金融知识普及教育纳入国民教育体系”教学示范基地揭牌仪式，普惠金融与“金惠工程”的叠加、扩散效应日益显现。截至 2019 年 3 月底，已为全县 13 所小学五年级学生赠书 3600 余册，在 5 个“红领巾”教育实践基地开展特色活动 20 余次。可复制、可借鉴的金融知识普及宣传教育机制逐步形成，普惠金融、“金惠工程”在隰县得以落地生根、开花、结果。

2. 实际情境

隰县在“金融知识普及教育进校园”活动中表现较为突出，引起了中国金融教育发展基金会的关注，2018 年 9 月 18 日，由中国金融教育发展基金会主办的“助推金融知识普及教育纳入国民教育体系”隰县教学示范基地揭牌暨捐赠仪式在隰县龙泉小学隆重举行。包括中国金融教育发展基金会、中国人民银行总行消保局、中国人民银行太原中心支行、中国人民银行临汾市中心支行、县政府及临汾辖区 5 个“金惠工程”实施贫困县中国人民银行隰县支行行长，隰县金融机构主要负责人，隰县全县 5 所中学和

13 所小学校长以及隰县龙泉小学全体师生共计 700 余人参加了揭牌仪式。

中国金融教育发展基金会、临汾市中心支行、隰县人民政府三方代表签订了《“助推金融知识普及教育纳入国民教育体系”战略合作协议》，协议内容囊括了对教学示范基地的规划和安排、“金融 e 课堂”的打造、教师骨干的培训等内容，此次活动共向隰县教育系统捐助 26 万元，用于 13 所小学捐建“金融 e 课堂”，购置多媒体教学设备及设施，提升现代化教学水平。

五、活动效果

1. 成效总结

一是学生金融诚信意识明显增强。 隰县通过三年来驰而不息的开展“金融知识普及教育进校园”活动，县域校园诚信文化氛围日渐浓厚，“文化浸润、课堂普及、实践体验、家校融合”的金融知识“全程化教学模式”已然形成，并在各校推广。《金融与诚信》读本走进了县辖 13 所小学的五年级学生课堂，学生将学到的金融诚信知识传播给家长，家长传播社会，“小手拉大手”的传播辐射效应日益显现。

二是百姓金融素养明显提升。隰县以“金融与诚信”知识进课堂为龙头，着力打造金融知识普及宣传新机制，通过“小手拉大手”的传播辐射效应，由学生带动家长、邻居、亲朋好友学金融知识、强维权意识、树诚信理念，普惠金融宣传的发散扩大效应日益显现，受众群体金融素养和金融风险意识普遍增强。

三是金融教育宣传主力军逐步壮大。隰县通过分类培训、集中授课、微信交流、制作课件等方式，对县辖 75 名志愿者进行培训，其中包括 13 名教师志愿者，教师志愿者金融与诚信知识的积累，必将为学生讲授更多的金融与诚信知识，这更为有效地保证了“金融与诚信”课程的顺利进行。

四是普惠金融和“金惠工程”的叠加效应显现。隰县在深耕“校园宣传阵地”的过程中，将“金惠工程”的理念融入其中，好的做法得到中国金融教育发展基金会的认可，普惠金融与“金惠工程”的叠加、扩散效应日益显现。“助推金融知识普及教育纳入国民教育体系”教学示范基地在山西隰县已初见成效，并正在向纵深推进。

2. 典型话语或情节摘录

情景摘录 1：由隰县确定先行试点的隰县第三小学首创“诚信快板”，得到了山西省教育厅的重视，省教育厅专门到该校录制了一期诚信快板表演，并在全省进行推广，临汾电视台也进行了播放。

如今“金融与诚信”顺利走进了全县 13 所小学的五年级课堂，每年惠及学生约 1100 名，辐射约 1.1 万名社会公众，其中每年受众农村学生 400 余名，辐射农村人口约 5000 人，从而实现了“一个孩子一盏明灯，照亮一个家庭；一个家庭一个细胞，构建和谐金融环境”的共同愿景。

情景摘录 2：在隰县黄土小学的读书角，陈列着《金融与诚信》读本，课间，很多小朋友拿起《金融与诚信》读本如饥似渴地阅读，那对金融与诚信知识的渴求，从孩子们的目光中一览无遗。

六、存在问题

1. 问题和疑难的概括与分析

一是对“金融知识普及教育进校园”活动的认识还有待提高。推动《金融与诚信》读本进课堂，在小学五年级学生开展金融知识普及教育，是落实国务院普惠金融发展规划，落实“金融普及从娃娃做起，诚信教育惠及千家万户”政策，推进金融教育纳入小学教育体系的有益尝试，但在实际推动工作中仍存在一定的难度，表现在个别乡村学校担心增加学生负担，只是勉强每月安排固定一节课讲授《金融与诚信》读本，这在一定程度上影响了教师的授课积极性和学生的学习效果。校园宣传阵地的作用还有上升空间。

二是活动开展的常态化机制尚未形成。2017 年，隰县共设立了 5 个“红领巾”金融教育实践基地，也先后以隰县农村信用合作联社营业部、中国农业银行、新田村镇银行为示范点，举行挂牌仪式并开展“金融与诚信”研学活动。各金融机构员工为学生们讲解如何办理开户、转账、现金存取、自助存取款业务、识别假币等，讲授诚信小故事，进行诚信宣誓，形象生动地将诚信理念传递给学生，教育学生从小树立诚信意识，取得了很好的效果，但类似活动开展的次数不多、持续性不强、受众群体面较窄，存在推一推、动一动的现象，导致“红领巾”金融教育实践基地未能有效、充分地发挥作用。

三是协调联动机制不完善。“金惠工程”和金融知识普及教育是一项系统化工程，需要政府、金融机构和教育部门各司其职、协调联动，需要相应的配套机制予以保证和跟进。比如，《金融与诚信》读本费用目前主要是由中国人民银行各县（市）支行和各金融机构自行解决、免费发放，中国金融教育发展基金会对国定贫困县进行无偿捐助，稳定的、长效的资金来源没有保障。

四是对“金惠工程”志愿者的培训力度还显不足。一些志愿者金融业务不够熟练，金融宣传技巧有欠缺。比如，《金融与诚信》读本的教学效果，在一定程度上取决于教师的理解力和学习力，虽然我们请金融机构专业人员定期对老师进行专业化辅导，但培训的频率和强度仍待进一步提升。

2. 有争议的地方

将金融知识教育纳入国民教育体系，之所以任重而道远，还是因为国民教育不考核这一课程，没有将其纳入小学生必修课，导致极个别学校认为《金融与诚信》读本纳入五年级课堂是增加学生负担。

七、改进设想

1. 思考启示与自我评价

隰县在“金融知识普及教育进校园”活动中，做了大量扎实而有效地尝试，也取得了一定的成效。2018 年 4 月，“助推金融知识纳入国民教育体系”项目启动暨捐赠仪式在隰县成功举办，可以说是为贫困地区金融教育公益事业播下了一颗爱心的种子，同年 9 月，隰县又被授予“教学示范基地”的称号，是对隰县这项工作给予了肯定，但也应该意识到，在活动的开展过程中，仍存在各种各样的问题和难题，需要去面对、破解、攻克，最终探索出一个可复制、可推广、操作性强的金融知识纳入国民教育教学模式，将示范基地建设的有益经验在全国进行推广交流，共同推动金融普及教育，营造良好金融生态环境，助力县域经济发展。

2. 完善此次活动的设想

一是联合教育部门全力推动。将《金融与诚信》读本正式列入全县 13 所小学五年级课程表，每月至少保证 2 课时，同时加大对授课教师的培训力度；学生要做好课堂笔记，认真完成学校开展的诚信知识测试，学校要积极开展诚信演讲和体会大家谈、讲诚信小故事，开辟金融与诚信园地、专栏，展示学生的诚信漫画、诚信体会等内容，真正体现诚信理念扎根小学生的心灵深处，并让学生将学到的金融与诚信知识讲给父母听，发挥好“小手拉大手”、共创诚信社会的目标。同时，隰县将组织金融机构开展“金融与诚信”知识进校园的优秀教师和优秀学生的评选活动，为《金融与诚信》读本的落地生根助力。

二是建立活动开展常态化机制。与教育部门联手制订《金融教育实践基地定期开展活动实施方案》，督促金融机构“红领巾”金融教育实践基地与对接小学，每季度至少开展一次实践活动，适时丰富学教内容，将金融机构的新业务、新知识、新理念和诚信意识灌输给学生，通过高频讲解、互学互动、持续推动、扩大受众面等一系列措施，让“红领巾”金融教育实践基地充分、有效地发挥作用。

附录二　“金惠工程”农村中学金融知识普及项目

“‘金惠工程’农村中学金融知识普及项目”实践活动由中国金融教育发展基金会提供。中国金融教育发展基金会面向全国开展的“金惠工程”农村中学金融知识普及项目是面向贫困地区农村中学生开展的金融知识普及教育活动，主要利用中学生九年义务教育阶段在校集中学习的时间，帮助其接受较为系统、规范的金融基础教育，掌握必要的金融知识和金融工具运用能力，为学生及其家庭合理参与金融活动，改善生活，正确规避金融诈骗风险等奠定必要的基础，并以此带动整个家庭金融素养和金融服务可获得性的提升。

中国金融教育发展基金会作为“金惠工程”农村中学金融知识普及项目的发起方，为保证项目顺利实施，一直以来坚持为项目开展地区提供各项资助措施，其中包括为开课学校提供教研经费与教师课时补助的资金支持；为学生捐赠《金融知识伴我成长》和《普惠金融知识系列读本》的教材支持；为教师志愿者提供培训与交流活动的能力建设支持等。

河南省滑县作为 2013 年“金惠工程”农村中学金融知识普及项目设立之初的试点县，共选取 14 所中学作为试点学校。通过六年来的不断努力，该项目在滑县共覆盖 14 所中学在内的 1.7 万余名中学生，其形成的人民银行、商业银行、学校三方联动模式也为其他刚开展该项目的地区提供了宝贵的经验。

本活动以河南省滑县留固镇第一初级中学为例。滑县留固镇第一初级中学为九年制义务教育中学，该校作为第一批参加“金惠工程”农村中学金融知识普及项目培训的学校，留固镇第一初级中学从 2013 年就开始开展金融知识培训活动，至今已经开展 5 年，先后培训 26 个班级，共 1600 多人。

本活动的施教团队由当地人民银行、金融机构志愿者和学校教师共同组成，施教对象为该校七年级全体学生，共计 128 人，分为两个班级授课。活动形式为选修课+专项活动，活动课时为每个班级每周 1 节课，用课时 12 节（每节课 45 分钟），每个班级开展 4 项活动（每项活动 60 分钟），活动开展时间共 1560 分钟。

本活动的典型意义是以集中于一个学期的金融知识普及教育为中心议题，包含一个如何向农村中学生普及金融知识的典型问题，尝试探索一种金融志愿者与教师讲解及各种活动相结合的方法。

一、活动目的

1）活动主题：金融知识进校园——金融知识伴我成长。

2）预计实现的标准目标：以“教会一个学生、带动一个家庭”为愿景，利用中学生九年义务教育阶段在校学习时间集中、思考理解能力强、学以致用机会多等优势，面向贫困地区农村中学生开展金融知识普及教育，让他们接受较为系统、规范的金融基础知识教育，帮助中学生树立诚信意识、反假币意识和防范风险意识，使其能掌握最基本的金融知识和实践能力，为学生及其家庭合理参与金融活动、正确规避金融风险、维护自身合法权益等奠定必要的基础，以此助推普惠金融和精准脱贫事业的深入发展。

二、活动设计

1. 设计思路

随着国民经济的繁荣发展，金融活动早已渗透到我们生活的方方面面，投资理财、存款贷款、各类保险、日常消费等都离不开金融服务，每个人都是金融的直接或间接消费者。而加强青少年财经素养教育，是实现国家人才强国战略的一项重要措施，是立德树人根本任务的具体落实。一方面，中学生金融知识教育活动填补了中小学校园金融知识普及空白。目前从小学到高中的课程中没有安排固定的金融理财类课程，随着社会和信息科技的发展，学生不可避免地要与“钱”打交道，“金惠工程”农村中学金融知识普及项目是首次开展的针对乡镇中小学生的金融知识全面普及的活动，使中学生通过在校集中学习，较系统、规范、全面地接受金融基础知识教育。另一方面，中学生金融知识培训为农村中学生毕业走向社会打下了基础。以滑县为例，全县有49所初级中学，但只有5所高中和1所技术学校，每年有将近15%的学生初中毕业就走向社会。让他们在初中阶段接触基础金融知识，可以帮助他们以后在创业过程中知道如何与银行打交道，会制作简单的记账表格，懂得建立和珍惜自己的信用，了解金融风险，管理好自己的资产。

2. 过程逻辑

活动中，制定了“横向三个中心，纵向两条主线”的主体思路，“三个中心”是指当地政府、人民银行和县教育体育局；“两条主线”是指“人民银行与金融志愿者一条线，人民银行、教育体育局与教师一条线”。并依此制订计划，明确分工，各负其责，做到层层有人管、岗岗职责清。通过系统、规范的金融知识教学，帮助受众增强反假币意识和风险防范意识，同时掌握基本的金融知识和实践能力，为学生及其家庭合理参与金融活动、正确规避金融风险、维护自身合法权益等奠定必要的基础，更重要的是，要树立“信用是人生之本”的价值观，养成勤俭持家、善于理财的好习惯，以此助推普惠金融和精准脱贫事业深入发展。

3. 活动重点

以中国金融教育发展基金会编写的《金融知识伴我成长》农村中学生金融知识普及读本为依托，辅以各项游戏活动。把人民银行、金融机构、学校教师等资源结合起来，形成“人民银行牵头组织，金融机构志愿者+学校老师”的教学模式，让组织者与志愿者都参与进来，把自己的实践经验与理论知识相结合，发挥所长，结合实际，生动形象地向学生讲解金融知识。

三、活动准备

“金惠工程”农村中学金融知识普及项目开展之初，首先要取得教育主管部门的支持，作为“金惠工程”组织部门的当地人民银行与县教育体育局密切联系，联合下发了《关于开展中国金融教育“金惠工程”中学生项目的通知》《关于印发〈中学生金融知识伴我成长〉项目实施细则》，介绍中学生项目开展的由来和目的，明确组织管理，共同成立“金惠工程”农村中学金融知识普及项目领导小组，加强对教师和志愿者开展工作的组织协调和安排部署。在实施过程中，制定了《项目课程安排和管理办法》《中学生项目联络员管理办法》等来具体指导工作的开展。

在“金惠工程”农村中学金融知识普及项目开展前，当地人民银行组织开展了大量的准备工作：一是组织开展各类宣传活动。例如，利用滑县正月传统古会积极宣传“金惠工程”；制作“金惠工程”送祝福贺年小卡片；利用电视传媒，向千家万户普及金融知识；结合金融机构宣传活动，扩大宣传效果。二是组织开展对金融志愿者和教师的培训。组织教师和金融志愿者接受专家的培训，聘请北京教育学院的两位专家教授为滑县教师志愿者上示范课，传授授课方法。三是加强对培训活动的管理督导。当地人民银行与各校分管金融教育人员建立联系，通过电子邮件、电话和短信等形式加强与学校的联系，全面掌握教学进度。

在活动开展前和开展过程中，留固镇第一初级中学积极提供各种有利条件，为课程的开展打下了坚实基础。一是成立留固镇中学生金融知识学习项目小组。由学校副校长担任组长，成员由滑县人民银行、县农商行、滑县中银富登村镇银行和学校七年级6个班主任组成，项目小组向小组成员充分讲解了开展中学生金融教育项目的目的与意义，听取了成员们的意见与建议，制订了本学期项目实施方案，对小组成员进行了明确的责任分工，并要求小组成员要认真做好准备工作，保证课件、教案完整、整齐；授课做到内容丰富、有趣，知识性和趣味性相结合；在培训过程中，以传授金融知识为目的，可以结合生活实际，增加新的内容；明确中学生作为培训对象和载体，强调向家长宣传和传播的重要性。二是教师和金融志愿者精心备课，制作课件。为了使学生能够多方面、深层次的了解金融知识，每节课前志愿者都会搜集、整理大量与本节课程相关的金融知识，以期开阔学生的视野，依据中国金融教育发展基金会提供的课件示例、教学指导、教案示例，以及网上搜集的最新事例，结合课本与志愿者自身的金融工作经验，制作教学课件。三是为激发学生参与金融课程的热情与积极性，组织者和志愿者自己花钱购置了一批小账本、笔记本、中性笔、文件夹等小礼品，作为奖励发放给学生。

四、活动情景

1. 活动产生

中学生金融教育培训活动由中国金融教育发展基金会提供课本赞助，由金融志愿者和教师义务承担，免费授课。主要针对《金融知识伴我成长》读本，根据读本目录11课，安排10节课，中间穿插两次集中活动。其中一次是学生情景剧表演，根据所学金融知识内容，编排情景剧。另一次是课程全部结束后的金融知识竞赛和游戏。在课程开始前，安排两个班级学生做前测问卷，了解学生对金融知识的掌握情况。课程结束后，以同样的问卷作为后测，对比了解学生接受知识的情况。

2. 实际情景描述

1）举办中学生金融知识竞赛。留固镇第一初级中学大礼堂举办了金融情景剧与“金惠工程”滑县中学生金融知识竞赛。在情景剧表演中，学生表演了4个自编自导的金融知识情景剧，向大家展示了所学金融知识以及实际生活中所见闻的金融小趣事。在金融知识环节，同学们经过个人必答题、小组必答题、抢答题、观众互动题四部分的激烈角逐，决出各项名次。本次活动增加了学生间的团结协作，加深了学生对所学金融知识的掌握程度。

2）举行 2018 中国金融教育嘉年华暨青少年理财足球世界杯大赛。2018 年 6 月 15 日，为让金融知识的学习过程更具有趣味性，学校积极参与 Visa 公司组织的 2018 中国金融教育嘉年华暨青少年理财足球世界杯大赛。活动以理财足球游戏为核心，使学生在游戏过程中接触到关于储蓄、预算、理财目标等方面核心概念，结合活动，项目小组还组织开展了动力火车、达·芬奇密码、百万富翁三个室外金融教育游戏活动。

五、活动效果

1. 成效总结

1）农村中学生和农民群众的金融知识水平明显提高。“金惠工程”农村中学金融知识普及项目在滑县启动以来，任课教师不仅教学理念和教学技能得到了极大提高，而且拓展了自己的金融知识面与培养了财经素养，成为金融活动的参与者和示范者。学生不但学到了金融知识，还作为宣传者对家庭和村里人员进行宣传普及，农村群众受教育的机会和时间大大增加，同时带动学生家庭人员也都掌握一些基本的金融知识与经济意识。近几年，滑县通过对农户和该项目的持续开展，农村地区越来越认识到金融教育的重要性，农户和中学生参与学习金融知识的积极性越来越高，对了解金融、学习金融，使用金融知识致富的需求也越来越高。

2）助农致富的效果较为明显。通过实施“金惠工程”农村中学金融知识普及项目，金融助农致富效果明显提升。农林牧渔业蓬勃发展，全县农林牧渔业总产值由之前的 28.13 亿元提高至现在的 39.05 亿元，增长 38.8%；全县家庭农场各专业合作社、互助社等组织达 1321 个，比之前增长 43%；农村居民纯收入由三年前的 6052.3 元提高到 8434.0 元，增长 39.3%（数据由滑县统计局、工商局提供）。不仅如此，由于全县开展信用乡镇创建，信用评级使农村群众看到了金融政策的实惠，银行对诚信乡镇资金投入逐年增加，农户普遍享受到利率下调、贷款额度增加和贷款方式简化的优惠，通过“金融惠民”农村中学金融知识普及项目建设持续输入金融创新产品和信贷资金，助力农户创业致富，被测试 1200 名学生家庭人均年收入有所增长，一年时间，人均年收入 2 万元以上人数，较前测增加 65 人，特别是通过一系列金融支持扶贫政策，全县的贫困村贫困人口由开展项目前的

15.8 万人，减少为 8 万多人，实现 6 万多人的稳定脱贫，越来越多的农民群众成为先富带后富的有生力量。

3）县域金融生态环境明显优化。随着“金惠工程”农村中学金融知识普及项目的持续推进，滑县农村金融生态环境不断优化，金融业得到稳健发展，银行业金融机构发展到 10 家，网点数达到 115 家，较农户培训项目开展后增加 3 个网点，全县助农取款服务网点 2202 家，较培训前增加一倍，ATM 和 POS 等自助设备机具达 4971 部，较培训前的 1677 部增加 51%，金融服务机具实现了乡镇和村的全覆盖，构建了全县完备的金融服务体系。滑县的金融环境得到显著改善，金融服务的成果也日益明显，被河南省评为“河南省农村金融创新示范县”“河南省改善农村支付环境先进单位”，并在人民银行总行现场会进行经验推介。

4）信用环境得到改善，非法集资和金融诈骗案件减少。信用是人的立足之本，也是能够获得金融服务的保障，对农村家庭金融活动至关重要，“金惠工程”农村中学金融知识普及项目的开展有效促进了地方农村和家庭的信用建设。该项目开展以来，通过金融机构以及教师志愿者的宣传与教育，以及在培训学校开展“征信知识进校园”等专项活动，进一步讲授征信知识，学生以及参与人员越来越开始重视信用对自我以及家庭的重要性，并开始注重自身信用建设，这也为地方政府和有关金融机构开展信用乡镇、信用村、新用户的评定工作助力加油。“金惠工程”农村中学金融知识普及项目不断加强金融机构与教育机构、学生受众之间的合作，同时教育机构志愿者也与银行、信用社等联合行动进一步为学生普及、宣传、教育金融知识与法律。“辨别钱币大讲堂”“我把假币交银行”“携手银行，去伪存真”等一系列活动的开展有效地让学生以及人民群众尤其是老年人有了防范假币的认识，学会了辨别假币的知识。通过金融志愿者的教育与现身说法，“模拟诈骗”等活动让学生近距离地认识电信诈骗与非法集资的危害。

5）广大中学生懂得利用保险知识规避风险。保险作为一种社会化的互助行为，它不仅是一种规避风险的和转移风险的方式，更是一种投资理财的方式。但是，农村地区与群众普遍对从事保险行业的人员有着错误或者片面地认识，并且对保险认识不够全面，缺乏了解。“金惠工程”农村中学金融知识普及项目开展以来，金融志愿者注重对保险进行了深入的学习与宣传，让学生学习保险、认识保险、认可保险并将这一观念对父母和家庭进行讲解，同时结合社会宣传与导向，人们对保险有了较为充分和正确的认识与理解。

2. 典型话语或情节摘录

学生反馈：我通过学习《金融知识伴我成长》这本书，受益匪浅，特别是“当好家庭小管家”这一课，更是让我懂得打理好一个家庭经济的重要性，在学会为家里记账的基础上，还应该当好家庭的管家。收支管理需要平衡，从家庭经济可持续发展的角度看，我们应该坚持“收支平衡、略有结余”的家庭收支管理原则。收支计划也应该周密，在家庭记账和总结家庭收支规律的基础上,我们会每年制订一个详细、周密的家庭收支计划。在短期内要用的钱，我们可存成活期存款，计划中的应急性支出可以存为定期存款。在管理家庭收支的过程中，我逐步学会了勤俭持家，同时我还发现自己的“理财水平”提高了，哈哈，真是受益匪浅。

六、存在问题

1）学校教师对金融知识的了解程度影响授课的质量。例如，对理财产品、股票、债券、基金等专业理财知识欠缺，缺乏专业的培训。

2）农村学校学生参与实践的机会少，这制约了学生学习金融知识的兴趣和实践能力。

3）学校硬件设施不足制约了课程的多样性教学。例如，缺少电算化程度较高的大型教室等。

4）对教师评估和激励不足。例如，缺乏对志愿者和教师的评估和激励政策。

七、改进设想

1. 思考启示与自我评价

该项目的开展加强了学校的师资力量建设。通过中国金融教育基金会请专业教授的培训教育，进一步提高了当地教师的教学水平，丰富了教师的教学方式方法，也优化了教学资源，更推动了项目的良好开展。同时，在项目开展过程中要注重资源的整合。在教学过程中，注重金融志愿者和教师志愿者的结合。针对教材，留固镇第一初级中学采取了“金融志愿者+老师”的培训形式，由金融机构志愿者作为主力军，能够结合他们自身的业务及丰富的实例为中学生上一堂生动的金融课。中学生对金融志愿者的讲课充满新鲜感，非常受学生欢迎。

2. 思考启示

金融课程有着不同于其他学科的特点，课程内容更加具有实用性、实践性、趣味性，金融知识不仅仅停留在课本上，也跟生活息息相关，而这无疑给教育工作者也带来了一定的契机。在金融教学的课堂上，许多学校都采用了创新性教学，如小组教学、自主学习、“我是金融小讲师”、实践活动等教学方法，充满趣味的课堂又不乏金融知识的专业名词。每一节金融知识课都变成了学生期待、生动有趣的课堂。金融课程也不同于学校的其他学科，避免了应试考试的压力，给授课教师更大地发挥展示与尝试的空间。创新性的教学方法不仅提高了学习的效率，更加提高了学生学习的积极性和参与性。

3. 完善设想

1）把对中学生的金融知识培训作为一项持续开展的活动项目，并纳入中学生必修课教育中。

2）强调中学生的带动性。在中学生的带动下，可以影响家庭和周围的群众，因此要更加注重对学生的引导，让学生能够利用或意识到金融知识在生活中的作用。

3）教材方面：一是教材内容要与时俱进，及时更新，内容更贴近农村中学生的日常生活，符合当代经济发展与青少年的心理特点。二是教材内容要更加突出重难点、实用点，让教师与学生都能重点把握。教材最好能配备相应课件，尤其是视频材料等学习资料。三是提前制订教学目标。教材中应明确规定每一课学生应该掌握哪些知识点、掌握到什么程度，并以此作为对教师考核的依据。

附录三　Visa 金融教育在中国的实践

根据世界银行 2017 年的研究数据，今天在全球范围内尚有数十亿人不能享受正规的金融服务。他们被排除在正规金融系统之外的现状成为各国政府在经济和社会方面的一项严峻挑战，也影响了政府向其人民提供更多机会的能力。Visa 认为，每个人都有权利享受金融服务，能够为目前不能享受银行服务的人群提供享受正规金融服务的渠道，是实现包容性经济增长的重要组成部分。

作为全球最大的电子支付网络，Visa 相信，最重要的金融理财工具不是某种产品，而是知识。推进金融普惠和金融教育，是 Visa 的核心工作。我们致力于向消费者、教育工作者、银行、政府提供所需的金融教育工具和资源，帮助个人和团体学习管理财务的技巧。Visa 认为，通过学习金融知识，人们可以更好地进行财务管理，使用金融工具与服务，从而改善生活质量。中国作为 Visa 的战略核心市场之一，更是 Visa 全球金融教育版图中重要的一部分。

2013 年，Visa 发起 "中国金融教育发展合作伙伴计划"，与有着共同理念和卓越能力的政府机构、金融机构、教育机构、非营利机构、负责任企业雇主、媒体等，通过探索适合国情和受众的金融教育模式，构建一个符合中国国情的金融教育生态系统；与志同道合的伙伴们共同搭建本地化金融教育协作平台，并通过调查研究、行业倡导、内容开发、赋能培训、教育模式创新等方式推动金融教育在中国的发展，帮助提升公众金融意识并提高其金融能力。2013—2018 年，有超过 16 家合作伙伴加入该计划，有近 500 万农村居民、30 万青少年和上万名外来务工人员受益于 Visa 和合作伙伴们策划与组织的各类金融教育活动。

一、调查研究

2012 年，Visa 与上海百特教育合作开展了青少年金融教育调研活动。在全国 9 个城市面向教师、中小学生和家长，回收问卷近 4 万份；在 2013 年共同发布了国内首本以中国青少年金融教育现状为研究方向的蓝皮书——《2012 年中国青少年金融教育蓝皮书》。

2014 年，与上海心连心社区发展中心联合开展并正式发布国内首份小学生压岁钱调研报告——《2014 年小学生压岁钱调研报告》。

2016—2017 年，为深入了解大兴安岭南麓集中连片特殊困难地区农村金融能力情况，携手中国金融教育发展基金会与长春金融高等专科学校，分别在吉林、黑龙江和内蒙古 18 个国家级贫困县和 1 个省级贫困县开展基线调研，最终形成了《大兴安岭连片特困区农民金融能力分析报告》。

2018 年，为全面调查，深入了解我国居民目前真实的财经素养水平，以为制订有效的财经教育方案和行为干预措施提供可靠依据。Visa 支持北京师范大学财经素养教育研究中心启动全国范围的居民财经素养调查。调查结果以白皮书方式发布。

二、行业倡导

Visa 积极搭建国内外倡导平台，与政策制定者、政府部门、研究部门、教育机构、非营利机构、金融教育实践者等分享金融教育最佳实践案例，并共同探讨金融教育的机遇与挑战。

Visa 除邀请国内教育工作者与实践者前往美国芝加哥参加国际金融教

育峰会外，也在国内积极开展各类倡导活动。

2014 年 8 月，Visa 与英国《金融时报》在北京举行了高级别的金融教育（闭门）论坛。

2015 年 9 月，在中国保险监督管理委员会公众教育服务中心指导下，并在中国金融教育发展基金会及北京师范大学教育基金会支持下，Visa 在京举办了“中国金融教育合作伙伴论坛”。

2016 年 9 月，Visa 与北京师范大学财经素养教育研究中心达成战略合作，并支持其举办首届“中国财经素养教育高峰论坛”，旨在提高教育界对财经素养教育的重视，并探讨财经素养教育如何能辅助开展核心素养教育。

2017 年 5 月，Visa 再次支持北京师范大学财经素养教育研究中心，在四川成都举办第二届“中国财经素养教育高峰论坛”，目的在于推动财经素养教育在中国西部的发展。

2018 年 8 月，Visa 支持广东省教育研究院、华南师范大学教育科学学院在广州联合主办了第三届 “中国财经素养教育高峰论坛”。广东省金融消费权益保护联合会、北京师范大学财经素养教育研究中心为协办单位，中国财经素养教育协同创新中心为论坛提供了学术指导。为加快发展财经素养教育，促进中国财经素养教育普及，助力粤港澳大湾区经济社会转型发展，此次论坛主要围绕“财经素养教育与区域经济社会转型发展”这一主题展开了探讨。

三、创新金融教育模式

2013—2014 年，Visa 借鉴国外成功模式，在中国创造性地引进“中国金融教育 Visa 流动宣传车”，这也是国内首辆专注于金融教育的流动教室，主动将金融知识带到社区、厂区和校区。

2015 年，Visa 在中国银监会公众教育服务中心指导下，与上海真爱梦想等多个中国金融教育合作伙伴计划成员联合首次以“金融教育嘉年华全国巡回活动”的形式针对青少年群体开展校园金融教育活动。

2013—2017 年，“中国金融教育 Visa 流动宣传车”访问过北京、上海、重庆、河北、河南、甘肃、陕西、内蒙古、四川、湖南、湖北、江西、云南和广东等 19 个省（自治区、直辖市）的 28 个市县，行程逾五万公里。2016—2017 年，响应国家“一带一路”倡议，Visa 与多家“中国金融教育合作伙伴计划”成员合作；分别沿古丝绸之路与古茶马古道沿线的多个地方举行校园金融启蒙教育活动。2013—2017 年，近 30 所学校的过万名青少年登上过流动宣传车学习金融知识，这间“流动金融教室”每到一处都受到了当地青少年热烈的欢迎。

2018 年，Visa 公司与重庆课堂内外杂志、中国金融教育发展基金会、上海真爱梦想基金会等合作伙伴，在 2018 俄罗斯世界杯足球赛举行前夕，利用 Visa 理财足球金融教育互动软件，在全国近百所学校举办“Visa 金融教育嘉年华暨青少年理财足球世界杯大赛”，近万名学生参与。通过寓教于乐模式提升广大青少年学习金融知识的兴趣。Visa 还与重庆课堂内外杂志社共同发起了“CJSY-Visa 全国优秀社团评选暨青少年理财足球世界杯大赛”公益活动，共有来自全国的 60 余所学校社团报名并参加活动。最终，活动开展情况和社团展示评选，来自西安外国语学校的未来商业精英社获得了全国第一的荣誉。

为进一步教育引导在校学生增强金融风险防范意识和金融安全意识，提升自我保护能力，Visa 与重庆课堂内外杂志社建立战略合作，支持“2018 年全国中学生财经素养大赛”；并在中国保险监督管理委员会指导下，与重庆课堂内外杂志社在上海、广州、深圳、杭州、武汉、成都、重庆、西安、济南等城市举行“中学生财经素养大讲堂”及“财经素养教师工作坊”公益活动，2300 余名中学生以及上百名教师参与了活动。本次活动致力于增强中学生群体对金融知识的认知和了解，引导广大中学生正确认识理财与消费，增强其网络安全和风险防范意识，培养其成为负责任的消费者。

四、搭建金融教育共享平台

2017 年，Visa 正式推出国内首个专注于金融教育的中文网站——实用理财技巧（网址为 http://www.practicalmoneyskills.com.cn）。该网站拥有“学”“教”“玩”“资源”“金融教育在中国”五大板块；旨在向消费者、教育工作者、政策制定者、金融机构提供所需的教育工具，免费教学和学习资源（包括面向 K-12 及高校的免费教材与教案），建立开放的数字化金融教育合作平台，共创共享金融教育资源，帮助个人和团体学习并掌握理财技巧。

五、推动财经素养教育纳入国民教育体系

2015 年，Visa 支持中国金融教育发展基金会探索面向农村中学生开展金融启蒙教育；并在河南省滑县 14 所中学开展农村中学生财经素养教育，以及农村教师培训的试点工作。

2018 年 1 月，Visa 加入中国教育科学研究院发起的中国财经素养教育协同创新中心成为协同单位，与中国财经素养教育协同创新中心及其他协

同单位共同倡导财经素养教育；合作开展财经素养教育相关研究及国内国际交流项目；致力于中国国民财经素养提升工程。同时，中国财经素养教育协同创新中心发布了《中国财经素养教育标准框架》(2018年版)，获得了社会各界及教育部的关注和认可。Visa支持中国财经素养教育协同创新中心出版“财经素养教育”系列丛书，包括《〈中国财经素养教育标准框架〉研制及知识点解读》《中国财经素养教育的学校实践》《国外财经素养教育述评》，该丛书即将由科学出版社于2019年上半年出版，本书即为其中一本。作为全国中小学开展财经素养教育的指导用书，促进标准的推广与应用。

2018年7月，Visa受邀参加由广东省教育厅指导、广东省教育研究院主办的第六届中国南方教育高峰年会。峰会汇集了来自教育部、广东教育厅、教研院以及来自全国各地的300多名教育专家、从业者。Visa公司作为唯一受邀参会的企业，以“粤港澳大湾区——Visa金融教育实践与思考”为题，从市场调研、行业倡导、大湾区金融教育探索与实践，以及未来金融教育协同发展的思考和建议等方面进行了分享。

在中国，Visa携手政府相关部门、行业机构、教育机构和非营利机构开展的一系列合作项目，体现了Visa对中国市场的长期承诺，并且切实参与支持中国政府实施扶贫开发和发展普惠金融的目标。未来，Visa将进一步探索适合中国本土市场和受众的金融教育模式，组织和开展形式多样的创新活动进行金融教育普及工作，提升公众的金融意识并提高其金融能力，从而助力中国社会与经济的可持续发展。

后　记

财经素养教育丛书由中国财经素养教育协同创新中心策划并组织撰写，由田慧生教授、王振中教授担任丛书主编。本书属于系列丛书中的一本，集中呈现中国学校开展财经素养教育的实践。

本书由张男星教授（中国教育科学研究院）负责确立主体思路、基本结构、内容重点和写作方法，并撰写总序。中国财经素养教育协同创新中心专家暨《中国财经素养教育标准框架》研制组专家刘次林教授（上海师范大学）、郑葳副教授（北京师范大学），以及中国财经素养教育协同创新中心协同单位执行负责人许世红研究员（广东省教育研究院）、中国财经素养教育协同创新中心副主任朱曦（南京师范大学）分别参与主题实践叙事部分的写作指导，并撰写实践特征部分的内容。中国财经素养教育协同创新中心实验学校参与撰写实践叙事部分内容。

实践特征内容的分工如下：第一章第一节、第二节、第三节、第四节、第五节由郑葳执笔；第二章第一节、第二节、第三节由刘次林执笔；第二章第四节、第三章第一节、第二节、第三节、第三章第七节、第八节由许世红执笔；第三章第四节、第五节、第六节、第三章第九节、第十节由朱曦副教授执笔；第三章第十一节由张男星执笔。

实践叙事内容的分工如下：第一章第一节由杨硕执笔（济南幼儿师范高等专科学校附属幼儿园），第二节由柯中明、梁彩英执笔（广州市番禺区市桥中心小学），第三节由段博宇执笔（济南市舜耕小学），第四节由朱娅君、陈萍、钟艳如执笔（西南财经大学附属小学），第五节由张启海执笔（济南市辅仁学校）；第二章第一节由梅淑萍执笔（东莞外国语学校），第二章第二节由肖丽萍、孙余执笔（四川省成都市第七中学初中学校），第二章第三节由郑书海执笔（深圳市南山外国语学校<集团>高级中学），第二章第四节由李青、王鹤执笔（广州市广州中学）；第三章第一节由张丽执笔（东莞市东华高级中学)，第三章第二节由苏聪丽执笔(四川省成都市石室天府中学)，第三章第三节由何博执笔（成都市第七中学)，第三章第四节由张先锋、李振刚执笔(西安外国语大学附属西安外国语学校)，第三章第五节由孙蓉执笔（常州市田家炳高级中学)，第三章第六节由邱洪斌、黄小莲、傅玉真、涂壹龙、邱奕超、魏艳香、王棹执笔(厦门外国语学校石狮分校)；第三章第七节由古景春执笔(广东实验中学)，第三章第八节由何海燕执笔(四川省成都市树德中学)，第三章第九节由胡勤涌、夏义勇执笔（重庆市巴蜀中学校)，第三章第十节由潘旭照、周雅莉、黄卫红、罗艳莉执笔（广州市第十六中学)，第三章第十一节由刘红宇、陈林、赵西超、祝凡执笔(广西财经学院)。

中国财经素养教育协同创新中心秘书靳晴晴参与统稿、总校稿，张男星负责统稿并定稿。

感谢科学出版社出版“财经素养教育”系列丛书，感谢科学出版社来豫蓉书记，感谢科学出版社经管分社马跃社长，感谢本书责任编辑刘英红女士，感谢他们为本书出版付出的辛苦劳动！

感谢中国财经素养教育协同创新中心所有协同单位的学术支持！感谢协同单位重庆课堂内外杂志有限责任公司、康德教育集团提供了多方面的支持！感谢 Visa 公司赞助本书的出版费用，并向本书提供附录一、二、三的内容！

在此，向所有为本书的完成提供支持与帮助的专家、实验校校长和教师们一并致谢！感谢大家为中国财经素养教育做出的努力和贡献！

编　者

2019 年 1 月